...f der Insel „Mopelia
„Kronprinzessin Cecilie"
Dauer 28 Tage.
...kaya Islana - ViH Inseln
... dem Motorbooh Pearl
...oa"
Dauer 8 Tage
... auf
...chaft des Seeadlers von
... Schoner „Lutece"
...h Auflaufen auf einen
...ie Mannschaft blieb 4
...wurde dann durch einen
...no in Chile gebracht und
...ansport - Routen als
...niert waren und Punkte,
Untersuchung durch Offiziere
des engl. Hilfskreuzers
25.XII.16
24.XII.16
23.XII.16
22.XII.16
Norder-
Aue 21.XII.16
26.XII.16
1.I.17
Island
Grönland
ATLANTISCHER
OZEAN
Rotterdam
Plymouth
DEUTSCHLAND
EUROP
Azoren
Cap-Verd.
AFRIKA
SÜD-AMERIKA
15.III.17
21.III.17
Cambronne
Rio de Janeiro
Rücktransport der übrigen Besatzung
Reise der Gefangenen
Rücktransportroute der Boots- und „Moa" Besatzung mit Transportdampfer „Willochra"
Capstadt
Talcahuano
Internierten-Lager
Buenos Aires
1.IV.17
Falkland-In
K.Horn
15.IV.17
engl. Hilfskreuzer
18.IV.17
Westl.
Östl. v. Greenwich

Jungs holt fast!

Graf Luckner

Graf Luckner: SEETEUFEL

Graf Luckner

SEETEUFEL

Abenteuer aus meinem Leben

Originalausgabe 646.–651. Tausend

KOEHLERS VERLAGSGESELLSCHAFT
HAMBURG

CIP-Titelaufnahme der Deutschen Bibliothek

Luckner, Felix Graf von:
Seeteufel: Abenteuer aus meinem Leben/Graf Luckner. -
Orig.-Ausg., 646.-651. Tsd. - Hamburg: Koehler, 1997
ISBN 3-7822-0701-7

ISBN 3-7822-0701-7; Warengruppe 21

Den künstlerischen Buchschmuck auf den Textseiten
schuf Kurt Schmischke, Hamburg
Gesamtherstellung: H. Heenemann GmbH & Co, Berlin
Printed in Germany

Aus Dankbarkeit meinen Jungs!

Inhaltsverzeichnis

Vom Schiffsjungen zum Kapitän

Der letzte Pirat

VOM SCHIFFSJUNGEN ZUM KAPITÄN

Wie ein Seemann entsteht

Seitdem ich das vielleicht letzte Segelschiff der Kriegsgeschichte auf seiner Piratenfahrt geführt habe, werde ich häufig von Freunden und Fremden nach meinen Lebensschicksalen gefragt. Man vermutet, daß nicht ganz normale Entwicklungslinien zu dem ungewöhnlichen Gedanken hingeführt haben, im zwanzigsten Jahrhundert den Krieg per Segel auf das Weltmeer hinauszutragen.

In der Tat habe ich mancherlei rund um die Welt erlebt und aus besonderen Tiefen mich emporarbeiten müssen. Nachdem ich doch noch Seeoffizier in der deutschen Kriegsmarine geworden bin, sollte ich vielleicht verheimlichen, was alles ich schon in meinem Leben gewesen war. Aber da nun einmal meine besondere Art und Weise, Krieg zu führen, nur aus meiner Jugendentwicklung zu verstehen ist, so will ich ruhig bekennen, wie mich der Seeteufel von frühen Tagen an beim Schopf gefaßt und hin und her geschleudert hat.

Ihr, in glückliche Lebenslagen Hineingeborene, seid nicht zu streng mit armen Schelmen, die ihren Geburtsschein eine Zeitlang in den Strumpf wickeln müssen; vielleicht ziehen sie ihn später wieder mit Ehren heraus. Und ihr, die ihr hart und mühselig arbeitet, um einen

Weg aus der Niederung des Lebens emporzuklimmen, verzagt nie! Das Mauseloch findet sich. Vielleicht steht auch ihr noch einmal auf der Kommandobrücke.
Und so konnte ich auch in der Zeit, in der das Herz blutete beim Gedanken an die weite, herrliche, große See, wo die deutsche Flagge nicht mehr fahren sollte, immer wieder aufrütteln: Seid getrost! Ein Volk, das die blauen Jungs vom „Seeadler" hervorgebracht hat, wird auch die See wieder grüßen dürfen.
Wenn ich nun so unbescheiden sein darf, von mir zu erzählen, ersuche ich den geduldigen Leser, sich zunächst in die Quinta des Gymnasiums zu Dresden zu versetzen, und zwar genauer in die Seele eines bereits recht hoch aufgeschossenen, in Quinta doppelt seßhaften Jünglings.
Als ich nicht nach Quarta versetzt wurde, wie ich versprochen hatte, gab es zu Hause das Jack voll.
Meine Großmutter aber hatte eine andere Erziehungsart als mein Vater. Sie war viel sanftmütiger und weicher.
Es ging ihr immer wie ein Stich durchs Herz, wenn man mich mit brutaler Gewalt bessern wollte. Eines Tages sagte sie zu meinem Vater: „Ich will mal versuchen, den Jungen mit Liebe zu erziehen."
„Du wirst den Bengel noch mehr verderben, aber versuch es", war die Antwort.
Großmutter nahm mich beiseite und sprach: „Kind, wenn du versprichst, fleißig zu sein, erhältst du für jeden Platz, den du in der Klasse hinaufkommst, 50 Pfennige."
Im Augenblick war ich außerstande auszurechnen, wieviel Geld ich dabei verdienen konnte, aber ich sagte: „Großmütterchen, ich verspreche dir, fleißig zu sein."
„Das genügt", sagte sie.
Ich war so stolz, daß man mir solches Vertrauen schenkte und fing an, tüchtig zu arbeiten. Das erste Extemporale kam, aber ich ging enttäuscht nach Hause und sagte: „Nicht versetzt."
„Macht nichts, mein Kind", sagte Großmütterchen, „ich merke, dein Ehrgeiz rührt sich."
Beim nächsten Extemporale: Vier Plätze höher. „Siehst du", sagte sie, „das ist der Lohn deines Fleißes." Also zwei Mark.
Das nächste Mal: Zwei Plätze herunter. „Macht nichts", meinte die Großmutter. „Du kannst dich noch nicht auf solcher Höhe halten, bewahre nur deinen Ehrgeiz."
Sie zog aber die heruntergekommenen Plätze nicht ab. Ich entdeckte, daß ich somit aus allen Geldverlegenheiten kommen könnte. An

Gewinnsucht habe ich nie besonders gelitten, aber die Sache hatte auch ihre sportliche Seite. Ich wollte mir nämlich eine Karnickelzucht anlegen und einen Kaninchenbock kaufen. Der kostete 7 Mark, dazu mußte ich also mindestens vierzehn Plätze springen.

Und es gelang!

Freilich nur ganz vorübergehend. Der Mammon machte mich zu einem ganz abscheulichen Kerl. Die Sprünge hinauf und hinunter wurden infolgedessen immer größer, immer gewagter. Ich wurde auf diese Weise eines Tages sogar Primus.

Großmutter selbst legte mir nahe, es dem Vater noch nicht zu erzählen. Aber als sie in jenen Tagen einmal den Gymnasialdirektor Oertel traf, konnte sie ihren Stolz doch nicht zurückhalten: „Was sagen Sie nun zu Felix? Das Kind ist durch meine Methode, durch diese bescheidene Sache mit den 50 Pfennigen, sogar Primus geworden. Ich bin so glücklich. Was steckt doch in dem Kinde."

Da sagte der Direktor erstaunt: „Felix Primus? Das muß wohl ein Irrtum sein. Der Ordinarius hat ja in keiner Konferenz etwas davon erwähnt. Ich glaube, Felix ist immer noch der Letzte."

Großmütterchen war außer sich. Sie eilte nach Hause und machte mir die bittersten Vorwürfe, doch so, daß Vater nichts hörte. Denn sie wollte sich nicht mit ihrer Erziehungsweise blamieren. Nun besaß sie zwei Möpse. Georg, der jüngere, war dreizehn Jahre alt, Friedrich, der ältere, vierzehn Jahre; beide waren starke Asthmatiker. Georg fuhr immer Schlitten auf dem Teppich, wenn er unten gewesen war. Dem Friedrich mußte das wohl gefallen, und er ahmte es nach, gerade als Großmütterchen mich vorhatte. So wurde sie von dem Thema abgelenkt und bemerkte dabei, daß der Friedrich eine unverdauliche Wurstschnur gefaßt hatte, die ihn genierte und die er eben abschleppen wollte. Georg lag seines Asthmas wegen am Sessel und pumpte Luft. Großmütterchen, als sie Friedrich sah, war ganz entsetzt, denn ihre Möpse standen ihr näher, und dabei entschlüpfte ich ihrer Strafpredigt. Nachdem Großmutter sich wieder mir zugewandt hatte, erklärte sie nur noch kurz: „Mit uns beiden ist es aus!" und so

stand ich in meiner ganzen Schlechtigkeit wieder auf neutraler Zone, ihr nicht zu nahe und dem alten Herrn nicht zu nahe. Aus einem solchen Bösewicht konnte alles werden, nur nichts Ordentliches.
Als Ostern herankam, wurde ich versuchsweise versetzt, aber mir nahegelegt, die Schule zu verlassen. So kam ich nach Halle a. d. Saale, zu Hütter & Zander, einer berühmten „Presse", die vielerlei versprach und mich durchaus noch nicht verloren gab. Versetzt mußte ich ja schließlich noch ein paarmal werden, um die Offizierslaufbahn einschlagen zu können. Mein Vater nahm mir noch einmal das Versprechen ab, mich ernstlich dahinterzusetzen, um „Kaisers Rock" tragen zu können.
Das ging mir sehr nahe. Ich versicherte: „Ja, Vater, ich werde versetzt! Ich verspreche dir, Kaisers Rock in Ehren zu tragen."
Ich ahnte damals so wenig wie mein Vater, daß ich den zweiten Teil dieses Gelöbnisses einmal auch ohne den ersten Teil erfüllen konnte. Freilich nur nach ungewöhnlichen Krisen.
Vater versprach mir seinerseits, daß ich in den Ferien zu meinem Vetter reisen dürfte, wenn ich zu Ostern versetzt würde. Die Ferien begannen; ich aber fiel durch.
Meine Eltern waren verreist. Der Hauslehrer, ein Student, der Vollmacht erhalten hatte, mir die Reiseerlaubnis zu erteilen, kam mir schon entgegen: „Bist du versetzt?"
Ich biß auf die Zähne und erwiderte: „Jawohl, aber der Rektor ist verreist und hat die Zensur noch nicht unterschreiben können. Sie wird nach der Unterschrift per Post an Ihre Adresse gehen."
Der Student war hocherfreut, daß sein Unterricht Erfolg gehabt hatte und beglückwünschte mich. Ich durfte reisen.
Ich traf nun in Ruhe meine Vorbereitungen.
Mein Bruder und ich besaßen jeder eine Kasse, da wurde, wenn Onkel und Tante zu Besuch kamen, zuweilen je ein Goldfuchs hineingesteckt. Diese Kasse sollte schon immer mein Retter in der Not sein. Ich holte meine 80 Mark heraus, nahm aus meines Bruders Kasse auch 40 Mark . . . sollten sie liegen bleiben? Etwas wollte ich ihm ja lassen . . . Aber es handelte sich jetzt für mich um das Betriebskapital zur Gründung einer Existenz, und ich hoffte, ihm diese Zwangsanleihe dereinst als gemachter Mann zurückzahlen zu können.
Mein Plan war einfach und beruhte auf angenehmen Vorstellungen, die das wenige, was ich vom Seemannsleben wußte, in mir erweckt hatte. Das Landleben war mir in meinem bisherigen Schuldasein über große Strecken hin reichlich trocken vorgekommen. Insbesondere war mir einmal eine Speisekarte des Schnelldampfers „Fürst Bis-

marck" in die Hand gefallen. „Was, so feine Sachen gibts da auf See? Und Offizier auf einem solchen Schiff kann jeder werden?" Man hat Geschichten gelesen vom listenreichen Odysseus, der im Meer so viel herzkränkende Leiden erduldet, von Sindbad, dem Seefahrer. Aber diese größeren Vorgänge können dem ewigen Tertianer, der weder ein griechischer König noch ein arabischer Kaufmann ist, wenig praktische Winke für die Laufbahn hinterlassen. Seemännische Erfahrungen hatte ich bisher nur auf der Saale sammeln können, insbesondere in der Badeanstalt, wo mir Paddel- und Rammversuche mit einem selbstgezimmerten Kistenboot den Spitznamen „Seeräuber" eingetragen hatten.

Nun packte ich die Koffer, Jagdzeug vom Vater, Revolver und Dolch, und alles, was man in dieser Richtung brauchen konnte, dazu auch eine Tabakspfeife. Dann ging ich zum Bahnhof und fuhr nach Hamburg. Ich wollte gleich von unten anfangen und dachte: 4. Klasse ist das richtige. Ein Schlachtergeselle wurde mein Sitznachbar; der wollte auch zur See gehen. Weshalb, begriff ich nicht ganz. Bei mir wäre ohne Latein nie dieser Schwung in das Leben gekommen.

Als wir abends um ½ 11 Uhr am Klosterbahnhof ankamen, sah ich ein großes Schild: „Concordia-Schlafsäle, Bett 50 Pfennig und 75 Pfennig." Ich fand das für meinen Barbestand schon reichlich vornehm. Ein Dienstmann mit zweirädrigem Karren bietet sich mir hilfreich an. „Wohin soll das Gepäck?" „Nach Hotel ‚Concordia'." „So! Na de Concordia! Denn komm man mit, min Jung, di hevt se woll na See to jagt?" Ich war nicht wenig erstaunt über die plötzlich vertrauliche Tonart und den feinen Riecher, den dieser olle Hamburger hatte. So kam ich zum erstenmal in meinem Leben über St. Pauli und war erstaunt über das riesenhafte Tingeltangel-Getriebe dieser internationalen Vergnügungszentrale der seefahrenden Nationen. Hier sah ich Chinesen, Schwarze. Wie ist das alles interessant! Vor allem belustigten mich die Schwarzen, die in bunten Röcken als Reklamefiguren vor den Lokalen standen.

Als wir in der „Concordia" ankamen, die sich im Hinterhaus befand, bestelle ich bei dem Portier ein Bett für 75 Pfennig. Der Dienstmann schleppt den Koffer nach oben. Der Portier öffnet die Tür und zeigt mir ein Zimmer, worin sich sechs Betten befanden. Ich sage ihm darauf: „Ich habe doch ein Bett für 75 Pfennig bezahlt." „Ja, Mensch, schlafen dir da noch nicht genug darin? Da nimm schon lieber ein Zimmer zu 50 Pfennigen, da hast du das Vergnügen, mit fünfzig zusammen zu schlafen." Ich zog denn doch vor, das Zimmer zu behalten. Darauf überreichte er mir den Schlüssel, an dem sich ein riesiges

Brett befand. Zunächst dachte ich: Du bist jetzt ein freier Mann, sieh dir doch zunächst einmal das Hamburger Leben an, das solch großen Eindruck auf dich gemacht hat. Als ich den Portier passierte und das Schlüsselbrett ellenlang aus meiner Tasche herausschaute, bemerkte er in seiner rohen Art: „För di kann man wohl 'n Balken an 't Schlötelbrett hängen, dann steckst du den ok noch in. Denkst du, daß wir für alle Menschen, die da kampieren, einen Extraschlüssel zur Hand haben?"

Am nächsten Morgen erkundigte ich mich, wie man zu einem Schiff kommt. Mir wurde gesagt, ich müßte zu einer Reederei gehen. — „Die warten schon auf dich", sang es in meinem Herzen, und ich begab mich zu Laeisz.

Dort wurde mir gesagt, man wollte mich gern vornotieren, ich müßte aber einen Erlaubnisschein vom Vater mitbringen, eine Urkunde über mein Lebensalter, genügend Geld für eine Ausrüstung usw.

O weh, einen Erlaubnisschein? Aber es gab noch andere Reedereien am Platze. Ich ging also zu Wachsmuth & Krogmann, zu Dalström. Überall dieselbe Frage.

Nun dachte ich bei mir: Geh lieber selber auf ein Schiff und sprich mit dem Kapitän. Ich pirsche mich also nach einem Segelschiffshafen durch. Da lag das mächtige Becken mit seinem Mastenwald, und im stillen überströmte mich der Gedanke: Jetzt gehörst du in diesen Kreis. Aber wie sollte ich nun auf ein Segelschiff kommen? Denn wider mein Erwarten lag dies nicht am Kai, sondern draußen an Pfählen. Ich erfuhr, in dem Häuschen dort am Landungssteg säße ein Jollenführer, der würde mich 'rüberbringen. Ich sehe durch die Scheiben in das enge, gemütliche Innere der Bude und gewahre ein altes Seemannsgesicht. Der Alte fragt: „Wat willst, Jung?"

„Ich will auf ein Segelschiff."

Ich trat zu ihm ein; er trank seinen Kaffee aus, danach gingen wir zum Boot, und er brachte mich hinüber. Er wriggte mit einem Riemen[1]); ich war sprachlos über diese Rudertechnik. So kamen wir

1) Aus der Seemanssprache ins Landdeutsch übersetzt: er paddelte mit einem Ruder (Riemen = Ruder), hinten im Boot stehend, durch schraubenähnliche Bewegung.

längsseit irgendeines Schiffes, das er mir auf meine Bitte erklärte. Da sah ich die hohen Masten aus der Nähe und hatte einige Furcht, daß man da hinauf müßte. Indessen beruhigten mich die Taue und Rahen, denn ich dachte, das wäre eine Art Rollosystem, das man gemächlich vom Deck aus auf und nieder zieht. Zweifelnd wagte ich die Frage: „Müssen da Menschen hinauf?" „Aber natürlich", sagte mein Führer, „möt di Minschen da herop, un ganz boben, da hürt die Schipjung hen. In Hobn (Hafen) is dat nich slimm, aber wenn dat Schip op See is und hen un her kullert un stampen deit, denn denkst du wat anners."
Da fühlte ich doch einen gewissen Block auf dem Herzen sitzen. Alles wurde mir erklärt; durch die hohen Masten hatte ich trotzdem etwas die Begeisterung verloren.
Als wir wieder an Land kamen, schüttete ich dem Alten mein Herz aus. Da sagte er mir: „Min Jung, lot dat no (laß das nach)! Ik fohr all fiefuntwintig Johr na See to un bün nich wider kamen, wie as Kaptein op min lüttje Joll. Wat is denn din Vadder?"
„Gutsbesitzer."
„Wie heetst du denn, min Jung?"
„Graf Luckner."
„Wat en Grof", sagte er, „du büst 'n Grof? Un willst no See to? Min Jung, en Grof is doch 'n Mann, de 'n Bondsche (Geschäft) bi 'n König hett. Dank din Vatter, op Kneen, da he so 'n feines Bondsche hett. Lat di dat Jack full hauen, un dank em bi jedem Slag daför. Ik wull, ik kunn för 'n Jack full so 'n Vadder mit so 'n Bondsche kriegen, denn wull ik woll ruhig hen holln."
Aber daß ich den Eltern entlaufen war, gab ihm doch zu denken, und er meinte: „Ik heet Pedder, segg du man ‚du' to mi, ik will di wol torecht helpen. Du sallst nich no See to. Da kümmst du nich wider. Kik mi ollen Mann an, ik möt op so 'n lütt Schip fohren un kriegt tein Penn för de Ladung."
„Pedder, ich will aber doch zur See."
Ich kam den nächsten Tag wieder, brachte ihm einen Priem Kautabak mit und lernte bei ihm das Wriggen. Er riet andauernd dringend ab. „Du sallst nich to See gahn." Allgemach kam ich so weit, daß ich ihm das Fahren abnehmen konnte, und wriggte für ihn die Passagiere, während er den Kaffee kochte. So wurden wir Freunde. „Meine Eltern wissen noch nicht, daß ich fortgelaufen bin", sagte ich, „aber ich will nicht zurück, denn wenn ich wieder auf die Schule gehe, dann weiß ich schon, wie es kommen wird; in Obertertia heben sie mich zum Militär aus, lange bevor ich das Einjährige habe."

„Jung, Jung, lat dat Schipfohren sin. Bliev hier, min Jung."
Er versicherte mir wiederholt, das Fahren wäre unmöglich, ich müßte die Erlaubnis dazu beibringen und 200 bis 300 Mark für die Ausrüstung. Heutzutage würde aus den Schiffsjungen nur Geld gemacht und dergleichen.
Ich ließ mich aber nicht abbringen. Als ich nun am fünften Tag morgens wieder zu ihm kam, da winkte er mir schon von ferne und rief mir freudestrahlend zu:
„J u n g , i k h e v e n S c h i p f ö r d i. Ik hev 'n russischen Kaptein översett nah sin Schip. Ik hevn fragt, ob he en düchtigen Jung hebben wull. ‚Ja, gern', seggt de Kaptein, ‚wenn he kein Heuer[1]) hebben will.'
‚He will bloot en Schip', harr ik seggt. ‚Denn lat em man an Bord kamen', seggt de Kaptein."
Am liebsten hätte ich oll Pedder bei dieser Nachricht umarmt.
„So min Jung, jetzt bring ich di röver op dat russische Vollschip ‚Niobe' und stell di vör."
Der russische Kapitän machte einen wenig vertrauensvollen Eindruck auf mich, sah gelb und häßlich aus, wie Mephisto, mit einem fiesigen Ziegenbart.
„Du kannst mitkommen", sagte er in gebrochenem Deutsch. „Finde dich morgen ein."
Er gefiel mir nicht.
„Min Jung, dat is ganz egal", sagte oll Pedder und klopfte mir auf die Schulter, „ob dat en dütschen oder 'n engelschen Schip is oder 'n Russen is, dat blievt sich glik. Seefahrt is överall dat sülwige. So, min Jung, nu wüllt wi an Land gahn un di 'ne Utrüstung besorgen."
Er machte sich landfein, schloß sein Häuschen ab und wankte mit mir nach Hamburg hinüber.
Es waren noch etwa 90 Mark die ich hatte. Davon kaufte er bedächtig prüfend alles ein, was ich brauchte, warmes Zeug, Ölzeug, Messer mit einer Scheide und eine sachgemäße Pip mit Tobak. Wie war ich stolz. Aber für eine Seekiste und für einen Seesack langte es nicht mehr. Oll Pedder sagte: „Ick gew' di min Seekist, mit de ik all 25 Johr um de Welt seilt bin. Ick hev damit glücklich fohren, un dat sallst du ok."
Wir biegen in eine schmale, graue Straße im ältesten Hamburger Hafenviertel, in den „Brauerknechtsgraben" ein. Eine schmale, steile

1) Lohn

„. . . Ik heet Pedder, segg du man ‚du' to mi"

Wie eine Takelage von Deck aussieht
„. . . un ganz boben, da hürt de Schipjung hen"

Als „Meisterschaftsringer von St. Pauli"

„. . . Es war, als ob der Teufel auf ‚Pinmore' wäre"

Holztreppe führt nach oben. Peter steigt schwer, sich an dem Gelände festhaltend, hinauf. An der Tür steht auf einem Messingschild „Peter Brümmer". Er grabbelt umständlich nach einem Schlüssel, fühlt mit dem Finger nach dem Schlüsselloch und schließt auf. „So, min Jung, hier bin ik to Hus, komm mal rin." Zunächst fällt mir ein geschwärztes Dreimastvollschiff an der Wand auf, das ich anstaune. Ich frage: „Pedder, hast du das gemacht?" — „Ja, min Jung."

Ferner hing ein ausgestopfter fliegender Fisch an der Decke, ein auf Segeltuch gemaltes Schiff mit einem selbst an Bord verfertigten Rahmen an der Wand, auf der Kommode standen verschiedene chinesische Sachen und sonstige Reiseerinnerungen. In der Ecke stand ein Käfig mit einem Papagei, der ziemlich zerrupft war und ebenso alt aussah wie Pedder. „Ja", sagte er, „den hew ik von Brasilien mitbröcht, de snackt blot span'sch." Dann: „Hier is min Kist." Er schloß die Kiste auf, kramte aus und zeigte mir noch verschiedenes, was er früher an Bord an Flechtwerk gemacht hatte, packte alles bedächtig heraus und bemerkte: „Min Jung, de Kist' swemmt, de hölt waterdicht." Während er meine Sachen in die Kiste verstaut, werde ich auf das bescheidene Sofa genötigt, dessen Bezug mit weißen Porzellanknöpfen angenagelt war. Als die Kiste gepackt war, trugen wir sie gemeinsam an den Griffen zum Hafen hinab.

Nachdem ich den letzten Tag ganz mit ihm verbracht hatte, fuhr er mit mir an Bord. Er führte mich in die Koje, wo ich schlafen sollte, packte Matratze und Keilkissen hinein und sagte: „Un noch eins, min Jung, een Hand för 't Schip un een Hand för die sülwsten[1]).“

Dann gab er mir noch den Rat, nicht unter meinem Namen zu fahren. Als Graf ginge das nicht. „Dat is all datsülwige, as wenn en Oldenburger Faut (Fuß) in Pariser Schohtüg (Schuhzeug) sett.“ Wie denn meiner Mutter Mädchenname hieße. Danach riet er mir, ich sollte mich Luckner genannt Lüdicke nennen. Das war fortan mein Name, 7 lange bunte Jahre hindurch. Pedder drückte mir zum Abschied die Hand mit den Worten: „Min Jung, verget din oll Pedder nich!“ Das Schiff warf los. Der Schlepper war vorgespannt, und oll Pedder wriggte neben dem sich langsam in Bewegung setzenden Schiff bis nach St. Pauli Landungsbrücken. „So, min Jung, wider kann ik nich“, und mit Tränen in den Augen: „Goode Reis' nah Australien. Min Jung, ik seh di nie wedder, du geihst mi doch nah.“ Ich wollte was sagen, aber die Tränen kullerten mir 'runter. Ich hatte nicht Heimweh nach Hause, aber nach meinem alten, braven Seemann. Wie ich nachher die Kiste aufmache und sehe, wie er alles gepackt hat, da liegt ein Bild von ihm obenauf mit einer Widmung drauf: „Verget din Pedder nich.“ Ne, min oll, good Pedder, ik verget di nich!

Ich verstand nichts von der Sprache der Leute auf dem Schiffe, und der Kapitän zeigte auch bald böse Miene, denn ich war natürlich sehr unbeholfen. Der Steuermann, der etwas englisch sprach, fragte, was mein Vater wäre. Ich sagte: „Landwirt.“

„Na, dann können wir dich ja gleich zum Oberinspektor machen.“ Der Steuermann bedeutete mir, ihm zu folgen. Ich war sehr neugierig, was das für eine Würde wäre. Dann hielten wir am Schweinestall.

„Gewiß, das kann ich machen.“

„Und dann bist du ferner noch Direktor der Steuerbord- und Backbord-Apotheke.“

Darunter versteht man, wie ich bald erfuhr, einen Ort, den sich jeder allein denken mag.

Ich hatte mich dort mit der Kanalisierung vertraut zu machen, daß die immer klar wäre. Die Schweine durfte ich nicht herauslassen, sondern mußte zu ihnen hinein. Das eine Schwein schubberte sich stets an meiner Seite ab, wenn ich mit Eimer und Schrubber ein-

1) D. h.: Wenn du oben in der Takellage arbeitest, halte dich immer mit der einen Hand fest.

stieg, um Reinlichkeit zu verbreiten. Das Schmutzwasser lief beim Scheuern in die Stiefel. Ich sah schlimmer aus, als die Schweine selbst. Seife und Wasser mußten gespart werden. Zwei Paar Beinkleider hatte ich nur zum Wechseln. Jeder gab mir einen Fußtritt, weil ich so wie ein Schwein aussah. Dazu die „Apotheke"! Kurz, ich war mir selbst übel.

Nach dem Mast wagte ich mich nicht hinauf, machte höchstens die ersten Versuche zum Mars. Ich klammerte mich auf jeder Stufe fest, glaubte, obwohl es gar nicht hoch war, in schwindelnder Höhe zu stehen, und rief, sie sollten mal gucken, was ich für ein couragierter Kerl wäre! Aber das Klettern machte wenig Fortschritte, bis einst ein Matrose mir sagte: „Was du kannst, kann auch eine alte Köchin." Das verletzte meinen Ehrgeiz. Lieber „von oben kommen"[1]), als das noch einmal hören!

Dazu sah ich, wie die anderen Jungs oben herumwippten. Wir lagen vor Cuxhaven vor Anker und warteten auf günstigen Wind. So hatte ich noch Gelegenheit, mich bei ruhigem Wetter an die Masten zu gewöhnen und zwang mich mit aller Gewalt: „'rauf."

Wenn ich abends Wache an Deck ging, vier Stunden Wache und vier Stunden Schlaf abwechselnd, und ich sah in Cuxhavens Straßen die Kinder spielen, dann überkam mich das Heimweh. War ich selbst doch noch ein halbes Kind. Kein Mensch, der mich verstand und mit dem ich mich aussprechen konnte. Ich fühlte mich verlassen, und der abgeschüttelte Druck der Schule ward vergessen über der verlorenen Schönheit des Elternhauses.

Endlich kam guter Wind, die Segel wurden gesetzt, und wir nahmen Kurs auf Australien. Zehn Tage, nachdem ich von zu Hause weg war, verließen wir die deutsche Heimat. Bald hatten wir den Kanal hinter uns und schwammen auf dem Atlantik, und die guten Eltern glaubten immer noch, ich verlebte meine berechtigten Ferien bei den Verwandten.

Das war ein hartes Schiff, was ich unter den Füßen hatte; viel Keile gab's und wenig Brot. Die Speisekarte des „Fürsten Bismarck" fand ich nirgends vor. An Stelle des Frühstückskaffees gab es Wutki; darin wurde das Hartbrot aufgeweicht. An das scharfe Salpeterfleisch habe ich mich auch nur langsam gewöhnt.

Allmählich verwuchs ich mit meinem Beruf und mit dem Schiff und lernte einiges von der Sprache der Besatzung. Der Steuermann war mir wohlgesinnt, der Kapitän aber mein Feind, der Feind aller Deut-

1) Seemännischer Ausdruck für abstürzen.

schen. Trotzdem war ich bestrebt, auch ihn für mich zu gewinnen.
Ein wichtiger Einschnitt im Leben des Seemanns ist die Äquatortaufe, die jeder, der zum erstenmal den Trennungsstrich der beiden Erdhälften überfährt, empfängt. Am Abend vorher künden bereits große Vorbereitungen die Wichtigkeit dieses Ereignisses an. Am Bug des Schiffes, wo eine Plattform gelegt ist, kommen graue Gestalten herauf und rufen: „Schip ahoi! Wie heet dat Schip?" „Niobe." Der Kapitän ruft hinüber: „Kommt mal her!" In ihrem Meereskostüm klettern die Gestalten am Seil hoch, als wenn sie aus dem Meer tauchten. Es ist Neptun mit seinen Gesandten und Kundschaftern, durch die er feststellen läßt, wer das Schiff ist und wie die Täuflinge heißen, die schmutzig von der Nord-Seehälfte zum erstenmal in seine Gewässer kommen. Eine Liste wird ihm überreicht; er dankt und geht mit seiner Gefolgschaft wieder in die Tiefe bis zum nächsten Tag. Da kommt er wieder, um die Taufe zu überwachen, weißbärtig, mit Dreimastszepter, in einem Talar, der von Meerschlinggewächsen überwuchert ist, hinter ihm seine Frau in prächtiger Aufmachung und dann der Pastor, der Friseur, der die Täuflinge rasiert, da er den Erdenschmutz von ihnen abkratzen soll. Ihm folgt der Einseifer mit einer Rasierquaste und einem Teerpott. Zuletzt kommt die Polizei in Gestalt von Negern. Aufs würdigste wird Neptun von dem Kapitän begrüßt. Die Täuflinge müssen Aufstellung nehmen und an ihm vorbeiziehen, damit er prüfen kann, ob sich keiner versteckt hat, und noch einmal untersucht die schwarze Polizei gründlich das Schiff. Eine Riesenbalge steht an Deck, das sogenannte Taufbecken mit einem langen Sitzbrett darauf. Einzeln werden die Täuflinge herangeführt; der Pastor liest jedem eine Epistel vor über das, was geschieht, und fragt sie, ob sie das Taufgelübde halten wollen. Beim jedesmaligen „Ja" wird dem Täufling die Teerquaste durch den Mund gezogen und dann mit den großen Rasier-Holzmessern der Teer abgekratzt. Darauf zieht man das Sitzbrett plötzlich unter ihm los, und der Täufling fällt hinterrücks in die Balge, wo er noch sechsmal untergetaucht wird. Damit ist der Taufakt beendet, über den ein Schein ausgestellt wird, und der nächste Täufling steht zur selben Prozedur bereit.
Den ganz naiven Jungs gibt man auch noch ein Fernrohr, über dessen Glas ein Haar gezogen ist, das sie dann, wenn sie hindurchsehen, für den Äquator halten.
In früheren Jahren soll die Taufzeremonie in dem sogenannten „Kielholen" bestanden haben. Mit einem Tau wurden dem Täufling die Füße zusammengebunden, ein Tauende wurde um seine Arme geschlungen, das andere um das Schiff herumgenommen und

der Täufling unter dem Schiffskiel hindurchgezogen, zuweilen drei- bis viermal. Diese grausame Prozedur, bei der so mancher Täufling durch Haie den Tod fand, ist, wie mir die Kameraden erzählten, mit der Zeit zu der jetzigen Form der Äquatortaufe abgemildert worden.

Neptun hat aber bei mir offenbar eine gründliche Taufe für nützlich gehalten.

Eines Tages, als wir schweren Sturm gehabt hatten, auf den starke Dünung folgte, waren alle Segel, bis auf Sturmsegel festgemacht, und die Obermarssegel sollten gesetzt werden, damit das Schiff ruhiger läge. Ich wollte dem Kapitän zeigen, wie schnell ich das könnte und begab mich nach oben, das Segel loszumachen. Da vergaß ich das Wort des alten Pedder: „Eine Hand fürs Schiff und eine für dich", das Segel schießt infolge eines Windstoßes los wie ein Ballon, ich verliere den Halt, falle hintenüber, will mich halten an dem halb

aufgeschossenen Seising. Das Tau saust mir durch die Hände, verbrennt sie, und ich falle über Bord, dicht an der Bordwand entlang, an welcher ich also um ein Haar zerschmettert wäre. Meine Mütze fiel noch auf Deck.

Das Schiff saust mit 8 Meilen Fahrt davon. Ich komme am Heck hoch, im Kielwasser, das mich umdreht, sehe ich eine mir nachgeworfene Rettungsboje und höre noch den Ruf: „Mann über Bord", dann verschwand ich im Wassertal und sah nichts mehr von dem Schiff.

Als ich nach Minuten, die einer Ewigkeit glichen, wieder hochgeworfen wurde, erblickte ich das Schiff weitab. „Das Schiff kriegst du nicht wieder, aber vielleicht kommt ein anderes." In solch unbegreiflichen Hoffnungen wiegte einen der liebe Wunsch zu leben. Als ob gerade auf dem weiten Ozean ein Schiff da entlangkommen müßte, wo ich ins Wasser gefallen war.

Um mich her flatterten die Albatrosse, jene riesigen Seevögel, die immer des Glaubens sind, alles, was im Wasser liegt, sei für sie zum Fressen da. Sie stießen auf mich zu, einer, der dicht an mir vorbeistrich, kriegte mich mit dem Schnabel an der ausgestreckten Hand zu fassen, ich will ihn festhalten . . . in der Angst des Ertrinkens klammert man sich an allem fest, sogar an einem Vogel . . . da hackt er mir jene tiefe Wunde, deren Narbe ich noch als Andenken an jenen Kampf im Wasser trage, in die Hand.

Ich löste die Stiefel und das Ölzeug von mir; der Sweater aber, der sich vollgesogen hatte, ging nicht ab. Da fielen mir die Worte meiner Mutter ein, die einmal, als ich von meiner Neigung zur See sprach, gesagt hatte: „Da hast du dir den richtigen Beruf erwählt; du wirst nichts weiter als Haifischfutter." Als mir jetzt beim Wassertreten diese Worte durch den Sinn gingen, stieß ich zufällig mit dem einen Fuß gegen den anderen. Mich durchzuckte die Vorstellung, das wäre ein Hai, der mich faßte. Das traf mich wie ein Nervenschlag. Ich wußte nicht mehr, wie mir geschah und was vor sich ging, bis ich plötzlich auf einem Wellenkopf hoch über mir ein Boot sah, das im gleichen Augenblick schon tief unter mir vorbeiglitt. Ich schrie: „Hier, hier." Es war der Steuermann.

Bald saß ich zitternd im Bug des Bootes, und die stämmigen Matrosen ruderten zum Schiff zurück. Blutüberströmt von meiner Wunde erzählte ich dem Steuermann den Zweikampf im Wasser. Da meinte er, den Albatrossen hätte ich mein Leben zu verdanken, denn sie allein hätten ihm angegeben, wo ich war. Man hatte zuerst den Rettungsgürtel gefunden, dann mich.

Die Matrosen waren sichtbar erfreut, mich gerettet zu haben, und selbst dachte ich bei mir, wie wird sich erst der Kapitän freuen, daß er mich wieder hat. Er geht auf dem Achterdeck hin und her, siedend vor Wut. Er schreit mir entgegen: „Du verfluchter Deutscher, ich wollte, du wärest versoffen. Sieh, wie die Segel kaputtgegangen sind durch deine Untauglichkeit."

Wir kamen längsseit des Schiffes, aber jetzt begann erst die Hauptaufgabe, das Boot wieder an Bord zu bringen. Wenn das Schiff herunterstampfte, wurde das Boot hochgedrückt, und wenn das Schiff hochging, wurde das Boot nach unten gezogen. So tanzte es immer hin und her, und man bemühte sich vergebens, die Bootstaljen hineinzubekommen. Ich war so aufgeregt, daß ich, wie das Boot höher als die Reling stand, hinübersprang auf Deck und bewußtlos zusammenbrach.

Den Seeleuten gelang es nicht, an Bord zu kommen. Das Boot wurde zertrümmert, die Mannschaft sprang ins Wasser und kletterte an zugeworfenen Tauen an Bord.

Der Kapitän nahm eine Flasche Wutki, preßte sie mir zwischen die Zähne und rief: „Hier sauf, du deutscher Hund." Am nächsten Tage war ich beim Aufwachen ganz benommen und habe von diesem Schreckenstag noch heute einen leichten Tatterich. Der Kapitän, als er mich am anderen Morgen noch in der Koje fand, haute mich heraus mit den Worten: „Ob ich zum Fressen und Schlafen an Bord sei", obwohl ich kaum aufrecht stehen konnte.

Mir wurde erzählt, als ich über Bord fiel, hätte der Steuermann gerufen: „Freiwillige ins Boot." Aber der Kapitän hätte mich nicht retten lassen wollen; er hatte das auch nicht nötig, denn nach den Bestimmungen braucht er von sich aus kein Boot auszusetzen, wenn er glaubt, daß dabei andere gefährdet werden. Er hatte mit einer Harpune dagestanden und den Steuermann bedroht: „Wenn du das Boot herunterlässest, stoße ich dir die Harpune in den Bauch." Aber der hatte sich einfach umgedreht: „Ich habe meine Freiwilligen, stoß zu", und fuhr ab. Das hatte die Wut des Kapitäns noch gesteigert.

Der Kurs ging um das Kap der guten Hoffnung, und endlich kamen wir nach Australien. Meine erste Seereise war vollendet. Ein harter Anfang. Aber zurück zur Schule? Nein. Ist man schon ein Lausbub, soll man nicht andern zur Last fallen. Lieber zusehen, was sich eben mit eigener Kraft aus dem Leben machen ließ.

Auf der Suche nach einem passenden Beruf

In Freemantle ging ich viel an Land und bereitete mich zu einem Fluchtplan vor. Geld verdiente ich ja keins. Auch hatte ich mir Australien interessanter vorgestellt, lauter Neger mit Pfeil und Bogen und Palmen dort erwartet. Der Anblick einer kahlen, langreihigen Stadt wie Freemantle enttäuschte mich.

Ich sah auch ein deutsches Schiff dort und hörte, wie gut es die Leute darauf hätten. Es tat mir wohl, mich wieder mit Deutschen unterhalten zu können. Die Landsleute luden mich gelegentlich ins Hotel Royal ein. Dort schüttete ich der Tochter des Hauses mein Herz aus: Ich wäre ein freier Mann und wollte von dem abscheulichen Russen ausreißen, ihr Vater sollte mir helfen.

Der Vater sagte: Ja, ich könnte aber höchstens als Tellerwäscher bleiben.

Ich antwortete, auf dem Schiff hätte ich so vielerlei gemacht und auch das. Ich würde bleiben.

Ich erhielt einen halben Schilling am Tag, freie Station und Kleidung.

Deutsche Kameraden halfen mir, meine Seekiste von Bord zu schmuggeln, gerade am Tag, bevor die „Niobe“ in See ging. Die Flucht gelang. Der russische Kapitän übte sein Recht, mich durch die Polizei suchen zu lassen, nicht aus. Nun war ich in meinem neuen Beruf. Ich merkte aber bald, daß er nichts für mich war. Das Seemännische sagte mir doch mehr zu.

Meine Feierabendstunden benutzte ich dazu, die Heilsarmee aufzusuchen. Selten hat mich etwas so überrascht und angezogen, wie ihre Gesänge.

Auf ihrer Station besaß die Heilsarmee ein Grammophon, das ich nie vorher gesehen hatte.

Ich komme hierher nach Australien, um ein Land mit wilden Menschen zu sehen, und finde ein

solches zivilisiertes Teufelsding. Ich denke immer, da sitzt doch einer darunter, der den Kopf im Kasten hat, denn das Grammophon stand auf einem Tisch.
Ich muß ausfindig machen, wer da spricht, und wie er das macht, gucke wie verrückt darauf. Nun zeigt es sich, daß, wenn man von der Heilsarmee als „Seele" aufgenommen wird, man auf die vorderste Bank zu sitzen kommt, während die bloßen Zuschauer die hinteren Reihen füllen. Ich lasse mich also mit einem Kameraden vom deutschen Schiff zusammen als Seele aufnehmen. Ich überzeugte mich dann, daß niemand unter dem Grammophon saß. Bei der Aufnahme versprach ich natürlich auch keinen Alkohol zu trinken.
Die ganze Geschichte gefiel mir aber so, daß ich meinen Beruf als Tellerwäscher aufgab und zur Heilsarmee überging. Da ich nun frommen Boden betrat, glaubte ich die Wahrheit sagen zu müssen und gab an, ich wäre ein Graf. Da benutzte man mich gleich als Reklameartikel.
Es hieß nun: „We saved a German count. Before he came here, he drank whisky like a fish water." (Wir haben einen deutschen Grafen gerettet. Bevor er hierher kam, hat er Schnaps getrunken, wie ein Fisch Wasser.) Da kamen die Leute aus der Stadt und wollten den Grafen sehen. Ich mußte zuerst mit Mottenpulver arbeiten und die durch wohltätige Leute geschenkten Kleider einmotten.
Da ich rasch Englisch lernte, erhielt ich dann eine höhere Aufgabe. Ich hatte die für die verschiedenen Staaten Australiens einzeln gedruckten „Kriegsrufe" nach ihrem Erscheinen durchzuarbeiten und herauszusuchen, wieviele Seelen Kapitän Soundso gerettet hatte usw. Nach sechs Wochen bekam ich eine Uniform und verkaufte „Kriegsrufe", die ich glänzend los wurde. Ich dachte: „Hier kannst du ja auch Kapitän werden von der Heilsarmee!" Die Menschen waren gut zu mir. Den Alkohol, den ich kaum kannte, zu entbehren, wurde mir auch nicht schwer. Aber ich wurde furchtbar in Versuchung geführt mit Limonade. Kaum betrat ich mit meinem „Kriegsruf" eine Wirtschaft, so riefen die Leute: „Halloh, count! Do you like a ginger-ale?" (Graf, nehmen Sie eine Ingwer-Limonade?) Ich antwortete: „Yes, behind the bar." (Ja, aber hinter dem Schenktisch); denn ich glaubte irrigerweise, es wäre Alkohol, da es so gut schmeckte. Und so machte ich den Leuten großen Spaß, ohne recht zu wissen wodurch.
Es kam aber die Zeit, da ich mir sagte, das ist doch nichts, solch ein frommer Kapitän oder Leutnant; du willst doch lieber Seemann werden. Ich legte das den guten Leuten dar, und sie waren auch einverstanden. Da ich aber noch so jung wäre, bemühten sie sich, für mich

etwas Verwandtes zu finden. Und wirklich! Nach drei Tagen war ich Leuchtturmwärterassistent auf Cape Lewien.

Assistent, das klang ganz fein. Und Leuchtturm? Auf einem Leuchtturm sitzen, wenn die Schiffe in tosendem Sturm vorbeifliegen, das war mein Ideal.

Ich wußte ja, wie es dann an Bord aussah.

Also die Heilsarmee tat ihr Bestes und rüstete mich noch rührend aus mit tadellosen Anzügen, Wäsche und dergleichen.

Ich fuhr mit einer Postkutsche von Freemantle nach Port Augusta. In Cape Lewien wurde ich auf das herzlichste empfangen.

Jeder der drei Leuchtturmwärter bewohnte ein Häuschen an der Klippe, die 100 Meter hoch war, und steil abfiel zum brausenden Meer. Der Leuchtturm hatte sein Fundament dicht über Wasser, aber das Licht stand in Höhe der Klippe, damit man es bei diesigem Wetter besser sehen konnte.

Ich bewunderte alles, und meine Pflichten wurden mir mitgeteilt. „Das Fensterputzen, das ist ein bißchen langweilig, und dann wird das Gewichtaufwinden deine Aufgabe sein. Am Tage kannst du oben sitzen und Nachricht geben, wenn ein Schiff signalisiert."

Mir wurde ein kleines Zimmer angewiesen, sauber und nett. Jeder Wärter bezahlte 3 Pence für mich, zusammen also 9 Pence, das war mehr, als ich bisher verdient hatte. Ich war nicht wenig erstaunt, als ich die vielen Scheinwerfer sah, die Tausende von geschliffenen Gläsern des Reflektors. Da hatte ich nun allerdings beim Putzen fast den ganzen Vormittag zu tun, und nachts mußte ich alle vier Stunden hinauf, um das Gewicht 80 Meter hoch zwanzig Minuten lang ohne Unterbrechung heraufzukurbeln.

Mit der Zeit gewöhnte ich mich auch daran. Meine Lieblingsstunden waren es, wenn ich am Tage die Wärter oben ablösen durfte, um mit dem Kieker in der Hand über das Meer zu schauen. Wie schön war es dort oben, wenn der Sturm tobte! Eigentlich nahm ich den Leuten für die 9 Pence ihre ganze Arbeit ab.

Es gefiel mir aber sehr. Besonders gut gefiel mir die Tochter des einen Wärters. Eva hieß sie dazu. Wir haben uns schließlich einmal ganz harmlos ein bißchen geküßt. Dies geschah, da auf kahler Klippe weit und breit kein lauschiges Plätzchen war, an einem vielleicht nicht ganz passenden, verschließbaren Ort, der nach außen offen über den Felsen vorragte, dort, wo unten bei Flut das Wasser bis an die Klippe heranspülte. Da saß einer der Wärter unten beim Fischefangen, sah uns oben und benachrichtigte seinen Kollegen. Auf einmal wurde an der Tür gerüttelt. Aber wir machten nicht auf, denn ich schämte mich doch. Draußen wuchs die Wut. Die Drohungen wurden immer kräftiger. Ich sagte mir: ein kurzer Entschluß ist der beste, also die Tür auf und weg! Gesagt, getan. Der Leuchtturmwärter flog zur Seite, ich war weg und habe mich nie wieder sehen lassen. Nur am Abend schlich ich mich noch einmal zurück, um mir eines von den Pferden zu holen, die ich so gern leiden mochte, und die damals dort höchstens 30 Mark das Stück kosteten. Dafür ließ ich meine ganze sonstige Ausrüstung in Cape Lewien und ritt los in die Welt.

In Port Augusta befand sich ein Sägewerk. Dort fing ich an, in der Holzmühle zu arbeiten. Als Tagelohn wurden 20 Mark geboten. Doch das war ein Locklohn, denn erstens war es zu schwere Arbeit, das Holz zu schleppen, und zweitens waren die Preise dort so hoch (sogar das Wasser mußte man bezahlen), daß man kaum einige Mark täglich übrigbehielt. Aussichtsvoll war die Bezahlung eigentlich nur für die Chinesen, die dort arbeiteten, bei deren genügsamer Lebensweise.

In vierzehn Tagen, die ich dort blieb, hatte ich etwa 60 Mark erspart. Dann hielt ich es nicht mehr aus und zog weiter.
Als ich auf der Landungsbrücke sitze, um auf den Wochendampfer zu warten, der mich zum nächsten großen Hafen und dort zu einem Segelschiff bringen sollte, sitzt neben mir ein Jäger, ein langer Norweger, mit einem Martini-Henry und vielen Patronen. Er erzählte mir, daß er Känguruhs und Volopies gejagt und genug Felle davon verkauft hätte. Ich fragte ihn, was er für seinen Martini haben wollte. Er antwortete 5 Pfund.
Soviel besaß ich nicht. Aber ich gab ihm all mein Geld und dazu meine Uhr, ein gutes Stück. Er war sofort einverstanden.
Wie ich nun das Gewehr hatte, regte sich die Weidmannslust in mir und ich ging in das Innere auf Känguruhjagd.

Aber der Norweger hatte übertrieben. Es gab höchstens ein paar kleine Volopies. Ich holte mir Rat bei einem dortigen Lotsen, einem Deutschen, der gab mir Bescheid, wohin ich gehen sollte. Auf dem Wege fand ich eine verlassene Farm, dort kampierte ich mich ein.
Aber die Einsamkeit bedrückte mich bald. Ich gab das Weidwerk wieder auf, kehrte nach Port Augusta zurück und verkaufte mein Gewehr. Als ich im Hafen ankam, wurde gerade ein Dampfer gelöscht, dem eine indische Fakirgesellschaft entstieg. Man fragte mich, was ich wäre. Ich sagte „Seemann". Da meinten die Fakire, so einen könnten sie gerade gut gebrauchen zum Aufschlagen der großen Zelte und Pferdeputzen und dergleichen. Sie erklärten, sie wären eigentlich so ziemlich dasselbe wie Seeleute, nur daß sie auf dem Land umherzögen. Das lockte mich. Dazu kam, daß eine Anzahl dunkeläugiger Hindumädels dabei war. Die zogen mich auch an. Ich wurde also Fakirgehilfe.
Als wir nun durch Australien reisten, baute ich überall auf den Plätzen die Schaubuden und Zelte auf. Mit der Leinwand umzugehen, das erinnerte so an die Seefahrt.
Als wir in Freemantle waren und ich die Reklamezettel austrug, ging es auf einmal an: „Halloh, count, no more Salvation Army?" (Nicht mehr bei der Heilsarmee?) Meine Anwesenheit steigerte sofort den Zuspruch der Leute.
Ich versuchte es mit allen Listen, mir die Fähigkeiten der Fakire anzueignen. Aber sie hielten ihre Wissenschaft streng geheim. Ich kam hinter nichts. Schließlich dachte ich bei mir, du mußt es anders anfangen, und bändelte mit einer kleinen Malaiin an. Anfänglich war sie sehr zurückhaltend, aber nach vierzehn Tagen kam sie mir schon

etwas entgegen, und ich erfuhr den Hergang einiger Kunststücke. Nun wurde es mir leichter, meinen Brotherren selbst etwas abzugucken. Wenn ich auch nur Pferdeputzer war, so bekam ich jetzt doch nach und nach eine Schlagseite vom Fakir. Freilich, die eigentlichen virtuosen Fakirkünste zu erlernen, dürfte für einen Europäer so gut wie unmöglich sein. Die alten Meister dieser Kunst, gewohnt, von der Menge angestaunt und als sozusagen übernatürliche Wesen verehrt zu werden, verhalten sich auch ihren Angestellten gegenüber unnahbar. Die zwei Oberhäupter unserer Truppe machten mit ihren langen Bärten und ihrer durch langjährige Schulung der Willenskraft durchgebildeten Haltung einen erhabenen Eindruck. Unter ihren Leistungen war besonders überraschend das Wachsen eines Mangobaumes. Der Fakir hatte einen Kern, den er in die Erde steckte. In kurzer Zeit sieht man, wie die Erde bricht und ein Blatt zum Vorschein kommt und ein kleiner Stiel. Der Fakir deckt ein Tuch darüber und spricht einige Worte. Auf einmal ist der Mangobaum 1 Meter groß. Das Tuch wird wieder darüber gedeckt und der Mangobaum wächst weiter und bekommt drei bis vier Blätter. Ich selber habe beim Wegräumen nicht entdecken können, daß irgend etwas in Vorbereitung war.

Irgendein Zuschauer kommt, und der Fakir fragt ihn: „Was haben Sie denn da für einen Ring, der ist sehr wertvoll, den dürfen Sie nicht verlieren. Aber Sie haben ihn ja schon verloren. Sehen Sie, ich habe ihn hier", und der Fakir hat den Ring an seiner Hand. Ich habe dies oft mit angesehen und genau darauf geachtet, aber es ist unmöglich, sich zu erklären, wie es gemacht wird, welche geheimnisvolle Kraft den Leuten das ermöglicht. Man würde Hypochonder werden, wenn man darüber nachgrübelte. Sie haben als Apparat eigentlich nichts weiter als den Wagen, mit dem sie sich fortbewegen. Ganz besonders hat mich folgendes überrascht. Eine große Schale mit Wasser wird gebracht, die zeigt der Fakir dem Publikum. Der Fakir setzt sich so, daß die Schale mit dem Wasser nicht zu sehen ist. Nach einer Weile tritt er zurück, und die Schale ist voll lebender Goldfische.

Meine Herren kletterten außerdem an Tauen in die Luft. Das Tau hatten sie in der Hand und warfen es hoch, und dort blieb es in der Luft stehen, trotzdem kein Balken oder ähnliches da war. Dann kletterten sie an dem Tau in die Höhe. Doch ich will mich hierüber nicht weiter verbreiten, denn das Zaubern ist nur unterhaltend, wenn man es mit ansehen kann. Auch die Kunststückchen, die ich mir damals aneignen konnte, würden dem freundlichen Leser nur

Vergnügen bereiten, wenn ich einmal den Vorzug haben sollte, ihn persönlich in diese kleinen Geheimnisse einzuweihen.
Die Fahrt mit den Fakiren ging durch das ganze australische Staatengebiet. Aber in Brisbane mochte ich nicht mehr mitmachen, wollte wieder auf ein Schiff, Seemann werden und nicht meinen Beruf verfehlen.
Ich komme auf eine englische Bark und sitze da eines Sonntagsmorgens am Strand und wasche mein Zeug. Da kommen drei Herren auf mich zu; meine Muskulatur bewundernd, fragen sie nach meinem Alter. Ich sage „fünfzehn".
Ob ich Lust hätte, das Boxen zu lernen?
Ja, dazu hätte ich Lust. Wenn man boxen kann, kriegt man nicht so leicht Prügel.
So ging ich nach Feierabend in die Boxschule, um mich prüfen zu lassen. Nach genauer Untersuchung wurde mir angeboten, ich sollte 6 Pfund Sterling erhalten und ausgebildet werden, mich dafür aber verpflichten, nur für Queensland zu schlagen. Die Australier geben sich alle Mühe, wenn sie einen Menschen gefunden haben, dessen Körper etwas verspricht, ihn zum Preisboxer auszubilden. Mit allen möglichen Apparaten erhielt ich nun eine hervorragende Pflege. Nachdem der Körper ein Vierteljahr mit allem durchgebildet war, durfte ich zum erstenmal Schlagbewegungen ausführen. Ehe man Schläge austeilt, wird man aber selbst geschlagen, damit die Partien des Körpers, besonders die Brust, abgehärtet werden.
Es gefiel mir dort ausgezeichnet. Ich sollte bald nach San Franzisko geschickt werden, um dort weitere Grundlagen zu gewinnen. Als ich aber soweit war und als Boxer überall hätte auftreten können, hatte ich den „Preisboxer für Queensland" genug und wollte wieder zur See. Wo immer ich war, welche Ablenkung sich mir bot, die Sehnsucht nach dem Schiff kam stets zurück.
Ich strebte diesmal nach einem amerikanischen Schiff und kam auf die „Golden Shore", einen Viermastschoner, der von hier nach Honolulu und später die Route San Franzisko-Vancouver-Honolulu fuhr, die eine Fahrt mit Zucker, die andere mit Holz.
Es war eine ideale Zeit. Ich wurde gut bezahlt, 45 Dollar den Monat, und gleich als Vollmatrose angenommen. Eigentlich geht das nicht so schnell. Die regelmäßige Laufbahn führt vom Schiffsjungen über den Jungmann und Leichtmatrosen zum Vollmatrosen. Es gab harte und schwere Arbeit, namentlich beim Laden und Löschen, während auf einem Schoner seemännisch leichtere Arbeit an Deck ist als auf einem Rahschiff.

An Bord des Schoners war mein besonderer Freund ein Deutscher, namens Nauke, ein verkrachter Geigenmacher, der als Kajütsjunge an Bord war.
Eines Tages, als wir in Honolulu ankern, fordert mich Nauke auf, mit an Land zu gehen, und bringt mir gleich eine Dose kondensierte Milch aus der Kajüte mit, weil ich die so gern mochte. Wir sahen uns dann den König an, der im Park eines ihm von Amerika gebauten Palastes in einem bequemen Rohrsessel, umgeben von zwei bis drei Weibern, beim Tee saß, und erprobten darauf die Eßbarkeit der Roßkastanien, die vor des Königs Parkgitter wuchsen, in der Annahme, auf Hawai wäre alles eßbar. Da kommt ein besser gekleideter Herr auf uns zu und fragt auf englisch: „Was treiben Sie hier?"
„Wir sehen uns den König an."
„Ach was, König, ihr solltet den Hulla-Hulla-Tanz sehen."
„Hast du Lust, Nauke?"
„Ja, wenn nette Mädels dabei sind", antwortete Nauke.
Da fragt der Herr auf einmal, ob wir keine besseren Anzüge hätten? Ich sage: „Nein, wir haben nichts Besseres."
„Na", war die Antwort, „dann ist das gleichgültig, dann bekommt ihr einen Anzug von mir."
Wir steigen nun zusammen den Schloßberg hinunter und wurden eingeladen, in einem vierspännigen Eselwagen Platz zu nehmen. Ich sagte zu Nauke, das schiene ja ein recht wohlhabender Mann zu sein. Da drehte sich der Herr um und rief: „Sie müssen sich nicht so viel mit Ihrem Freund unterhalten, ich kann auch deutsch."
Als wir in die Zuckerplantagen außerhalb des Ortes gelangt sind, gibt der Herr dem Kutscher das Zeichen zu halten. Wir gehen durch einen Feldweg in die Plantage hinein und kommen zuletzt an ein vornehmes Europäerhaus. In einer Einzäunung weideten junge Fohlen. Als ich durch die Riesenfenster der vornehmen Villa ins Innere blicke, bemerke ich eine Reihe großer schwarzer Tische wie in einem Kollegsaal. Während ich neugierig hineinschaue, bietet der Mann Nauke ein Stück Pudding an und ersucht ihn, vor dem Hause zu warten. Ich warne ihn noch, er möchte nicht weggehen.
Als ich nun eintrete, wird mir sonderbar zumute. Der Mann führt mich in einen Raum neben dem Saal mit den vielen Tischen. Dieser Raum hatte drei Fenster und enthielt einen großen Tisch. Der Mann will die Tür abschließen. Ich sage: „Nein, nicht schließen."
Am Kopfende des Tisches war seltsamerweise ein Moskitonetz gespannt, darunter lagen zwei Kopfkissen. Eine Seitentür führte zu einer Treppe, die nach der Mansardenwohnung hinaufging.

Der Mann wollte nun ein Metermaß holen, wie er sagte, zum Anmessen des neuen Anzugs. Allright, sage ich.
Er geht die Treppe hinauf, und ich setze mich neben die Tür auf einen Koffer. Als ich sitze, gewahre ich unter dem Tisch zwei lange Kisten, groß und schmal, mit starken Verschlüssen auf beiden Seiten. Ich sage mir: „Menschenskind, das kommt dir unheimlich vor. Wenn du nur nicht in eine solche Kiste gerätst." Ich verließ mich aber auf meine Kräfte, hatte ja auch boxen gelernt. Da kam der Fremde wieder herunter, hatte ein Maß, sprach mit mir und fing an, am Arm zu messen, seltsamerweise von unten nach oben, und sagte: „Thirty". Wiederholte es, murmelte noch einmal Zahlen, drehte mich herum, klappte mir den Rock über den Rücken herunter, so daß meine Arme behindert waren. Er sagt, die Beleuchtung wäre ungünstig, und schiebt mich so, daß ich mit dem Rücken gegen die äußere Tür stehe. Ich höre aber am Knirschen des Sandes, daß sich da einer hinter der Tür bewegt. In diesem Augenblick sehe ich am Fußende des Tisches auf dem Boden eine Menge altes Zeug liegen, das Seeleuten gehören mochte, unordentlich hingeworfen. Da kriege ich wieder Mut und denke: es mag doch mit dem Anzug stimmen.
Er nimmt wieder Maß und schnallt dabei den Gürtel auf, legt ihn zusammen mit meiner leeren Messerscheide auf den Tisch. Ich denke: du hast doch ein Messer darin gehabt, hast noch dem Koch Kartoffeln schälen helfen; solltest du es liegengelassen haben? Wie ich noch umhersehe, gewahre ich auf dem Fensterbrett zwischen leeren Flaschen zu meinem Entsetzen einen abgeschnittenen menschlichen Daumen, an dem noch eine lange Sehne hing.
Gerade habe ich noch Zeit zum Luftholen, der Mann wollte mir eben das Beinkleid öffnen, dann hätte ich mich nicht mehr rühren können. Ich schiebe den Rock wieder hoch, ergreife meine Milchdose und Messerscheide vom Tisch, werfe den Kerl mit einem wuchtigen Stoß beiseite, gebe der ersten besten Tür einen Tritt, daß sie aufspringt, und rufe draußen aus Leibeskräften: „Nauke!"
Nauke kommt kauend an, ich kriege ihn zu fassen, laufe in die Plantage und werfe mich mit ihm zwischen die Rohre.
Er fragt: „Was ist denn los?"
„Ja, Nauke, wenn ich das wüßte."
Ein Pfiff ertönt. Pferdegalopp, und etwa vier Menschen laufen zu Fuß hinterdrein. Sie vermuteten uns auf dem Weg, den wir hergekommen waren. Wir liefen aber am Haus vorbei nach der entgegengesetzten Richtung und kamen nach längerem Umherirren wieder in Honolulu an den Strandweg. Ich erzählte alles einem

Polizisten. Der zuckte mit den Achseln. Wenn er ausfindig machen sollte, wie oft hier Seeleute verschwänden, müßte eine ganz andere Organisation erst neu geschaffen werden. Wir erzählten es dem Kapitän, der sagte aber: „Sie hätten euch ruhig das Jack vertobacken sollen, was treibt ihr euch auch draußen herum?"

Wir Kameraden verabredeten, am nächsten Sonntag die Bude in der Plantage zu stürmen, und legten uns allerlei Waffen dafür zurecht. Aber am Freitag kam der Befehl: Quarantäne! Da war eine ansteckende Krankheit ausgebrochen.

So blieb für mich das Rätsel dieses Erlebnisses bis heute ungelöst wie ein wirrer Traum. Ich weiß nicht, ob einer meiner Leser über den Schlüssel des Verständnisses verfügt.

Das Messer hatte ich übrigens tatsächlich beim Koch liegenlassen. So war alles ganz klug eingefädelt: Nauke bekam als der Schwächere den Pudding. Erst sollte ich allein abgefertigt werden. Ein älterer Herr, der Honolulu gut kannte, erzählte mir später, daß schon viele Seeleute verschwunden wären, aber ein so genauer Bericht, wie der meinige, war ihm noch nie bekannt geworden. Vielleicht haben alle anderen, die in jenes Haus kamen, keine Gelegenheit mehr gehabt, zu berichten.

Ich sollte noch eine sehr peinliche Erfahrung durchmachen, bevor mein brennender Drang, neue Berufe kennenzulernen, sich endgültig legte. Ein Freund vom Schiff, August H., ein Neffe des berühmten Schäfers Ast, aus Winsen an der Luhe, heckte einen Plan aus, an dem ich großen Gefallen fand. Der Leser wird dem, was ich jetzt zu berichten habe, nur mit Kopfschütteln folgen, auch wenn er bedenkt, daß ich noch in dem Alter stand, das Schülerstreichen eine gewisse Straflosigkeit verleiht, und wenn man hinzurechnet, daß meine Erziehung doch stark aus den Fugen gegangen war und das Herumschweifen unter immer neuen Menschen und Völkern zur Festigung der moralischen Begriffe nicht gerade beitragen konnte. Bei der Erinnerung an jene Tage kecken Schiffsraubs ist klar, daß nicht nur äußere, sondern auch innere Gefahren meine Entwicklung bedroht haben, und daß ich dem Geschick danken muß, das mich durch diese verschlungenen Pfade doch nach oben geführt hat.

Also, mein Freund August und ich fanden es notwendig, einmal aus der abhängigen Stellung an Bord hinüberzuwechseln zu einem selbständigen Beruf, bei dem wir unser eigener Herr waren. Als Ideal erschien uns diesmal das Fischerleben. Die Fische wollten wir schon besorgen, aber es fehlte uns zunächst an einem dazugehörigen Fahrzeug. Es ist keine Fischerei so ergiebig wie bei Vancouver.

Ferner mußte ich ein Gewehr haben. Wir wollten heute ein bißchen jagen und zugleich ein Schiff haben, damit wir uns sagen konnten, wir hätten eine Heimat. Ein Gastwirt an Land, ein Stettiner, der uns viel von den Rocky Mountains erzählte, hatte uns auch ein Gewehr gezeigt, zwölfschüssig, System „Winchester Rifle". Er sagte, daß es für 3 Dollar zu bekommen wäre. Es stand fest, daß wir ein „Winchester Rifle" haben mußten. Bald waren wir glückliche Besitzer; das Gewehr wurde an Bord versteckt. Wenn wir dann im Schiff den Rost zu klopfen hatten, machten wir beim Schein der Petroleumfunzel in der Vorpik die phantastischsten Pläne. Wir kamen auf die Idee, in dem Fischerdorf Modeville eines der Segelboote an uns zu nehmen, dann hätten wir eine Heimat, könnten Fische fangen und hinfahren, wo wir hinwollten. Wir hielten uns den ganzen Abend in Modeville auf; man sah die Lagerfeuer der Eingeborenen, die Halbindianer sind. Ich bekam Angst, weil die Hunde so kläfften. Kleine Boote lagen am Ufer, wir nahmen eins, steuerten ein Segelboot an, gingen leise hinauf und kappten einfach den Anker; das Segel hatten wir schon losgemacht, es war zum Trocknen nur leicht befestigt. Da nur wenig Wind war, trieben wir ganz langsam vom Land ab. Kaum sind wir in Bewegung und haben das Segel gerade hoch, da sieht es einer vom Land und glaubt, das Boot treibe ab. Sie machen ein Boot klar, eilen sich noch gar nicht, denn das nur halb geheißte Segel war ihnen nicht verdächtig. Da reißen wir noch einmal an der Gaffel, und das sehen sie. Sie kommen immer näher. Was machen? Da endlich kommt das Boot aus dem Lee der hohen Berge frei, und wir erhalten Wind. Ausgerissen sind wir wie der Teufel. Da schossen sie an Land, aber wir sind glücklich durchgekommen und die ganze Nacht gefahren nach Seattle herunter. Da liegt ein deutsches Segelschiff, daß außenbords gemalt wird. Wir kommen vorbei und bitten um Schwarzbrot, Schiffszwieback und weiße Farbe. Mit der Farbe haben wir das Boot weiß gestrichen und dann Fischerei getrieben. Aber wir waren doch Zugvögel, die nicht an einem Platz bleiben konnten. Nach kurzer Zeit hatten wir vom Fischen genug und wollten das Boot heimlich wieder nach Modeville zurückbringen. Dabei wurden wir entdeckt und als jugendliche Übeltäter vors Fürsorgegericht gebracht. Die Taugenichtse wurden noch glimpflich behandelt und ein paar Wochen unter Aufsicht gestellt. Wenn die Engländer freilich gewußt hätten, daß sich mit diesem Schiffemausen ein Talent für später regte, so hätten sie die Fürsorgeerziehung wohl über den Weltkrieg hinweg ausgedehnt.

Als Matrose rund um die Welt

Nach diesen bösen Erfahrungen zog es mich wieder nach der Heimat. Darum musterte ich auf dem englischen Viermaster „Pinmore" an. Auf ihr habe ich nun die längste ununterbrochene Seereise meines Lebens gemacht, zweihundertfünfundachtzig Tage von San Franzisko bis nach Liverpool. Wir hatten lange stillgelegen und wurden dann bei Kap Horn durch viele Stürme aufgehalten. Das Unangenehme war, daß wir nur für einhundertachtzig Tage Rationen mithatten und auch das Wasser knapp und brackig wurde, da die Wellen in die Wassertanks eingedrungen waren. So starben unterwegs sechs Mann an Skorbut und Beriberi. Die Krankheit ging so weit, daß die Beine und der Unterkörper wässerig anschwollen und beim Druck darauf die Druckstelle nicht mehr zurückging. Wir fuhren nur mit Sturmsegel, weil keiner von uns mehr imstande war, in die Takelage zu gehen. Wir lebten von halben Rationen.

Es war, als ob der Teufel auf dem Schiffe wäre. Kein Schiff, das wir um Proviant hätten bitten können, begegnete uns auf dieser Fahrt. Keine der Regenböen, die wir in der Ferne vorüberziehen sahen, senkte sich auf uns nieder, um Wasser zu spenden. Als wir vor England auf der Höhe der Scillys waren, wurde die letzte Portion Erbsen ausgegeben, und als im St.-Georgs-Kanal der Schlepper kam, schrien wir alle: „Wasser, Wasser!" Wenn man jetzt auch so viel trank, daß man sich übergeben mußte, der Durst war nicht im mindesten gelöscht, so ausgedörrt war der Körper. So verließ ich die „Pinmore"; unter welch eigentümlichen Umständen ich sie als Pirat wieder betreten sollte, werde ich später erzählen.

Nach vierzehntägigem Lazarettaufenthalt ging es per Bahn nach Grimsby, von da mit einem Wochendampfer nach Hamburg. Ich hatte gut verdient und an die 1000 Mark Erspartes mitgebracht. Die ließ ich mir in Silber einwechseln, um recht viel zu haben.

Stolz schlenderte ich als Vollmatrose durch die Stadt. Es war Dezember, die Zeit des Hamburger „Doms", an welchem Volksbelustigungen aller Art stattfinden.

Da war auch Lipstulian, der Ringkämpfer, 50 Mark waren ausgesetzt für den, der ihn würfe.

Die Kameraden sagten: „Mensch, das laß dir doch nicht zweimal sagen, du schmeißt doch den Kerl."

„Das mache ich nicht", meinte ich, „wir sind doch in Hamburg."

Aber Lipstulian rief: „Mensch, bring di en Büdel (Beutel) mit, dat du din Knoken da drin wedder na Hus nahmen kannst."
Diese Äußerung fasse ich doch als Beleidigung auf und steige aufs Podium. Der Ausschreier ruft: „Hereinspaziert, meine Herrschaften, das erste Opfer hat sich gefunden." Lipstulian läuft wie ein Stier auf und ab.
Meinen Geldbeutel hatte ich unserem Segelmacher zur Aufbewahrung gegeben.
Ich werde in eine kleine Bude geführt, bekomme ein rot und weiß gestreiftes Hemd an und einen Gürtel.
Das Zelt füllt sich. Man hatte das Eintrittsgeld rasch erhöht.

Als ich auf das Podium herauskomme, schaut Lipstulian meine Arme an und wird stiller. Der Ausrufer verkündigt: „Noch sind es Freunde, noch reichen sie sich die Hand." Dann ging es los. Es war aber kein technischer Ringkampf, sondern lediglich eine Kraftprobe. Er will mich zu sich heranziehen und überkippen, als ich noch dastehe, bevor das Zeichen gegeben war. Da wurde ich wütend. Es ging immer abwechselnd mit dem Angriff. Ich setzte an, konnte ihn aber nicht lüften. Die Leute riefen: „Du bist doch ein Hamburger, du mußt doch den Kerl kriegen!" Ein Schiffsmaat setzte noch 50 Mark, wenn ich ihn 'runterbrächte. Beim dritten Male ziehe ich ihn hoch, drehe ihn herum, er will sich mit dem Fuß gegen eine Zeltstütze halten, rutscht aber dabei aus. Ich werfe ihn, er liegt auf dem Boden. Da behauptet der Ausschreier, ich hätte ihn nicht auf dem Rücken gehabt. Aber da bewegt sich das Zelt geradezu in Diagonalen vor

Empörung des Publikums. Man bezahlte mich in Silber, gab mir aber nur 20 Mark statt der vereinbarten 50. Ich wollte darüber kein Aufsehen erregen, wurde von den Kameraden auf den Schultern in eine der nächsten Zeltwirtschaften getragen und mußte hier feste als Sieger ausgeben.

Das blieb mein einziges öffentliches Auftreten als Athlet. Aber die in Queensland erworbene Kraft habe ich mir auch später durch Übungen zu erhalten gesucht, und ihr verdanke ich es, daß ich nach dem Kriege in Düsternbrook, selbst unbewaffnet und allein, zwei Straßenräuber, die mich mit zwei Parabellumpistolen und einem Totschläger anfielen, entwaffnen und niederschlagen konnte. Bei der bedauerlichen Unsicherheit, die sich in Deutschland verbreitet hatte, kann ich wenigstens diesen Teil meiner ungewöhnlichen Erziehung zur allgemeinen Einführung empfehlen.

Nach vierzehntägigem Landaufenthalte musterte ich an Bord der „Cäsarea" an; das war mein erstes deutsches Schiff.

Freund Nauke kam mit. Die Reise ging wieder nach Australien, und zwar nach Melbourne mit einer Ladung Stückgüter. Der Kapitän war in vielem tüchtig, aber ein Genie an Knickrigkeit, und der Koch arbeitete in seinem Sinn und unterstützte ihn, indem er uns mangelhaft verpflegte. Der Schiffskoch heißt in der Schiffssprache „Smutje", d. h. Schmierlappen.

Ich sitze eines Tages im Top auf der Bramrahe und denke an gar nichts, und Smutje hantiert in der Kombüse unten und pfeift das Lied: „Mein Herz, das ist ein Bienenhaus" so recht süß und selig vor sich hin. Da auf einmal werden zwei Arme sichtbar und zwischen ihnen ein Tablett. Was schiebt der Smutje denn da aus der Kombüse heraus auf das Dach? Ich traue meinen Augen nicht, ein ganzes Tablett voll Pfannkuchen.

Was? denk' ich, Pannkauken auf hoher See, 1000 Meilen ab vom Land, frisch und warm . . .

Die schrien mich ja ordentlich an. Ich von oben herabgerutscht, 'rangeschlichen, die Pannkauken in die offene Brust gestopft . . . was war das heiß, aber einerlei . . . und wieder auf den Mast zu meinem Platz. Ich verbrannte mir das Fell, aber was tat das. Vierzehn Pannkauken, was ist das für ein Genuß.

Smutje flötete immer weiter. Na, du wirst schon merken, was dein Herz für ein Bienenhaus ist!

Nach einer Weile greift Smutje mit einem sicheren Griff herauf nach den inzwischen genügend gekühlten Kuchen, ganz vorsichtig, damit bloß kein Pfannkuchen herausfällt . . . Man hört einen langen

Durchreißerauspfiff und dann den erstickten Schrei: „Min Pannkauken . . ."
Er geht auf das Kombüsenhaus, in der Meinung, daß sie vielleicht durch das Rollen des Schiffes aus dem Tablett gerutscht seien. Auch das nicht!
„So ein Spitzbubenpack, verdammtes!"
Ich rufe von oben herunter: „Wer ist hier Spitzbubenpack?"
„Daß du dat nich west bist, Filax (so wurde ich an Bord genannt), dat könnt mi mine fief Sinn'n seggen."
„Dat will ik meinen", rief ich beruhigt zurück.
Als die Wache beendet war und ich vom Mast herunterkam an der Kombüse vorbei, ruft mich Smutje: „Filax!"
„Wat is los?" sag' ich.
„Ik will di wat seggen: de eenzigste ehrliche Kirl hier an Bord büst du!" — „Dat weet ik! wat is los?"
„Ik will di wat seggen, Filax. Ik bün von Natur en upmerksamen Minsch, dat weetst du (das Gegenteil war richtig), un hüt hett de Kaptein Geburtsdag, ik hev em 'n poor Pannkauken backt, du weetst jo, ik bün de eenzige Minsch, de em wat schenken kann, un da is so en Lump west, de klaut mi alle vertein weg."
„Gott", sag' ich, „vertein Pannkauken?!"
„Un wenn du mi versprechen deist, den Kirl utfindig to maken, denn gah hen un fret dat Preißelbeerkompott. Dat hett doch keen Zweck mehr för mi."
Während ich das Kompott ausschlecke (das war gerade so ein feiner Happen), frage ich, wie ich das machen solle, den Kerl herauszusuchen?
„Jo", meint er, „du möst tosehn, wer nich to Middag fret, wer keen Apptit hett, de is de Lump."
Nach dem Mittag kommt er auf mich zu: „Hest em funnen?"
„Nee, de hebbt all freten."
„Awwer du krigst em rut?"
„Man en beten töwen (warten), ik krig em rut."
Mit der Zeit beruhigte Smutje sich. 1 ½ Jahre später wurden wir in Liverpool abgemustert. Da lädt er mich zu einer Painexpeller (Bittern) ein; wir wollten den Abschied feiern. Nun rührte mich doch das Gewissen, und ich sagte ihm Bescheid. Er hatte gerade zwei Glas bezahlt, die standen eingegossen vor uns.
„Ik weet, Smutje, wer de Kirl west is, de di din Pannkauken opfreten hett. Wi gaht jetzt utenanner, do möt ik di 't seggen: Ik bün dat west."

„Büst du dat west?" guckte er mich groß an, machte kehrt, ließ die beiden Bittern stehen und hat mich wieder angeblickt. Die beiden Gläser konnte ich natürlich nicht stehen lassen und mußte sie beide selber austrinken.

Nach langen Jahren hat sich Smutje mit mir übrigens wieder versöhnt. Ich traf ihn einmal in Hamburg, als ich eben im Begriff war, ein Auto zu besteigen, um zu einer Abendgesellschaft zu fahren. Auf einmal ruft mich jemand „Filax" an. Ich sehe mich um und erkenne meinen Smutje. — „Hallo, Filax, Minsch, so fein in Tüg? Büst du bi de Marin? Un damals harst du kee heile Büx an 'n Lief."

Ich gab die Gesellschaft auf, um den Abend mit meinem wiedergefundenen Smutje zu verleben, nahm ihn mit mir ins Hotel Atlantik, wo ich ihn zu einer Flasche Champagner einlud, um das Wiedersehen zu feiern. Als der Kellner den Sekt aufträgt, will Smutje gleich mit dem Kellner anbändeln. Als dieser mich aber nach meinen Wünschen fragte und mich dabei mit meinem wirklichen Namen anredete, ging ein Strahl der Verklärung über Smutjes Gesicht. Der Zusammenhang meiner Laufbahn war ihm zwar im Augenblick noch dunkel. Als ich ihm aber auf seine Frage: „Filax, büst du denn en wirklichen Grof?" antwortete, daß ich einer sei, sagte er: „Na, denn kann ik ja stolz up sin, dat mi en Grof de Pannkauken klaut hett!"

Da war noch eine andere Geschichte mit Smutje passiert, als wir mit der „Cäsarea" in Melbourne waren. Der Kapitän hatte den deutschen Konsul eingeladen und sagte zu Smutje: „Wir geben ein Diner."

„Dat könt wi jo don, Kaptein."

„Awwer wie möten wat Ornlichs gewen, de Konsul kümmt."

Smutje setzte sich sofort aufs hohe Pferd. Bei solchen Anlässen kann er alles.

„Aber", meinte der Kapitän weiter, „wir wollen doch nicht so teure Ausgaben machen." — „Jo, Kaptein, denn gewen wie Aantjes (Enten), dat is doch so wat Good's un kost nich veel hier an Land.

„Awwer", meint der Kapitän, „dat is doch so 'ne Sak. Denn denken de Lüd, ik harr Geburtstag und se kreegen Aantjesbraten."
„Dat laten Se man min Sorg sin, Kaptein, ik koop de Aantjes in 'n Sack."
Wie Nauke, der Schiffsjunge, das hört, wickelt er mich in das erlauschte Geheimnis ein.
Da höre ich, wie der Kapitän den ersten Steuermann einlädt: „Ich lad Sie zum Diner ein."
„Dank schön, Kaptein, dank schön."
„Awwer de Kragen umbinnen, de Konsul kümmt."
„Dank schön, Kaptein", sagt der Erste und streicht schmunzelnd den Bart.
Dann geht der Kapitän zum zweiten Steuermann. „Ich lad' Sie ein, heut abend um 8 Uhr, der Konsul kommt."
„Dank schön, Kaptein", sagte der Zweite und wischt schmunzelnd den Handrücken längs des Bartes.
Es war ein Sonnabend. Ich sehe die Enten da, wie sie in die Pfanne gebracht werden. Ich sitze an der Luke und setze einen Flicken auf meine Hose, tue, als ob ich nichts weiter vorhabe, beobachte heimlich die Enten, die jetzt gerade mit Pflaumen und Äpfeln gefüllt werden (das mag ich ja so gern), und warte nur auf den Augenblick, wo Smutje nach achtern geht und Zutaten holt.
Ich ahne gar nicht, daß der Kapitän auf der Brücke sitzt, die Zeitung liest und dabei die Enten unter Auge hält. Er hat ein Loch in die Zeitung gebohrt und peilt dadurch auf die Enten.
Mich konnte er nicht gewahren, weil Kapitän, Mast und ich in einer Peilung stehen, aber da sieht er die überstehende Hose, an der ich flicke, und auf einmal fliegt mir ein Lukenkeil ins Genick: „Du Spitzbube, du riechst wohl Heimatklänge? Hast dir die Büx zum Einpacken gleich mitgebracht. Aber töw man!"
Ich verließ also meinen Platz und brummte: „Ich brauche Ihre Enten nicht, ich habe mehr Enten gegessen in meinem Leben als Sie."
Dieser Angriff war abgeschlagen.
Abends kommt der Konsul. Der Kapitän empfängt ihn. Man hat sich fein gemacht zum Diner, Wäsche angezogen und so weiter, die Nägel geputzt. Der Konsul wird in die Kajüte gebracht. Er ist der einzige, der eine Serviette bekommt. Nauke und ich hatten uns auf den Lichtschacht gesetzt und guckten zu, wie da die drei Enten auf dem Tisch lagen. Wir hatten uns schon einen Bootshaken mitgebracht für den Augenblick, wo sich der Konsul verabschiedete, und ordentlich Tabak für die Zwischenzeit und warteten und hörten zu.

Der Kapitän aß recht wenig, und infolgedessen hielten sich auch die Steuerleute zurück. Sie wurden überhaupt nicht gewahr, daß die Enten gefüllt sind mit Plum und Appels.

Als sie fertig sind, werden die Enten nicht weggenommen. Smutje will sie zwar abholen, aber der Kapitän winkt ihm ab. Als der Konsul geht und der Kapitän ihn hinausbringen muß, läßt dieser mißtrauische Geizkragen erst die Steuerleute aus dem Raum gehen; sie hätten sich sonst am Ende eine Keule von dem Vogel herunterreißen mögen. Der Kapitän befiehlt nunmehr Smutje, er solle die Enten in die Pantry[1]) setzen. Da ging uns ein Licht auf!

Also der Konsul ging von Bord und der Kapitän sagte: „Na, gute Nacht, Erster Steuermann, hoffentlich ordentlich satt geworden!"

„Dank schön, Kaptein", war die etwas zweifelnde Antwort.

Ebenso der Zweite.

Nach einer Weile wird's still.

Nun auf zur Pantry! Da konnten wir ja von Deck aus durch das Bullauge[2]) hineinlangen.

Wir warteten, bis alles zu Bett war, Smutje war nach vorn gegangen, dann greif ich 'rein ins Bullauge.

Richtig: Ich hab' einen Vogel.

1) Schiffssprache für Anrichte (engl.).

2) Rundfenster.

Ich taste ihn ab, hole mir erst mal die Füllung 'raus, ahne aber nicht, daß da in der Pantry der Kapitän drinsitzt und sich satt ißt. Ich lange also von oben 'runter, hole die Füllung 'raus und stecke sie in die Hosentasche, fühle auch, daß drinnen ein anderer, noch ganzer Vogel ist und nehme ihn weg.

Und als ich ihn halb hoch habe, da gewahrt das der Kapitän, wie der Vogel hochgeht, und schreit, eine halbe Keule zwischen den Zähnen, voll Entsetzen:

„Min Vagel!"

Er kriegt mich zu fassen und drückt mir den Arm 'runter. Ich konnte ja auch nichts sagen und mußte mich zusammenkneifen. Er rief: „Laß den Vogel los", langt aus dem Spind ein besseres Tauwerk für Liebhaberknüpfarbeiten, bindet meinen Arm damit fest an den Messinggriff der Schublade, um herauszukommen und sich zu überzeugen, wer der Spitzbube ist. Nauke greift unterdessen in meine Hosentasche und holt die Füllung heraus, damit die nicht durch die bevorstehende Keile auch noch zerkloppt wird.

Der Kapitän kommt an. „Ach so, du, Filax! Du magst keine Enten, nicht? Aber Tauenden magst du!", holte das dickste Tauende und haut auf meinen Ischiatikus.

An allen Gliedern hinkend schleiche ich mich schließlich nach vorn und rufe: „Nauke!" Er kommt an . . . „Gib mir mal von der Füllung, Nauke!" Da hat der Kerl die Füllung aufgegessen. Na, so kaputt wie ich war, so kriegte ich doch einen Wutanfall, und Nauke bezog an diesem Abend noch ebensoviel Ischias, wie ich selber.

Übrigens, Smutje ist doch mit dem Kapitän einmal auseinandergekommen wegen einiger Schinken, die wir heimlich aus der Kajüte herausbugsierten, während der Kapitän den Smutje in Verdacht hatte, daß er sie beiseite geschafft hätte. Schließlich war der Koch so gekränkt, daß er in Newcastle vom Schiff weglief.

Nun war kein Koch, kein Smutje da. Die Kameraden wurden gefragt, aber keiner von ihnen wollte Koch sein. Die Smutjes spielen sich im allgemeinen furchtbar auf als unentbehrliche Personen, als ob sie die einzigen wären, die ihr Fach verstehen. Dabei können sie zuweilen nicht viel mehr als Erbsensuppe kochen und allenfalls ein paar Pfannkuchen backen. Schließlich sagte der Kapitän: „Wenn eben keiner Koch sein will, dann muß ich einen kommandieren." Er fragte mich: „Filax, kannst du Water koken?"

„Ja, Kaptein!"

„Dann rin in de Kombüs. Und wehe, wenn du die Arften (Erbsen) anbrennen läßt."

Ich war ganz erfreut, daß ich Smutje wurde, dachte zuerst natürlich an de Plums und Pannkauken. Mir wurde alles gezeigt vom zweiten Steuermann, der heißt an Bord „der Specksnider", weil er das Salzfleisch und Proviant herausgibt und verwiegt, als Vertrauensmann, der ein Examen hinter sich hat und vor dem Gesetz verantwortungsvoll ist. Ich frett nu so in de Plums herum, in de Appels, den gedörrten Ringäpfeln, und ließ mir kaum Zeit, bei den Plums die Steine auszuspucken. Dann überhole ich die Kajüte vom Kapitän mal ganz genau; er hatte da Obst in Gläsern, und ich habe gleich zwei Flaschen mit Preißelbeeren den Hals abgedreht, dann eine Dose Mixpickles und was ich da so fand. Ich dachte nur an das Sattwerden: „Du hest dat verdeent, Filax; wer weet, wie lang du Smutje bliwwst, denn hest du goode Dag 'hadd."

Den ersten Tag habe ich dann Erbsen gekocht. Die gerieten sogar sehr schön. Ich hatte gleich etwas Liebe darauf verwandt und einen Schinkenknochen mit hineingesteckt, um mich beliebt zu machen, auch eine halbe Flasche Rotspon (vom Kaptein) zugegossen. Da sagten der Kapitän und die Leute: „Ah, wat is dat för 'ne feine Supp! Filax, bliw du man in de Kombüs, du versteihst dat."

Das machte mich gleich sicher, und am andern Tag brannten infolgedessen die Erbsen an. Ich hatte gehört, in solchem Falle gibt man Soda hinein, wußte aber nicht wieviel. Da dachte ich: „Tu mal ordentlich einen Schlag 'rein", und so warf ich zwei Handvoll 'rein und wieder eine halbe Flasche Rotwein hinterher. Da sagten sie: „Filax, die sind noch viel besser als gestern: die sind ja ordentlich sämig worn. Wie hast du das gemacht? Mensch, Filax, du bist ja der geborene Koch."

Aber . . . um 6 Uhr abends, da hatte das Soda gewirkt. Ich flieg' aus der Kombüse, der Kapitän war drei Tage krank, und die Folge war, daß Nauke in die Kombüse kam.

Ich war nun wieder der Verantwortung ledig. Nun nahmen wir für die Kajüte Dauerwurst über, die sollte für die Reise in Segeltuch eingenäht und mit Kalk bestrichen werden, damit sie sich besser hielt. Dazu werden die Leichtmatrosen genommen, weil

die Meinung besteht, daß sie die ehrlichsten sind, noch nicht verdorben. Ich war für so etwas nicht beliebt.
Die Leichtmatrosen bekamen aber aus der Ferne einige geheime Anweisungen. Da wurde ein Besenstil zersägt, von der Wurst auf beiden Seiten das Ende abgeschnitten, beiderseits an das Besenstielstück angesetzt und das Ganze dann fest in Segeltuch eingenäht und verkalkt. Der Kapitän hielt über die 160 Würste die Kontrolle ab, sah hinten und vorn auf die Wurstenden und sagte: „Gott sei Dank, Jungens, daß ihr noch ehrliche Kerls seid." Bei einem halben Dutzend der Würste hat er sich nachher beim Anschnitt aber verwundert.
Vier Wochen, nachdem Smutje weggelaufen war, bekamen wir ihn wieder. Da hatte die Hafenpolizei ihn in einem Hotel aufgefunden, worein er sich großspurig als Koch gesetzt hatte. Gewöhnlich geht ja, wer ausrücken will, erst am Tage vor der Abfahrt davon, da ist dann keine Zeit mehr zu Nachforschungen.
Die Schiffskost ist sehr einfach und gleichmäßig: Montags Erbsen, Dienstags Bohnen, Mittwochs Erbsen, Donnerstags Kabelgarn (Konservenfleisch), Freitags Bohnen, Sonnabends gibt es Graupen, Sonntag ist der Tag des Herrn, da gibt es Plum un Klüten (Pflaumen und Klöße). Am Sonntag besteht die Sitte, daß jeder der Reihe nach einmal anfangen darf, sich sein Teil aus der Schüssel herauszuholen. Wer also jeweils an der Reihe ist, der darf den großen Schöpflöffel, den „Politikus", so voll nehmen, wie er kann, damit sich jeder einmal ordentlich satt ißt; aber dies Vorrecht hatte eben nur der, der anfing. Ich hatte lange geklügelt, wie ich das wohl am besten machen sollte, wenn ich daran kam, um „oll Fischermann sin Söhn" zu sein, wie es von dem hieß, der tüchtig viel fassen konnte. Und so hatte ich mir ein Verfahren ausgedacht. Wie ich nun 'rankomme, da habe ich mit dem Politikus alles in der Suppe erst mal in Drehung gebracht, in volle Fahrt. Die Suppe, worin die Plum un Klüten herumschwam-

men, war ein Brei, der von dem Löffel ja bald herunterlief, wenn man zufaßte. Ich brachte also das Zeug in Bewegung, drehte dann den Löffel in entgegengesetzte Fahrt und faßte zu. Min Good, was hatte ich da für einen vollen Löffel! Den Leuten, die da sagen wollten, ich wäre oll Fischermann sin Söhn, denen blieb das Wort ordentlich in der Kehle stecken. Aber was hatte ich davon? Jeder, der nach mir 'rankam, nahm von jetzt ab meine Klütentheorie auch an.

In Melbourne wurde die Ladung gelöscht und mit Ballast nach Newcastle, dem größten Kohlenplatz Australiens, weitergesegelt. Hier wurden Kohlen eingenommen mit der Bestimmung nach Caleta Buena in Chile.

Neujahr habe ich in einem chilenischen Gefängnis zugebracht. Das kam so. Wir waren an Land und feierten Neujahr, den größten Feiertag in der dortigen Gegend. Der Seemann feiert gern mit, aber er kann nicht viel vertragen. So ging es auch mir. Als ich es endlich doch vorzog, an Bord zu gehen, bildete ich mir ein, daß ich in einer bestimmten Richtung am schnellsten an Bord käme. Ich überkletterte deshalb eine Mauer . . . und landete in einem Schweinestall; er war ziemlich groß, die Schweine grunzten mich an. Ich weiß nicht mehr, wo ich bin und steuere nach einem Laden zu, aus dem einige Lichtstrahlen herausdringen. Ich klopfe an den Laden, worauf ein alter Mann herausruft: „Was wollt Ihr?" Ich sage: „Buenas noches, Señor." Das war alles, was ich auf Spanisch erklären konnte. Er sagte: „Warte ein wenig. Ich warte. Die Tür ging auf und der Mann fragte mich, wohin ich wollte. Ich sage: „Ich will an Bord."

„Warte, ich werde dich an Bord bringen."

Der Mann ist sehr freundlich zu mir; in ein paar Brocken Englisch versuchen wir uns zu verständigen. Auf meine Frage: „Ich komme doch ganz sicher hier an Bord?" antwortet er: „Jawohl." Da führt mich der Mann zu meinem größten Erstaunen in ein Haus, vor dem eine Polizeiwache steht. Ich ahne noch nichts. Er bringt mich zur Wache hinein. Wie sich später herausstellt, hat er der Polizei erzählt, ich hätte ihm Schweine stehlen wollen. Ich wurde festgehalten, protestierte stark, sagte: „Schweinerei, ich will an Bord." Es nützte nichts. Sämtliche Sachen, die ich bei mir hatte, wurden mir abgenommen. Ich kam in einen Empfangsraum, wo mehrere Leute bereits auf dem Fußboden lagen, Seeleute und andere, überhaupt alle, die das Neujahrsfest zu gut gefeiert hatten.

An den vier Wänden war eine schmale Bank zum Sitzen. Ich setzte mich darauf, schimpfte noch, Müdigkeit überwältigte mich, ich schlief ein. Mit einemmal wird die Tür aufgerissen und in hohem Bogen

fliegt ein Frauenzimmer herein, großen Spektakel machend. Ich wache auf, nehme wenig Notiz und penne wieder ein. Diese Person schien nun den geeigneten Platz zum Schlafen auf der schmalen Bank zu finden, denn als ich wieder aufwache, liegt sie mit ihrem Kopf auf meinem Oberschenkel und schläft fest. Ich bin nicht wenig erstaunt und gehe nicht sanft um mit dem zarten Geschlecht, sondern schiebe sie weg. Sie fängt an fürchterlich zu schreien: „Robadores, Carajo!" Da kommt die Wache herein, fragt, was los ist; Señora klagt mich an, ich hätte sie geschlagen. Der Kerl von der Wache packt mich und schmeißt mich in einen dunklen Arrest. Die Tür wird aufgeschoben, es geht steil hinunter. Ich hatte noch keinen Halt, schieße nach vorn, da ich nicht stoppen konnte, und falle über Esel- und Maultierkummets in dicken Salpeterstaub. Ich lege mich auf die Eselkummets und schlafe weiter.
Morgens wird eine Schüssel hereingeschoben. Ich fühle in der Finsternis mit den Fingern, was das ist, und merke: gesalzener Reis. Pfui Teufel!
Wenn ich bloß wüßte, wie spät es ist. Da höre ich Ratten in meinem Reispott; sie kümmern sich gar nicht um mich. Sie sind anscheinend die Gesellschaftstiere dort und warten nur, bis wieder einer Dunkelarrest bekommt. Ich denke, daß ich bald herausgeholt werde. Aber ich sitze ein, zwei, drei Tage und weiß überhaupt nicht, woran ich bin. Endlich nach drei Tagen holt mich der Steuermann heraus. Der Kapitän hatte zwar erfahren, daß ich in dem „Kallabus" saß, aber keine Eile gehabt, mich zu erlösen: „Ach, Filax, der versäumt ja nichts, wir haben noch drei Feiertage."
In Chile wurde Kohle gelöscht und Salpeter geladen. Beide Male mußte jeder mit Hand anlegen, da es keine Arbeiter gab. Was war das für eine Hitze und unglaubliche Anstrengung! Es war so heiß, daß man es schon an Deck kaum aushielt. Der dunkle Schiffskörper aber fing vollends die Strahlen auf, dazu die Tropenhitze von außenbords und heiße Ausstrahlung der Kohle. Die Nasenschleimhäute entzündeten sich infolge des trockenen Kohlenstaubes. Wenn man erst Grund hatte mit der Kohlenschaufel auf dem Schiffsboden dann ging es; aber ehe man so weit war! Dazu die furchtbare Schiffskost und die lange Arbeitszeit. Man war so dumm, daß man für einen Schnaps, der vielleicht 10 Pfennige kostete, eine Stunde länger arbeitete.
Als in nicht minder harter Arbeit Salpeter geladen war, ging es nach Plymouth. Auf dieser Reise wurde ich zum Vollmatrosen befördert. Auf amerikanischen Schiffen war ich schon vorher Vollmatrose ge-

wesen, auf deutschen mußte ich aber wegen ungenügender Fahrzeit nochmals Leichtmatrose sein. Nun wurde ich also Vollmatrose, da ich laut Logbuch[1]) die Oberbramsegel ganz allein festgemacht hatte. Als wir zu den Falklandsinseln kamen, setzte ein mächtiger Orkan ein. Erst konnten wir vor dem Wind wegsegeln. Das Schiff war ein guter „Lenzer", d. h., es lief gut vor dem Winde. Das Mitlaufen des Wassers am Heck ist sehr verschieden, mitunter saugt es sich geradezu fest, andere Schiffe werden es gut los. Andererseits darf man, wenn Sturm und See zu stark werden, nicht zu lange vor dem Winde herlaufen („lenzen"), sonst kann man nicht mehr beidrehen. Verpaßt man den richtigen Moment, so geht das Schiff dadurch verloren, daß die See hinten über das Deck läuft und von achtern bis vorn klar Deck macht und alles wegreißt.

Wir „lenzten" also und standen in bangen Minuten, wenn die See von hinten aufkam und dann rechts und links mitlief. Wir standen jetzt in äußerster Gefahr, daß Brechseen über das Schiff liefen, und steckten alle Trossen, die wir hatten, achtern heraus, so daß sich die See darin verfing und brach.

Unser Schiff machte in diesem Orkan mit nur vier Segeln tüchtige Fahrt, denn wir liefen 10 Meilen durchs Wasser und noch mehr über Grund. Letzteres nennt der Seemann die Strecke, welche das Schiff noch durch die See vorwärts geschoben wird, während „durchs Wasser" dasjenige bedeutet, was lediglich durch die Segel vorwärts gebracht wird.

Nun kamen wir in das Zentrum des Orkans, das sich dauernd in einer gewissen Richtung fortbewegt. Zuerst dieser wahnsinnige Sturm, und nun im Zentrum plötzlich Totenstille, sternklarer Himmel, aber um uns her rollt das Wasser von allen Seiten wie in einem kochenden Kessel; draußen aufgewühlt, strömt es nach innen. Der Laie glaubt, im Zentrum wäre der Orkan am stärksten, aber da herrscht gar kein Wind, und gerade darum ist hier die Gefahr am furchtbarsten, denn das Wasser schießt und stürzt aus allen Richtungen an Deck. Das Schiff hat beim Fehlen des Windes in den kreuzweisen Seen keinen Halt mehr und kann nur gerettet werden, wenn man das Zentrum schnell passiert. Eine Bordseite nach der anderen taucht ins Meer und es ist die Frage, wie lange es die Takelage in dem Hin- und Herschlingern der wechselnden Seen aushält, ohne über Bord geworfen zu werden.

Wir verloren nun die sämtlichen Stengen von den Masten, nicht

---

1) Schiffstagebuch

durch den Sturm, sondern eben durch das Schlingern. Nach einer halben Stunde, während der uns die Seele förmlich aus dem Leib geschlingert wurde, sind wir aus dem Zentrum, der Sturm setzt plötzlich wieder mit doppelter Gewalt ein und alles aus der Takelage bis auf die Mars- und Unterrahen kommt von oben, verfängt sich im Ruder, hängt draußen über Bord. Das Deck ist voll Wasser, und jetzt springt der Wind um acht Strich herum . . ., wir hatten gerade zur rechten Zeit die Rahen gebraßt. Wie durch ein Wunder kamen wir so aus dem Orkan heraus. An Deck war alles kaputt geschlagen, im Schiff stand hohes Wasser . . . wir hatten aber durch das lange Lenzen eine gute Meilenzahl hinter uns, was für ein Schiff, das nach Hause geht, ja doppelt viel wert ist. Tag und Nacht gab es zu tun, durch Aufbringen von Notstengen die Takelage auszubessern.

Wir kamen also mit einhundertzwanzig Tagen Reise in Plymouth an, die Mannschaft musterte ab und nur ich blieb an Bord mit dem alten Steuermann und mit Nauke. Smutje verließ das Schiff. Die Ladung wurde gelöscht, wir nähten die Segel, setzten das Schiff instand, klopften Rost und taten alles, um wieder reisefertig zu werden. Von Hamburg wurde ein Teil der Besatzung geschickt. Die fehlenden Leute musterten wir in England an, aber es waren nur Heizer und Trimmer, die noch nie auf einem Segelschiff gefahren hatten. So war es eine jammervolle Besatzung und die wenigen Guten von uns mußten sich vollkommen einsetzen.

Der Schiffsboden, der durch die lange Fahrt mit Gras und Muscheln bewachsen war, wurde im Dock gereinigt und neue Ladung eingenommen, Kreide in Fässern. Infolge des großen Gewichts der Fässer war das Zwischendeck freigeblieben. Nur hinten hatten wir eine Ladung Arsenik, 300 Gewichtstonnen in kleinen Fäßchen, die aber ihres schweren Gewichts wegen nur geringen Raum einnahmen. So gab es eine ungünstige Verstauung.

Mit diesem Schiff hoffte der Kapitän schnelle Reise nach Neuyork zu machen. Aber wir hatten einen Sturm nach dem andern und kamen nicht vorwärts. Die Trimmer und Heizer konnten weder Steuern, noch Segel festmachen. Sie bekamen mehr Heuer als wir, und wir sollten ihre ganze Arbeit für sie tun. Die Folge war, daß man ziemlich derb mit den Leuten verfuhr. Sogar unsere Hamburger Schiffsjungens, deren Pflicht es war, das Logis instand zu halten und zu waschen, wollten dies nicht mehr für diese Dampferjochens besorgen, die weniger konnten als sie selber.

Diese wahnsinnigen Stürme! Endlich kommt Weihnachten, und zum erstenmal ist es schön Wetter und günstiger Wind. Wir haben nach langer Zeit wieder Bramsegel stehen. Es war ein wunderbares Gefühl, einmal trockenes Deck zu haben. Der Kapitän sagte: „Das ist ein Zeichen von Gott, wir wollen auch ordentlich Weihnachten feiern."

Wir bauen einen Weihnachtsbaum nach alter Seemannsweise aus einem Besenstiel, schmücken ihn mit buntem Papier, Stanniol und Flittertand, beschenken uns jeder mit einem Pfund Tabak, der Kapitän schickt uns einen Schinken und eine Bowle nach vorn. Als die Lichter angezündet sind, geht eine Abordnung nach achtern, wünscht dem Kapitän frohe Weihnachten, eine gute Fahrt und bittet ihn, sich den Baum anzusehen. Der Kapitän kommt nach vorn, Smutje bringt die Bowle; und wir stehen da, haben unsre Mock (Trinkgefäße) klar, um auf das Wohl des Kapitäns anzustoßen; da auf einmal fällt eine weiße Böe von vorn ins Schiff.

Sie heißt „weiß", weil sie bei ihrer Annäherung nicht zu sehen ist Sie kommt direkt von vorn, das Schiff macht Fahrt über den Achtersteven, die Vordersteven krachen über Bord, daß eine Rahe durch meine Koje rast, die Großstengen gehen über Bord, alles stürzt zusammen, nur die Untermasten stehen noch.

Wir hinaus, sehen das Tohuwabohu an Deck, rechts und links hängt die große Takelage herunter. Der Kapitän stürzt zum Ruder, da liegt der Rudersmann unter dem Rad, total zerschlagen. Er starb zwei Tage später.

Jetzt begann der Kampf mit dem Element. Mit Äxten und Beilen wurde gekappt, die Segel an den Unterrahen, die einzigen, die oben geblieben waren, mußten in den Wind gebraßt werden, um das Schiff überhaupt zu halten. Nach vier Stunden harter Mühe waren wir soweit, daß wir das Schiff einigermaßen in der Hand hatten. Daß dabei keiner totgeschlagen wurde, während die Brechseen fortwährend über das führungslose Schiff rollten, war ein wahres Wunder.

Die schlechte Mannschaft hatte sich einfach verkrochen; die Wut auf sie war so groß, daß sie sich nicht sehen lassen durfte. An Bord wird nicht gefragt, wie lange Arbeitszeit ist, da gibt es keine Überstunden. Bei Gefahr muß jeder heran. Der Matrose schickt keinen Jungen nach gefahrvollen Stellen hin, sondern er geht selbst, das ist ihm Ehrensache. Das Deck hatten wir einigermaßen klar, der Sturm steigerte sich allmählich zum Orkan. Wir kämpften uns durch die ganze Weihnachtsnacht und den ersten Feiertag. Am zweiten Feiertag nachmittags vier Uhr bricht das Zwischendeck zusammen infolge der schweren Arsenikladung. Mehrere Nieten sind gesprungen und das Schiff leckt stark. Alle Mann eilten, den Arsenik umzustauen, viele Fässer waren zerborsten. Wir wußten gar nicht die Gefahr, in der wir arbeiteten. Denn in diesem Arsenikstaub bekamen wir alle die furchtbarsten Entzündungen. Wir wurden davon förmlich dick und aufgeschwemmt nach einigen Tagen. Kurz und gut, der Arsenik wurde getrimmt, und dann ging der Kampf mit dem Element weiter. Das Schiff liegt vorn ganz tief. Beim Peilen stellt der Zimmermann drei Fuß Wasser im Schiff fest. „Klar bei Pumpen." Wir pumpen und pumpen, aber das Wasser nimmt zu, wie draußen der Sturm. Um uns frisch zu halten, gab es dauernd Sprit. Wenn durchgehalten werden muß, heißt es seemännisch: „Hei geit op Sprit." Wir wußten genau, daß es fraglich war, ob wir durchhalten konnten, pumpten aber, was wir vermochten.

Da fegt auf einmal eine Brechsee mit voller Wucht über Deck und nimmt die ganze Kombüse weg; unser Koch, der gerade Kaffee für uns klar hielt und die Beine über die Herdgeländerstangen liegen hatte, um sich zu wärmen, geht über Bord, mit ihm Herd, Kessel, Potten und Pannen und der Kohlenkasten. Im letzten Augenblick saust der Koch heraus, hält sich am Kombüsenschornstein fest und will gerettet werden. Wir konnten seine Schreie im heulenden Sturm nicht hören. An Rettung war nicht zu denken. Ich höre noch, wie ein alter Segelmacher neben mir schreit: „Smutje, holl di fast. Kohlen für die Reis' zum Düwel hest du ja."

Das ging mir durch und durch, den eigenen Tod vor Augen. Über achtundvierzig Stunden standen wir an den Pumpen. Wenn man wenigstens gesehen hätte, daß es half; aber das Wasser stieg immer höher. Wir konnten nicht mehr. Durch den Schnaps waren wir auch ermüdet. Wir waren fertig.

Der Kapitän stand da: „Wenn ihr nicht mehr wollt, dann schmeiß' ich mit der Harpune nach euch." Da ruft eine Stimme von achtern: „Achtung, Brecher!" Wir konnten an den Pumpen nichts sehen, hörten es aber schon rauschen. Da kommt die Brechsee mit solcher Gewalt, daß sechs Mann von den Pumpen losgerissen werden; zwei gehen gleich über Bord, einer wird gegen die Wanten geschlagen, verliert einen Arm und wird über Bord gespült. Einem anderen wird der Schädel eingeschlagen, und einer liegt mit zerschmetterten Knochen da, rollt an Deck hin und her. Ich habe Unglück, das auf der anderen Seite Glück war. Die Brechsee drückt mich zwischen den losgerissenen Reservemast beim Pumpenrad, mein Bein wird dazwischen gepreßt und bricht.

Wir können nicht mehr pumpen. Das Schiff rollt hin und her. Die Wassermassen spülen an meinem zerbrochenen Fuß; ich war festgeklemmt und so wäre ich beinah an Deck ertrunken. Der Reservemast hatte sich festgeblockt, und mein Bein war dazwischen. Der Steuermann und ein Matrose befreien mich mit einem Brecheisen, der Kapitän läßt mich in die Kajüte bringen. Der Stiefel wird aufgeschnitten. Der Kapitän sieht sich die Sache in Ruhe an und sagt: „Sieben Mann haben wir verloren, mehr dürfen wir nicht verlieren. Timmermann, nu paß god op." Er tat sorgfältig einen Taustrop um den Fuß, setzte einen Flaschenzug an, befestigte das eine Ende an der Büfettschublade; Steuermann und Zimmermann müssen ganz langsam ziehen. Der Kapitän als erfahrener Mann überwacht die Sache und gibt seine Befehle: „Hol noch etwas! Noch ein wenig! Noch einmal! So. Ik glöv, de Foot is wedder op sin Platz." Es tat weh, aber auf diese seemännische Weise wurde vermieden, daß das Zusammensetzen der gebrochenen Teile ruckweise geschah. „Jetzt ist es gut." Dann sagte er: „Timmermann, nu guck her. Nimm ein ordentliches Kernholz, miß die Wade und pack sie zwischen Holzbacken."

Zwei ausgehöhlte Hölzer umfaßten das Bein vollkommen, Schraubengewinde kamen hinein und schnürten das Holz zusammen. So hatte ich Halt, konnte auftreten und hatte geringere Schmerzen, da der Stützpunkt des Beines nach oben verlegt war.

Unterdessen wurde der Zustand des Schiffes immer hoffnungsloser. Es blieb nichts anderes übrig als „Klar bei Boote!"

Ein Boot ging mit dem ersten Steuermann, eins mit dem Kapitän. Sie wurden an langen Tauen über Bord geworfen, während die See mit Öl beruhigt wurde. Ein Mann nahm ein Tau um sich, sprang ins Wasser und schwamm zum Boot hin. Der nächste sprang nun an dem Tau ins Wasser und wurde vom ersten ins Boot hineingeholt.

Als die Boote besetzt waren, trieben wir vom Schiff ab, das Boot nur mit den Riemen gegen die schwere See haltend, denn an ein Vorwärtsrudern war ja nicht zu denken. Tag und Nacht wurde diese Aufgabe von uns verlangt, solange der Sturm anhielt, damit das Boot nicht querschlug. Trotz meinem gebrochenen Bein konnte auf Schonung nicht geachtet werden. An Proviant war nur etwas Hartbrot, stark von Salzwasser durchtränkt, und eine spärliche Ration frisches Wasser vorhanden. Die bittere Kälte und die schlaflosen Nächte erschöpften den Körper derart, daß man sich am liebsten den Tod gewünscht hätte. Vier Tage haben wir uns zunächst so durchgekämpft. Endlich, am vierten Tage, wird ein Dampfer gesichtet. Frohe Hoffnungen steigen auf. Alle Kräfte werden noch einmal zusammengenommen. Ein Beinkleid wird an den Riemen angebunden, um uns erkenntlicher zu machen. Gespannt sehen wir auf den Dampfer. Sieht er uns oder nicht? Wir bilden uns schon ein, daß er Kurs auf uns hält, dann aber, nach längerem Warten, müssen wir uns von den Täuschungen befreien, da der Dampfer immer mehr aus Sicht kommt. Diese Hoffnung auf Rettung, die sich nun als vergeblich herausstellte, nimmt uns alle Energie und den Willen, weiterzuleben.

Der Kapitän als erfahrener Mann redet uns Mut zu mit der Bemerkung: „Smit ju junges Leben nich so weg, kikt op mi ollen Kerl, hollt dör, Jungs, und mokt nich slapp."

Er mußte uns abhalten, daß wir nicht Seewasser tranken, was unseren Untergang beschleunigt hätte. Wir waren so durstig, daß wir an den Händen saugten, um die Speichelabsonderung zu beleben.

Glücklicherweise wurde das Wetter einigermaßen ruhig, so daß wenigstens ein Teil im Sitzen schlafen konnte. Die spärliche Ration an Wasser nach all den langen Entbehrungen entkräftete uns aber derart, daß wir selbst die Riemen kaum noch bedienen konnten. Wir wußten, wenn nicht Rettung in nächster Zeit kam, waren wir verloren. Wir kamen schon auf die Idee, ein Los zu ziehen, wer sich von uns zuerst opfern soll, damit wir an dessen Blut unseren Durst löschen. Jeder beschäftigte sich in Gedanken mit dieser Idee, keiner wagte sie jedoch auszusprechen, jeder schreckte davor zurück, da ja keiner weiß, wen das Los treffen wird, und ob er selbst nicht zuerst drankommt.

Bis zum späten Nachmittag hatte der Kapitän mit seinen Ermutigungen Einfluß auf unser Leiden, bis wir schließlich dem geringen Rest unseres Trinkwassers nicht mehr widerstehen konnten, über den wir herfielen, um ihn mit einem Male auszutrinken. Uns war es einerlei, was danach kam.

Am nächsten Morgen wird ein Dampfer gesichtet. Sichtet er uns oder dampft er wieder an uns vorbei? Wir winken matt, und tatsächlich, er kommt auf uns zu.

Die herrliche Stimmung: Rettung!

Aber in demselben Moment verläßt uns auch der letzte Funke von Energie. Wir fallen hintenüber und warten auf die Dinge, die da kommen sollen. Der Dampfer — das italienische Schiff „Maracaibo" — läßt seine Sturmleitern herunter, an denen wir heraufklettern sollen, aber unmöglich. Unmöglich, überhaupt sich aufzurichten! Wir überließen uns dem Retter, mochte er jetzt mit uns machen, was er wollte. Der Dampfer mußte die Ladebäume ausschwenken und uns an Taustroppen wie ein Stück Ladung hochheißen. Wir sind nicht davon aufgewacht. Wie wir an Deck des Dampfers gebracht worden sind, ist uns nicht mehr in Erinnerung. Sechzehn Stunden hintereinander haben wir geschlafen, ohne zu wissen, wo wir waren.

Als mein Bein aufgemacht wurde, war alles schwarz und sie meinten, es wäre der Brand hinzugekommen, verheimlichten es mir aber. Als wir in Neuyork sind, komme ich ins deutsche Hospital. Der junge Arzt sieht sich den Knochen an, der offen daliegt in der Wunde, beklopft den Knochen und geht kopfschüttelnd fort, in der Meinung, daß Brand eingetreten wäre. Aber der alte Professor, der am anderen Morgen kommt, sagt: „Nein, das Bein ist gut." Das Blut hat gestockt, die Gelenkbänder waren gerissen, eine große Blutstauung von innen nach außen getreten, und davon war das Bein so schwarz geworden.

Als ich nach acht Wochen das Hospital verlassen hatte, kam ich auf den kanadischen Dreimastschoner „The flying Fish". Wir gingen mit einer Holzladung nach Jamaika. Kurz vor der Ankunft dort brach ich mir durch eine Unvorsichtigkeit beim Lukenöffnen abermals das Bein.

Da ereignete sich etwas, das viele Jahre später für mich von Bedeutung sein sollte. Als ich Seeoffizier auf S.M.S. „Kaiser" war und Majestät allerhand erzählen mußte von meinen Abenteuern, da fragte er mich eines Tages: „Luckner, wann ist es Euch denn eigentlich am schlechtesten ergangen?"

„Als ich auf Eurer Majestät Schiff ‚Panther' war!"

Plessen, der korrekte alte Herr, sah bei dieser Bemerkung gestreng darein; Majestät aber lächelte und sagte: „Donnerwetter, das erzählen Sie mal . . ."

Also ich hatte mir auf dem kanadischen Schoner das Bein gebrochen und man brachte mich in Jamaika ins Lazarett, wo ein Gipsverband angelegt wurde. Ich kam nur mit Beinkleid, Jacke und einem Stiefel an, alles übrige war auf dem Schiff geblieben. Nach vierzehn Tagen fragte mich der Lazarettinspektor, ob ich auch ein Guthaben auf dem Schiff hätte. „Ja", sagte ich, „6 Pfund". „Na, dann ist es ja gut." Eine Woche später schickte er nach dem Konsulat, um das Guthaben holen zu lassen. Da hieß es dann: „Sie haben ja nur 3 Pfund Guthaben." Das Schiff war weg, der Kapitän hatte nicht nur mein Zeug mitgenommen, sondern auch das halbe Geld einbehalten. Ich besaß außer dem, was ich auf dem Leibe trug, nichts mehr. Deshalb warf man mich einfach aus dem Hospital hinaus.

So lag ich mit meinem gebrochenen Bein im Gipsverband auf der Straße. Ich verschaffte mir einen Stock und ging dann an den Strand. Dort schlug ich mein Quartier auf und deckte mich mit Sand zu.

Mit dem Quartier war ich soweit zufrieden, aber am nächsten Tag erhob sich die Frage: wo etwas zu essen zu bekommen wäre.

Zunächst nährte ich mich von Kokosnüssen, aber das halte der Teufel aus, wenn er davon leben soll. Ich habe zwei, drei Tage so durchgebracht. Endlich kam ein Dampfer. Jamaika ist kein Endhafen wie Hamburg, London oder Rotterdam, wo die Schiffe ihre Reise beendigen und neue Mannschaft anheuern. So konnte man nicht damit rechnen, ohne weiteres ein Schiff zu bekommen. Die Erfahrung hatte ich noch gar nicht gemacht.

Da kommt also der Dampfer herein. Ich bemühte mich gleich, an Bord zu kommen mit meinem Knüppel und Gipsverband. Ich besaß keine Mütze, war unrasiert und ungewaschen, mein Gesicht so verbrannt, daß die Hautfetzen herunterhingen; dazu das lange ungeschnittene Haar, ich sah ziemlich verboten aus.

Das Schiff war dabei, Kohlen zu löschen, und zwar in Säcken. Da gehe ich an Bord und will den Steuermann sprechen. Der weist mich mit einem derben Schimpfwort ab. „Wie siehst du Schwein aus? Was willst du hier auf diesem Dampfer?"

Herrgott, ging mir das nahe. Dabei war es nur ein Kohlenschiff.

Als ich wieder am Kai bin, nehme ich mir einen leeren Kohlensack mit, ohne genau zu wissen, was ich damit wollte.

Ich gehe wieder an Land und habe wahnsinnigen Hunger. Ein Neger schneidet mir auf meine Bitte den Gipsverband los. Bald macht sich aber der Nachteil fühlbar, denn die Strahlen der Tropensonne brannten das Bein und verursachten tüchtige Schmerzen. Da hat mir der Kohlensack brave Dienste geleistet, indem ich ihn ums Bein nähte. Nachts diente er als Kopfkissen.

So verbrachte ich drei weitere Tage mit Kokosnüssen und Bananen. Wie ich da längs eines kleinen Flusses humple, der auf der andern Seite der Stadt floß, komme ich in ein Bambusrohrgebiet. Dort sitzt ein alter Westindienneger und schneidet Bambus. Da ich mein Schiffsmesser noch habe, bin ich ihm behilflich. Am Abend gibt er mir 6 Pence für Essen. Als ich ihm erzähle, was mit mir los ist, scheint er es nicht recht zu glauben und betrachtet mich sehr mißtrauisch.

Schließlich frage ich ihn nach Quartier, ich wünschte gern weiter mitzuarbeiten, aber er wollte nicht recht darauf eingehen. Er murmelte allerlei von „erst mal sehen“ und dergleichen, bot mir aber endlich seinen Wagenschuppen zum Übernachten an, nicht etwa seine eigene Hütte, wenn diese auch nur im Negerstil war.
Ich machte keine Ansprüche und bettete mich mit ein paar Matten zwischen die Negerkarren. Man glaubt nicht, wie es anstrengt, dauernd unter diesem feuchten Tropennachthimmel zu schlafen, ganz klamm vor Nässe. In meiner Schilfrohrbude liefen die Riesenkakerlaken zu Hunderten umher; das knisterte ununterbrochen. Danach jagten die Ratten. Kein Tier ist mir widerlicher als die Ratte. Dennoch schlief ich, denn ich war hundemüde.
Am Morgen gab mir der Neger etwas Maisfutter und dann ging es wieder an die Arbeit. Während ich das Bambus schneide, sehe ich ein weißes Schiff sich dem Hafen nähern. Aus war es mit dem Bambusschneiden und stracks zum Hafen. Jedes Schiff, das hereinkam, war ja eine Hoffnung für mich.
Als ich nun auf die lange Pier hinauskomme, ist es mir wie ein Schlag ins Gesicht. Ein schimmerndweißes Schiff, wie eine Jacht, zwei Schornsteine . . . und zum allerersten Male im Leben sehe ich ein

deutsches Kriegsschiff. Es war der „Panther", wunderbar kraftvoll und strahlend wie ein geharnischter Bote des Vaterlandes durchschnitt er die See und hielt auf die Pier zu.
In solchem Aufzug, in solcher Verfassung soll ich die deutsche Kriegsflagge zum erstenmal sehen?! Ich hatte mich noch nie von Scham so niedergedrückt gefühlt. Das war ein deutsches Kriegsschiff, so sauber und blank; Mensch, wie siehst du dagegen aus.
Mein Aufenthalt hier kam mir jetzt wie eine Verdammnis vor. Aber ich konnte mich doch nicht enthalten, mich ans Ende der Pier zu setzen, um Landsleute sprechen zu hören.
Da kommen vier Herren an, weißes Zeug, weiße Mütze, weiße Schuhe; Offiziere! Sie gehen vorbei, keiner hat einen Blick für mich. Da sag' ich mir: „Mensch, Filax, solch feiner Kerl wolltest du in deinen Träumen auch mal werden, was hast du da für eine Phantasie gehabt." Ich heulte los. Kann ich etwas dafür? Ja, wenn der Engländer mich so vom Schiff heruntergejagt hat und auch meine Landsleute verachtend vorbeigehen, das muß wohl die Strafe sein für mein Weglaufen von der Schule. Ich kam mir ordentlich schuldbewußt vor, der ich sonst so stolz war auf meinen Beruf. Ich ging langsam fort von der Pier.
Nachmittags sehe ich mehrere Matrosen an Land; einen riesigen Kerl darunter höre ich stark sächseln. Da mache ich mich an ihn heran: „Hallo, Landsmann!"
Ich habe mich nie so zusammengenommen, zu sächseln, als da, wo ich von dem guten Mann Rettung erwartete.
Es war ein Heizer vom „Panther" und stammte aus Zwickau. Ich erzählte ihm mein Erlebnis und bat, ob er ein bißchen Brot für mich hätte.
„Ei freilich, sei nur heute abend um 6 Uhr am Ende der Pier, jetzt habe ich nicht mehr Zeit, ich muß an Bord."
Ich stelle mich schon eine Viertelstunde früher ein, damit der Mann nicht umsonst dahinläuft, falls es eine Uhrdifferenz gibt. Er kommt und drückt mir ein deutsches Schwarzbrot in die Hand; wie wunderbar das tat! Ich biß ohne anzuschneiden hinein und dankte dem Mann. Er sagte gleich, ich sollte jeden Abend um sechs da sein, und ich sagte: „Was bist du für ein feiner Kerl!" Mehr konnte ich nicht sagen, aber da lag auch alles drin.
Ich ging wieder auf meinen Schlafplatz und arbeitete mein Schwarzbrot hinunter, Bissen für Bissen. Heimatshoffnung lag in dem Geschmack.

Am nächsten Tag gehe ich wieder hin: „Mensch, kannst du mir nicht eine Mütze besorgen, oder wenigstens ein paar Schuhe?" Er antwortete: „Morgen ist Sonntag, da kommst du an Bord." Ich mochte nicht recht, aber er redete zu, und ich schleiche mich am Sonntagnachmittag um 3 Uhr wie ein Verbrecher hin. Da sitzen sie auf der Back und trinken Kaffee mit Kuchen! Da steht eine Kanone unter Segel. Ich versuche immer darunter zu schielen, um einmal eine Kanone zu sehen. Wie ich da so saß und recht befangen war, kam es mir vor, ich armer linkischer Kerl wäre in einem feinen Haus bei wohlhabenden Leuten.

Da geht der junge wachhabende Offizier über Deck, sieht mich sitzen. Die Leute springen auf und nehmen militärische Haltung an. Auch ich stehe auf und versuche meinen Kohlenfußsack zu verdecken. Da ruft der Offizier: „Bootsmann der Wache!"

„Herr Leutnant!"

„Schmeißen Sie mir das Individuum da von Bord und passen Sie ein andermal besser auf, daß solch Gesindel nicht an Bord kommt!"

Der Mann von der Wache kommt auf mich zu: „Machen Sie, daß Sie 'runter kommen!"

Die Leute, die mich schon etwas kannten, murmeln allerlei und einer raunt mir zu: „Filax, paß auf, du hast morgen feines Zeug! . . . Dem Leutnant klau ich seine Büx und seine Mütze, die hast du morgen."

„Schmeißen Sie das Gesindel von Bord!" Das Wort klang in mir nach. Wie war mir zumute! Das hat mir Wunden gefressen! Wo ich Muttersprache hörte, wo ich unter deutscher Flagge war, nach der ich mich immer gesehnt hatte, und nun werde ich von dem Offizier, der mich sieht, da heruntergeworfen. Verbittert schlich ich mich nach der Pier, um von keinem mehr gesehen zu werden, und immer wieder klingt's in meinem Ohr: „Schmeißen Sie das Gesindel von Bord!"

Meine Freunde auf dem „Panther" hatten mir noch Biskuits in die Tasche gesteckt. „Du bist morgen um sechs wieder da", hatte der Heizer gesagt. Ich war natürlich wieder da, bekam mein Schwarzbrot und sollte um 10 Uhr noch einmal kommen. Um diese Zeit schleichen zwei Gestalten die Pier herunter; was tragen sie? Segeltuchschuhe, eine blaue Hose, eine Marinemütze, Strümpfe, Hemden usw.

„Nun mach dich fein, Filax!"

Solche Freude habe ich in meinem Leben noch nicht wieder empfunden. Jetzt besaß ich etwas, womit ich weiter vorwärtskommen konnte. Jetzt durfte ich mich auf jedem Schiff vorstellen . . .

Als ich das viele Jahre später dem Kaiser auf seinen Wunsch erzählte, da guckte er mich so merkwürdig an und bemerkte zu den

Anwesenden: „Was würde für eine Poesie für ihn darin liegen, wenn er jetzt wieder auf den ‚Panther' käme!"

Keine paar Monate vergingen, und ich erhielt das Kommando auf dem „Panther".

Das erste, als ich an Bord des „Panthers" kam, war, auf die Back zu gehen, auf das Vorschiff, dorthin, wo man damals gesessen hatte als dankbarer Gast liebevoller Matrosen und Heizer. Wie deutlich überkam mich die Erinnerung, wie ich damals als Gesindel heruntergewiesen wurde. Jetzt stand das Individuum hier als Offizier kommandiert. Wenn ich an Land ging, trug ich weiße Schuhe und weiße Mütze — der Traum hatte sich verwirklicht —, und wenn ich an das Ende einer Pier kam, so sah ich mich unwillkürlich nach rechts und links um, ob da nicht einer säße, der unschuldig heimatlos geworden war. Wie manche Stunde habe ich mich hingesetzt, ganz allein, und mir aus der Ferne den „Panther" betrachtet, oft so vertieft, daß einem die Vergangenheit deutlicher vor Augen stand als die Gegenwart. Welch ein weltenferner Abstand ist doch zwischen Mensch und Mensch, zwischen den weißen Schuhen und dem Kohlensack; nie mehr im Leben hätte ich damals geglaubt, in jene Sphären zu passen. Mein dem Leutnant geklauter guter Anzug verschaffte mir indes nun zunächst eine vierwöchige Anstellung beim Kaiinspektor. Ich durfte behilflich sein, bei den ankommenden Schiffen die Leine festzumachen. Ich wurde gut bezahlt, hatte mein regelrechtes Essen und stärkte mich auch moralisch, wurde wieder ein ganzer Kerl. Ich war gar nicht mehr besorgt, ein Schiff zu bekommen, denn ich hatte nun gewissermaßen die Empfehlung des Kaiinspektors.

So kam ich auch bald auf den Schoner „Nova Scotica", der zwischen den Westindischen Inseln fuhr.

Der Leser hat sich vielleicht schon gewundert, daß ich so lange ohne Unterbrechung im Matrosenleben stand, ohne mir eine kleine Abschweifung zu gönnen. Ich will deshalb ruhig gestehen, daß ich zwischendurch einmal ein paar Tage lang mexikanischer Soldat gewesen bin und das Hinterportal am Schloß des großen Porfirio Diaz, des Diktators, unter welchem Mexiko seine goldenen Tage gehabt hat, bewachen half. Am Vorderportal standen allerdings nur eingeborene Truppen. Diese erste Betätigung im kriegerischen Handwerk entstand aus einem Ausflug. Unser Schiff lag nämlich einige Zeit untätig in Tampiko. Da bat ich mit einem Schiffskameraden den Kapitän um Urlaub. Das wildromantische Leben der Gauchos mit ihren fabelhaften Viehherden, Lassos, schönen Pferden und noch schönerem silberstrotzendem Zaum- und Sattelzeug hatte es

uns angetan. Ein Deutscher stellte uns zwei Pferde zur Verfügung, und so tummelten wir uns eine Zeitlang allen Verleumdungen, daß der Seemann nicht reiten könne, zum Trotz.
Der Ausflug dauerte ein paar Tage über den Urlaub hinaus, und als wir zum Hafen zurückkamen, war unser Schiff abgefahren. Es wird einem nun in jenem von der Natur so begünstigten Land nicht schwer gemacht, sein Leben zu fristen. Man braucht sich nur auf den Markt zu stellen und einige Handreichungen zu tun, so hat man schon sein Essen verdient und noch ein Stück Silbergeld für die Spielhölle übrig. Nachdem wir das Marktkorbtragen über hatten, ließen wir uns, wie gesagt, beim Militär anwerben. In Mexiko kann jeder Soldat werden, Ausbildung gibt es nicht, allerdings auch nur dürftiges Quartier. Die Dienstauffassung ist gemütlich. Nach ein paar Wochen nahmen wir unseren Abschied aus der Armee und halfen einige Zeit bei einem Bahnbau im Inneren Sand und Erde nach der Baustelle fahren und Schwellen auf den leeren Wagen zurücktransportieren. Italiener, Polen, Deutsche und Engländer waren dort unsere Kameraden. Dann lebten wir eine Zeitlang bei einem Deutschen namens Fede Lüder auf der Farm, züchteten Geflügel und handelten mit Früchten. Die Bummelei durch Mexiko endete zuletzt damit, daß wir uns in Verakruz auf einem Petroleumdampfer anheuern ließen. In Havanna musterte ich ab und kam auf einen Norweger. Da ging es wieder die alte „Trip" Neuyork—Australien. Mein Leben hat mich immer wieder nach Australien geführt. Dann fuhren wir weiter nach Honolulu, Vankouver und von dort mit Holz nach Liverpool. Auf dieser Reise habe ich gut Norwegisch gelernt, ohne zu ahnen, wozu ich es später einmal nötig gebrauchen würde. Auf meinem ersten Schiff, der „Niobe", hatte ich außer Russisch und Finnisch erst etwas Schwedisch gelernt.
Von Liverpool kam ich nach Hamburg. Dort verkehrte ich bei Mutter Schroth, in einer alten Stammwirtschaft. Es gab darin nur drei, vier Tische, sonst wurde das Bier stehend an der Bar getrunken. Die Schroth, eine richtige alte Seemannsmutter, sorgte in ihrer Art rührend für uns, klagte aber viel über Asthma, denn sie war etwas umfänglich geworden. Sie wollte gern einmal in ein Bad fahren. Da machte ich ihr mit meinem besten Schiffsmaaten Uhlhorn den Vorschlag, sie sollte ruhig fortgehen, wir würden die Wirtschaft schon übernehmen.
„Könnt ihr das denn auch?" fragte sie.
„Ja, aber gewiß, Mutter Schroth."
Das Geschäft war auch ganz einfach zu handhaben, denn es gab

ja nur Bier aus Flaschen. Das Essen wurde aus einer Speiseanstalt gebracht, gleich warm in Eimern, zwei Portionen für 1,20 Mark. Man hatte nur um die Gäste zu sein und zu sorgen, daß sie Bier tranken, indem man ihnen dabei Gesellschaft leistete. Abends kam ein blinder Handharmonikaspieler und brachte Stimmung in die Gäste. Hinten war ein kleiner Verschlag mit einem Sofa und einem Petroleumofen, auf dem man Grog brauen konnte. Dort schlief Mutter Schroth.

„Uhlhorn & Phylax" hieß die Wirtschaft, „in Vertretung von Mutter Schroth."

Der Betrieb geriet auch gleich in vollen Schwung, die Seeleute kamen und die, welche eintraten, wurden ordentlich verankert. Denn jeder konnte ja Geschichten vertellen. „Voll Haus wurde" und viele Kasten Bier mußten heran. Am nächsten Tag war der Fuhrmann erstaunt, daß er das Doppelte an Bier abladen mußte. Die Firma blühte also auf, und Mutter Schroth konnte ihre Enfettungskur in Karlsbad ordentlich vornehmen. Aber nur mit der Abrechnung wollte es nicht stimmen, wir hatten am nächsten Morgen Unterbilanz.

Wir malten nämlich jede Flasche Bier, die getrunken wurde, mit Kreide an die Wandtafel. Das ging auch ganz gut, solange wir selber nüchtern waren. Aber wenn die allgemeine Stimmung auf die Höhe kam, betätigte sich in der Stille irgendein guter Maat, indem er ein paar Striche einfach wieder weglöschte. Vier Wochen hatten wir die Wirtschaft, die Einnahmen waren gleich Null. Die zehn Prozent, die wir Mutter Schroth, wie vereinbart, abgeben mußten (was darüber war, durften wir behalten), gaben wir aus unserer Tasche und zogen uns aus der Branche wieder zurück.

Wenn Jan Maat an Land etwas unternimmt, so fehlt ihm meistenteils die Ausdauer. Er verliert, wenn er das Festland verläßt, auch den Zusammenhang mit dem meisten, was dort wichtig genommen wird. Kommt er nach Monaten in einen fremden Erdteil, so begehrt er Nachrichten aus der Heimat, die schon alt sind, wenn er sie erhält, aber die Neuigkeiten des betreffenden Landes interessieren ihn gar nicht. Er lernt philosophisch denken über den Wert der jeweiligen Gegenwart, ihrer Moden und ihrer Geschäfte, und empfindet, daß die See ihm als besondere Gunst immer wieder die Kraft gibt, von dem nichtigen Tagestreiben sich zu den einfachen Stimmungen des Lebens emportragen zu lassen.

Kommt der Seemann nach langer Reise in die Heimat zurück, so sind inzwischen viele Begebenheiten, die die anderen bewegten und von denen er nichts erfuhr, bereits wieder in Vergessenheit geraten.

Blättert er einmal alte Zeitschriften durch, so findet er vieles, was ihm unbekannt ist, und er fragt: „Was habt ihr denn hier gemacht?" worauf er die erstaunte Antwort erhält: „Das wißt ihr nicht?", und jeder schüttelt den Kopf.

Auf der langen Fahrt sehnt sich der Seemann aber doch nach der Heimat und malt sich aus, was er alles tun will, wenn er an Land kommt. Das Unangenehmste, was ihm, besonders aber dem Kapitän, geschehen kann, ist Windstille, wenn das Schiff nach Hause fährt. Auch wenn sie nur ein bis zwei Tage anhält, werden alle Hilfsmittel in Bewegung gesetzt, denn, wie der Mensch ist, bildet sich der Kapitän in solchen Tagen ein, daß nun überhaupt nie mehr Wind kommen werde. Zunächst sieht er seine Ladungsprozente schwinden. Er hatte, solange es gut ging, angenommen, daß der vorige Wind überhaupt nicht aufhören und er mit der augenblicklichen Geschwindigkeit in der Heimat ankommen werde. Nun diese Stille! Er fängt an, zuerst den „Jonas", den Unglücksraben an Bord zu suchen. Der nächste, an dem er seine Laune ausläßt, ist der Mann am Ruder. Er hat alles mögliche an ihm auszusetzen, ist innerlich überzeugt, daß, wenn der am Ruder steht, nie Wind kommen wird, weil er den Wind vertreibt. Schließlich nimmt er seine Mütze ab, tritt darauf vor Ungeduld und fängt an zu pfeifen, was an Bord eines Segelschiffes verpönt ist, weil es bedeutet, daß man den Sturm heranpfeife.

Dann ruft er einen Schiffsjungen, der an dem Mast kratzen soll, weil dies auch Wind bedeutet, und wenn das nichts hilft, jagt er den Kajütenjungen aus der Kajüte, drückt ihm einen Besen in den Arm mit dem Befehl, sich auf den obersten Topp des Mastes zu setzen und den Himmel zu fegen. Schließlich nimmt er selbst eine alte Büx oder einen alten Stiefel und wirft ihn über Bord, um auch mit diesen Mitteln Wind heranzulocken. Dann geht er wieder 'runter, setzt sich einen Augenblick in seine Kajüte in der Hoffnung, daß mittlerweile Wind im Anzug ist. Wenn er wieder heraufkommt und noch dieselbe Stille herrscht, macht er Krach mit dem Rudersmann, ärgert sich über das grinsende Gesicht dieses Jonas und ruft einen anderen Mann ans Ruder: „Na, Jan, du büst doch 'n Keerl, süh du ma to, dat Wind kümmt, du steihst di doch sonst god mit Petrus." Bestimmt erwartend, daß dies nun etwas genützt hat, geht er auf und ab. Tatsächlich: Da kommt ein leichter Luftzug. Man erkennt fern am Horizont ein Kräuseln des leicht dünenden Meeres. Einer atmet auf, der Kapitän. „Jan, du büst 'n fixen Keerl! hev ik dat nich seggt? Du salst ook en half Pund Tobak hebben."

Monatelang sieht Jan Maat kein Geld und findet keine Gelegenheit, etwas auszugeben. So denkt er häufig an die Zukunft, da er an Land plötzlich eine große Summe in Händen haben wird. Schon an Bord beschäftigt sich die müßige Phantasie mit dem großen Augenblick, da er mit seinem Büdel voll Geld als Kapitalist die Schätze des Landes mustern wird. An Bord wird keine noch so veraltete Zeitschrift weggeworfen. Alte Modeblätter gehen von Hand zu Hand. „Du, Tetje, dat is en Anzug, do sühst du no wat ut." Möglichst weiter Westenausschnitt, aus dem das sonntägliche weiße Vorhemd breit hervorquillt, wird bevorzugt. Die Kataloge der Warenhäuser werden sorgfältig gewälzt. „Wat, so 'n Grammophon blot vertig Mark, dat mut ik hem, mit all die feinsten Platten und Leeder." Eine „Binnenreis'" wird geplant. „Na München mut ik mal hen, do sall dat ja grotartig sin."

Wenn er dann, an seinem vollgerundeten, tropenverbrannten Gesicht für jedermann kenntlich als einer der von „de lange Reis'" kommt, an Land gestiegen ist, zerrinnen die ganzen Pläne. Vieles Hin- und Herkreuzen an Land und insbesondere in Sankt Pauli nimmt ihn in Anspruch, und die Fata Morgana, die ihm an Bord vorgegaukelt war, wird bald vergessen.

Wenn Hein und Tedje, welche auf einem andern Schiff angemustert haben und klar zur zweiten Reise sind, sich wieder begegnen, fragt Hein: „Na Tedje, wie süht dat in München ut?" Tedje, der über-

haupt nicht auf die Eisenbahn und von der Wasserkante weggekommen ist, fragt nur dagegen: „Hest du din Grammophon?"
Nicht nur die Pläne, die der Seemann abends auf der Wache geschmiedet hat, zerflattern ihm jetzt. Er hält es auch selbst nicht lange an Land aus. Von seinen Maaten hat er Abschied genommen, die Menschen mit denen er zusammenkommt, sind ihm fremd. Was sie ihm erzählen, interessiert ihn nicht, denn er ist ein Jahr weggewesen und versteht den Zusammenhang nicht. Das Telephonieren, das Hasten auf der Untergrundbahn, das ganze Hin und Her des Stadtlebens mit seinen fortwährenden Unterbrechungen und unübersichtlichem Getriebe ist ihm zuwider. Der Städter ist auf Hetzprobe eingestellt, der Seemann auf Geduldsprobe. Ihm scheint es, daß der Städter das Warten nicht gelernt hat und daß es ihm schwerfällt, eine Sache ausreifen zu lassen. Auch auf See hat ja jeder sein Ziel, aber mit Drängen ist dort nichts gedient. So erscheint es dem Seemann bald einsamer an Land als auf See. Es fehlt ihm die gewohnte Plauderstunde abends an Deck, während das Schiff langsam dahinzieht. Dort wird die Unterhaltung nicht unterbrochen durch neu Hinzukommende, es bleibt immer gemütlich, Abend für Abend dasselbe, man kann plaudern, solange die Wache dauert.
Dazu kommt noch ein anderes: der Seemann ist harmlos, er kennt nicht die Schliche, womit man den andern betrügt. An Bord würde das die Kameradschaft nicht dulden, Diebstahl ist zwischen Maaten das größte Verbrechen, keine Seekiste darf abgeschlossen werden. An Bord herrscht die Selbsterziehung und das Vertrauen zu den Kameraden. So hat der Seeman wenig Menschenerfahrung, wenn sich die „Landhaie" an ihn heranschleichen. Sie benutzen es, daß er nicht viel Alkohol vertragen kann, und nehmen ihm heimlich sein Geld ab, das er sich in monatelangem Kampf draußen mit den Elementen erworben hat. Was werden doch arglose Seeleute auf dem Lande geneppt! Ich kann auch ein Liedchen davon singen.
Nach eineinhalbjähriger Seereise geht man in Hamburg an Land. Mit vollen Segeln sucht man nach St. Pauli zu kommen. Hallo, was ist denn hier los? Warum stehen hier so viele Menschen? Man tritt dazwischen und sieht, daß hier ein Pferd gestürzt ist, das sich ein Bein gebrochen hat. Während man sich den Neugierigen angliedert, hört man plötzlich hinter sich jemand stöhnen. Ich drehe mich 'rum und nun sagt einer: „Guten Tag, junger Herr, können Sie mir nicht sagen, wie ich am schnellsten hier nach dem Leihhaus komme?"
„Nach dem Leihhaus, nein, ich bin noch nicht in die Verlegenheit gekommen." — „Sie können Gott danken."

„Was haben Sie denn?"
„Ich bin gezwungen, das letzte Erbteil meiner seligen Mama zu versetzen. Ich will es deshalb versetzen, weil einem immer Gelegenheit geboten wird, es wiederzubekommen."
„Was ist es denn?" frage ich.
„Ein Diamantring."
Er zieht den Ring vom Finger, küßt ihn noch einmal, dann reicht er ihn mir. Während ich ihn betrachte, tritt plötzlich ein gut gekleideter Herr auf mich zu mit den Worten: „Verzeihen Sie, daß ich so indiskret war, Ihr Gespräch zu belauschen. Es gehört aber wohl zu den Seltenheiten, daß ein Juwelier gerade da ist, wo jemand betrogen werden soll. Echte Brillantringe bietet man nicht auf der Straße an."
Darauf sagt der erstere: „Sie können ganz unbesorgt sein, mit Gegenständen meiner Mutter treibe ich keinen Betrug."
„Ich habe nichts mit Ihnen zu tun, ich unterstütze den jungen Mann."
Ich reiche dem Juwelier den Ring, der ihn von allen Seiten betrachtet und bemerkt: „Das Gold ist echt" und mir leise zuflüstert: „Fragen Sie mal, was er dafür haben will."
„Was wollen Sie dafür haben?"
„Ach, 10 Mark."
Der Juwelier erwidert mir flüsternd: „Der Kerl hat den Ring gestohlen." Mit einer Lupe betrachtet er den Brillanten und sagt: „Der Stein ist echt. Geben Sie dem Kerl ruhig das Doppelte und kommen Sie nach meinem Geschäft, ich gebe Ihnen das Zehnfache."
Erfreut über das glänzende Geschäft greife ich rasch in die Tasche und reiche ihm 20 Mark. Dann entferne ich mich schnell aus der Menge, in dem Glauben, mein Juwelier folgt mir. Erstaunt sehe ich mich um, als ich ihn nicht finde. Überall suche ich nach ihm, zuletzt auch nach dem, der mir den Ring verkauft hat. Keiner ist zu finden. Mißtrauisch betrachte ich nun meinen Ring. Um schließlich doch ganz sicher zu sein, da ich noch immer nicht verstehen kann, daß ich wirklich einem solchen Schwindel zum Opfer gefallen sein soll, gehe ich zu einem wirklichen Juwelier nach St. Pauli, der mir lächelnd sagt: „Echt ist der Ring nicht, aber für'n Taler ist er ganz gut gemacht."
Tedje und ich schlendern weiter über den Hamburger Dom. Dutzendweise ertönen von beiden Seiten der Budenstraße her Verheißungen von noch nie dagewesenen Jahrmarktsfreuden. Plötzlich hören wir von einer Bude eine besonders klare, kräftige Stimme: „Kommen Se rinn, kommen Se rinn, hier ist zu sehen, was noch kein Mensch

gesehn und gefressen hat." Tedje fragt: „Wat hest du denn?" — „Hier ist zu sehen ein Kanarienvogel, der plattdütsch snakt". — „Hast du gehört, Tedje, de möt 'n bannigen Baß hebben." „500 Mark Belohnung, wenn der Vogel nicht plattdütsch snakt." „Nu ward' ja rieten!" (nun wird's ja reißen); den Vogel müssen wir doch sehen. Ein Haufen Menschen hat sich vor dem Eingang aufgestellt. Ein großer Teil zögert einzutreten, weil sie nicht recht wissen, ob es ein dummer Scherz ist, und lassen zunächst den Dummen den Vortritt. Wir gehen 'rein; die Vorstellung beginnt. Der Kanarienvogel im Bauer wird auf die Bühne gebracht mit der Bemerkung: „Gestatten Sie, meine Herren, daß ich Ihnen den Vogel vorstelle. Hans heet he." „Ach wat", schreit eine Stimme aus dem Hintergrund, „wi will nich weeten, wi he heet, wie will em snaken hören." „Einen Augenblick, meine Herren! — Hans segg mol, wat sall ik smöken, 'n Zigarre oder 'ne Piep?" Worauf der Vogel prompt antwortet: „Piiip." „Meine Herren, he snakt platt." Ein helles Gelächter rauscht durch das Zelt und die neugierige Menge derer draußen, welche die Klugen sein wollten, fragt die Heraustretenden: „Snakt he plattdütsch?" — „Ja, dat deit he, aber großartig." (Warum sollen wir die Dummen gewesen sein? Dieser famose Scherz sollte auch die andern überzeugen.) So ging es den ganzen Tag, wobei der Mann ein Bombengeschäft machte.

Der nächste Budeninhaber versprach, ein großes Rätsel zu zeigen und denen, die es rieten, das Eintrittsgeld zurückzuzahlen. Und wirklich, aus dem Innern der Bude läßt sich durch das Zelttuch immer wieder die laute Stimme eines Mannes hören, der anscheinend unter den Zuschauern herumgeht: „Richtig geraten, 30 Pfennige zurück." Hier scheint also nicht allzuviel gewagt. Die Heraustretenden, die wiederum nicht die Miene von Hereingefallenen aufsetzen, bestätigen, daß sie ihr Geld wiederkriegten. Die Bude wird getürmt voll. Wir bezahlen unsere 30 Pfennig und treten ein. Vor jedem Platz steht ein Waschbecken, weiter nichts. Die Augen werden allen verbunden, dann kommt ein Mann, der einen Eimer trägt, in dem das Rätsel ist, und verlangt, daß man hineingreift. Flüsternd fragt er: „Was ist das?" „Pfui Teufel, Pech!" Worauf er laut ruft: „Richtig geraten, 30 Pfennig zurück", und dann mit leiser Stimme hinzufügt: „Händewaschen kostet 50 Pfennig." Einer alten Dorffrau, die es absolut nicht raten konnte, hat der Spaß also 80 Pfennig gekostet.

Nicht alle Betrügereien aber waren so harmlos wie die der kleinen Schiffer- und Bauernfänger auf dem Dom.

Hat der Fahrensmann das Landleben so eine Zeitlang genossen und vielleicht auch eine trügerische Verlobung mit der „Tochter" des Heuerbaas erlitten, ergreift ihn die Verbitterung, und er ist froh, wenn er wieder die Anker lichten und hinaus zu seinem Meere gehen kann[1]). Mag auch die Nordsee nicht der Freund des Seemanns sein, er freut sich doch, wenn wieder der Passat, die Sterne und der Mond ihn grüßen, er weiß, daß sie ihm mehr sind als die Menschen an Land. Er atmet wieder die Meeresluft, die den ganzen Menschen durchdringt und ihn in ganz anderer Weise schützt als auf Land. Sie trägt keine Infektionen; wenn die ersten Tage der Fahrt vorüber sind, bleiben Krankheiten fern, solange nicht etwa durch Entbehrung frischen Proviants der Seemann an Skorbut erkrankt. Es gibt keine Erkältungen auf dem Meere, Wind und Nässe sind ohne Einfluß auf das Befinden — der Rheumatismus kommt erst später heraus — und Staub ist auf dem Segelschiff etwas Unbekanntes. Das Waschen hat nur die Bedeutung, die salzige Schicht von der Haut zu entfernen.

Man hat auf dem neuen Schiff wieder andere Maaten, mit denen man sich anfreundet. Die erste Frage ist immer, wie es auf dem letzten Schiff war. Es war immer das beste, und man schwärmt von dem damaligen Kapitän. Erinnerungen werden ausgetauscht; der eine kennt den, der andere jenen; es gibt viel zu plaudern, wenn man mit neuen Schiffsmaaten zusammen ist.

Des Seemanns Gesellschaft sind aber nicht nur die Kameraden an Bord; in einem besonderen Vertrauensverhältnis steht er zu der Natur, mit der er zusammenlebt. Er kennt alle Fische, die ihm begegnen. Es gibt nur wenige Arten, die mit der Angel von Bord aus zu fangen sind. Kommen Delphine oder, wie der Seemann sie nennt, Tümmler (Schweinsfische), so heißt es: „Klar an die Harpune!" Es gehört ein erfahrener Harpunenwerfer dazu, die Delphine sicher zu treffen, denn oft geht das schwere Tier in voller Fahrt in entgegengesetzter Richtung des Schiffes. Große Freude herrscht an Bord, wenn ein Delphin gefangen ist, denn jetzt gibt es frisches Fleisch. Bei Kap der Guten Hoffnung, Kap Horn und in der Nähe von Inseln fliegen die Vögel, die treuen Begleiter, heran, Albatrosse, Kaptauben, Mulehogs und viele Arten von Möwen. Sie begleiten den Kapfahrer bis halb nach Australien und nähren sich von den Abfällen, die über Bord geworfen werden. Es tut wohl, wenn man lange auf See ist, andere Lebewesen um sich zu sehen. Man begrüßt sie als alte Freunde und Kameraden, die man vor einem Jahr gesehen hat und jetzt wieder trifft. Besonders die Möwe ist dem Seemann heilig, weil er glaubt,

1) Heuerbaas heißt der Makler, der zwischen Reeder und Maaten vermittelt. Der den ich meine, wird sich erinnern.

später in Gestalt einer Möwe fortzuleben; man sieht eine Seemannsseele in jeder Möwe, die weißen Möwen sind die guten Seeleute, die schwarzen die bösen, die Seedüwels. Man schießt keinen dieser Vögel, denn es sind ja die einzigen Freunde, die einen besuchen und mit einem fliegen. Wenn südlich vom Äquator nach dem Passat der erste Albatros kommt, wird das ereignislose Einerlei freudig unterbrochen. Majestätisch wogt er hin und her; bald dicht über den Wellen, bald höher, bald vor dem Bug umkreist er das Schiff. Der Albatros ist der größte fliegende Vogel, den wir haben, der Beherrscher der südlichen Meere. Auf dem Schiff ist er seekrank und kann nicht mehr fortfliegen, da er keine Luft unter den Flügeln hat. Es ist übrigens, wie die Seeleute glauben, noch niemandem gelungen, einen Albatros lebend in unsere nördliche Erdhälfte zu bringen.
An der afrikanischen Küste lassen sich zuweilen Hunderte von Schwalben, die sich im Nebel verflogen haben, erschöpft auf dem Schiff nieder. Auch Dutzende von Störchen verirren sich manchmal auf das Schiff. Die Tiere kommen nie wieder hoch, und es ist traurig, ihren Untergang mit anzusehen, da an Bord kein für sie eßbares

Futter ist. Man kann ihnen nicht helfen; sie sterben den Seemannstod wie der Schiffer, dem mitten in der Wasserwüste der Proviant oder das Trinkwasser ausgeht.
So lebt der Seemann mit der Natur, die ihm Kamerad und Gegner ist. Wer die freie See kennt, mag ihren Hauch nicht mehr entbehren.

Wieder auf der Schulbank

In Hamburg erzählte man mir, wenn ich mal das Steuermannsexamen machen wollte, müßte ich auf einem Dampfer gefahren haben. So musterte ich also mit meinem alten Schiffsmaaten Uhlhorn auf einem Sloman-Dampfer an, auf der „Lissabon". Damit ging es nach dem Mittelmeer. Nach dieser Reise, die etwa zwei Monate dauerte, ging es auf einem Küstendampfer, der „Cordelia", nach Rotterdam und Amsterdam, und dann glaubte ich, die Seefahrt so weit hinter mir zu haben, daß ich auf Schule gehen konnte.
Ich begab mich nach der Seemannsmission, um mir mein erspartes Geld zu holen. Ich wußte genau, daß ich 3 200 Mark eingezahlt hatte, und da hieß es nun zu meinem Staunen, daß ich 3 600 Mark bekommen sollte. Ich wußte doch nichts von Zinsen! Zuerst glaubte ich, es wäre reine Gutmütigkeit von den Leuten. Nahm also mein Geld und ging auf Schule. Ich hatte mir die Navigationsschule in Lübeck ausgesucht.
Zuerst schaffte ich mir nettes Zeug an. Man mußte jetzt ja weiße Wäsche tragen und Schlipse, nicht mehr den ewigen Gummikragen, den man an Bord immer mit dem Freunde teilt, der gerade an Land geht, sowie den amerikanischen Blechschlips mit einem Revolver als Schlipsnadel daraufgelötet.
Ich war schon erklecklich über zwanzig Jahre alt, als ich auf Schule kam. Alle unsere alten Kapitäne sind diesen Weg gelaufen. Er ist das „Musloch" für jeden Matrosen, der sich hocharbeiten will. Die neueren Seeleute wollen dies Musloch ja gern dicht stoppen; sie wollten die Bildung auf See verbreiten und heben. Nur „Kadetten", nicht mehr Matrosen sollen auf der Handelsmarine Offiziere werden dürfen. Ich bin immer gegen diese Tendenz angegangen. Die Kadettenerziehung als solche ist gut, und was die seefahrende Jugend Männern wie meinem lieben Professor Schulze verdankt, weiß niemand besser zu schätzen als ich. Die Gefahr ist nur, daß der höher-

gebildete junge Mensch sein Wissen mit praktischem Können verwechselt, und für noch gefährlicher halte ich es, wenn allen nicht mit höherer Schulbildung versehenen strebsamen Matrosen der Zutritt zur höheren Laufbahn versperrt wird. Man erwartet doch keine Bildung auf See. Es ist doch besser, auf der Kommandobrücke einen kräftigen Menschen zu sehen als einen feinen Kerl mit hohem Kragen. Stehen die großen Kapitäne, die echten, alten, nicht würdiger da? Gewiß, ich habe unter den modern gebildeten Schiffsoffizieren viele Seeleute ersten Ranges kennengelernt. Aber wenn ich erst einmal Kapitän bin, habe ich immer noch Muße genug, mich für die Wissenschaften zu interessieren. „Vor dem Mast", d. h. als einfacher Matrose gefahren zu haben, kann keinem schaden. Auf einen tüchtigen Seemann verläßt sich der Passagier lieber, als wenn da einer mit Lackbotten als Gigerl einhergeht. Was heißt überhaupt Bildung auf See? Man hat genug damit zu tun, die Seewissenschaft zu pflegen und sich das praktische Können zu erkämpfen, wie man am besten Herr der Elemente wird. Bei der Frage, was man tut, wenn einem die Takelage von oben kommt, nützt einem kein Schopenhauer.

Ich kam also mit meinem Gelde in Lübeck angefahren und suchte mir eine angenehme Wohnung, die ich bei einer freundlichen alten Dame fand. Dann bewegte ich mich zur Navigationsschule und wurde vorstellig beim Professor Dr. Schulze, einem ganz hervorragenden Manne, der auf mich einen selten vertrauenswürdigen Eindruck machte, obwohl mein Herz mir ziemlich beschwert wurde, als ich Schulluft roch. Als Seemann war ich ja recht großspurig; hier aber wurde ich wieder ein ganz kleiner Matz. Ich zog den Professor ins Vertrauen, erklärte ihm meinen Namen und meine Vergangenheit, da doch meine Papiere auf den Namen Luckner genannt Lüdicke lauteten. Da streckte er mir seine warme Rechte entgegen und sagte, ich möchte unbesorgt sein, denn viele Volksschüler mit noch mangelhafterer Bildung hätten die Prüfung mit Glanz bestanden.

„Ja", erwiderte ich, „die können auch rechnen und sind in Wirklichkeit weniger zurückgeblieben als ich."

Ich erzählte ihm, wie weit ich in der Schule gekommen war, und er fragte mich ein bißchen nach der Bruchrechnung. Als ich die aber ableugnete, da stutzte er doch.

Ich wußte ja nicht, was ein Fünftel ist.

Ein halb, ein viertel, das wußte man ja nach der Uhr, aber ein Fünftel, das hatte ich nie gebraucht. — „Na", sagte er, „macht nichts. Ich sollte nur nicht befangen sein, nur ein bißchen Fleiß . . ."

Herrgott, kam es mir durch den Sinn, da ist wieder der alte „Fleiß", es ist doch immer dasselbe. Ich habe mich aber in diesem prächtigen Mann nicht getäuscht, er stärkte meine Hoffnung und gab selbst Nachhilfeunterricht, wo es fehlte. Nach einem Monat taute ich auf. Ich fühlte, daß ich die Hoffnung hegen durfte, mein Examen zu machen. Die Zukunft lag rosiger vor mir.

An jenem Tag, an welchem ich mich beim Direktor angemeldet hatte, ging ich nachher zum Café Niederegger, das wegen seines Marzipans berühmt ist, weil ich das Bedürfnis empfand, nun in besseren Lokalen zu verkehren. Dort sah ich einen dänischen Grafenkalender liegen. Ich denke: „Minsch, du büst doch ook 'n Grof", blättere nach und wirklich: ich stehe darin, als verschollen. Das ist ja großartig, denke ich. „Herr Ober, noch ein Pilsner." So wußte ich doch wenigstens, wie es in der Heimat war. „Dort jammern sie also längst nicht mehr um dich."

Geschrieben hatte ich nie nach Hause, denn wer war denn stolzer als ich als Matrose, wenn ich hoch oben im Mast saß und mich fühlte: was bin ich, was kann ich und was kann ich noch werden. Doch schämte ich mich, diesen Stolz zu zeigen. Denn in der Heimat wären die ollen Klostertanten doch entsetzt gewesen, wenn sie gehört hätten, einen Matrosen zum Neffen zu haben.

Einmal, es war nach dem Sieg über Lipstulian, hatte ich einen Anlauf genommen, mich meinen Eltern wieder zu nähern. Unter meinen alten Photographien finde ich ein verblichenes und abgegriffenes Bildchen, das ich damals auf dem Spielbudenplatz hatte anfertigen lassen als Meisterschaftsringer von St. Pauli. Auf der Rückseite steht mit meiner ungelenken Schrift: „Meinem lieben Vater zur freundlichen Erinnerung an seinen treuen Sohn Felix. Hamburg, den 1. 4. 1902." Das Bild wollte ich als erstes Lebenszeichen nach der Flucht meinem alten Herrn schicken; er sollte sich seines stattlichen Jungen freuen, aber kaum hatte ich die Widmung geschrieben, entsank mir der Mut, der Abstand zu den Familienbildern daheim war doch zu groß. In späteren Jahren, als ich mich meinen Eltern wieder entdeckt hatte, trug mein Vater gerade dieses Bild mit seiner Widmung bis an sein Lebensende in der Brusttasche.

In Lübeck hielt ich mich als einfacher Seemann zurück und verkehrte fast mit niemand. Außer dem Professor, dem ich es gesagt hatte, wußte also niemand, wer ich war. Der Grafentitel hinderte ja nur. Was nützt es, wenn man einen Namen hat und nichts ist? Aber man sah in jenen Tagen schon mehr auf sich selbst, auf reine

Hände. Die teerigen Runzeln und Schwielen verschwanden allmählich. Man wurde richtig ein „fürnehmen Kirl", die braunverbrannten Backen wurden schmäler; von Monat zu Monat mußte ich eine Kragennummer enger nehmen.

Die Hauptfächer waren für mich privatim vorerst einmal das große Einmaleins und grammatisch richtig Deutsch schreiben, dann Bruchrechnen. Die ganze liebe Familie Schulze half und sorgte mit. Den „Nenner des Ganzen" suchen, eine verfluchte Sache. Wie ich das mit eisernem Fleiß intus hatte, kam die Mathematik, der Pythagoräische Lehrsatz, den ich von der Schule her zwar noch kannte, aber nicht beweisen konnte. Dann kam die höhere Mathematik, die sphärische Trigonometrie, von Sonne und Sternen, nautische Astronomie: Chronometerlängen, Monddistanzen . . . Waren doch allein einundzwanzig astronomische Aufgaben beim Examen zu lösen! Die Seepraxis wurde ja vorausgesetzt, wenn man die Bescheinigung als Matrose hatte.

Ich habe nie geglaubt, daß ich so fleißig sein könnte, wie ich es in Lübeck war. Ich war stolz darauf, daß ich etwas verstand, das Zutrauen zu mir selbst wuchs bedeutend. Während der neun Monate, die bis zum Examen vergingen, habe ich etwa 800 Mark verbraucht, einschließlich der Kosten für das Examen.

Ich ging ins Examen, nicht um es als erster zu machen, sondern um als letzter fertig zu werden! Denn ich wollte ganz sorgfältig alle Aufgaben durchrechnen. Wenn sich einer über meine Fortschritte freute, so war es der Direktor Schulze, der sich alle Mühe mit mir gegeben hatte. Ich fing damals an, etwas zu dichten und gestand ihm das. „Sie dichten auch, Phylax?" sagte er, „das ist ja wundervoll, dann können Sie Sonntag nachmittag mal zu mir kommen und mit mir dichten." Ich ging hin und bildete mir auf mein Talent etwas ein. Da ging er mit mir hinunter zum Travekanal und sagte: „Nun kommen Sie mal, nun wollen wir mein Boot dichten, das ist leck."

Als der Examenstag da war und alle die Herren prüfend im Frack bereit saßen, bekam ich doch etwas Angst. Ich hatte mir, um guten Eindruck zu machen, rote Tinte mitgenommen, um die Hauptresultate zu unterstreichen. Denn bei der Anfertigung einer Aufgabe ist ja die gute Übersicht die Hauptsache. Glücklicherweise gab es damals noch ordentliches Papier! Das spätere Kriegspapier hätte ich mit meiner schweren, ungeübten Hand ganz durchgeschrieben beim festen Aufdrücken. Ich gebrauchte den dicksten Federhalter, den ich erstehen konnte, fast so stark wie ein Spazierstock,

der sich so in die Hand legte, daß ich sie nicht zuzudrücken brauchte. Nur konnte man ihn nirgends recht hinlegen, da er wie eine Birne war und überall herunterrollte. Es war ein Federhalter für Leute mit einem Schlaganfall, die mit zwei Händen schreiben.
Das schriftliche Examen dauerte sechs Tage, und danach kam mit dem mündlichen erst die Hauptaufregung. Aber es ging vorbei, und nachher zwinkerte der Direktor mir zu, drückte mir die Hand und sagte, was er eigentlich nicht durfte: „Phylax, das Examen hast du in der Tasch'." Da war ich aber froh! Ich habe zwei Nächte nicht geschlafen. Wir haben derartig gefeiert, daß ich mich eines Morgens in einer Gartenlaube wiederfinde. Da ist ein Mann, der will seinen

Garten sprengen und ist erstaunt, da einen verschwiemelten Steuermannsschüler liegen zu sehen. „Was liegen Sie denn hier?" Ich wußte nicht, was los war und vermochte nur zu antworten: „Was sprengen Sie denn hier?"
Donnerwetter, das war also das erste Examen! Am liebsten wäre ich gleich zu meinen Eltern hingelaufen. Mein Professor hatte ja heimlich nachgeforscht und festgestellt, daß meine Eltern lebten und mein Bruder Fähnrich war. Alles das erfuhr ich unter der Hand. Aber ich verbiß mir noch einmal den Wunsch, heimzukehren, denn ich hatte seinerzeit gelobt, des Kaisers Rock mit Ehren zu tragen. Nun setzte ich mir in den Kopf, erst wieder aufzutauchen, wenn ich sagen konnte, ich wäre Offizier.

Kaisers Rock

Nach dem Examen suchte ich Stellung bei den größten Hamburger Reedereien und wurde von der Hamburg-Südamerika-Linie als Wachoffizier angenommen. So kam ich an Bord der „Petropolis". Ich hatte mir jetzt an Stelle der Seekiste einen Koffer angeschafft und kam mir damit vor wie ein Kapitän. Ich hatte mir Glacéhandschuhe besorgt und weiße Schuhe und sehe mich noch, wie ich mir die ersten Manschettenknöpfe kaufe. Auch eine Extrauniform hatte ich neben der Freiuniform bestellt. Als ich in Uniform auf der „Petropolis" spazierenging, fühlte ich mich wie ein junger Gott. Als ich zum letztenmal ein Schiff verlassen hatte, da war ich noch ein Matrose, mußte Rost schrapen und alles dergleichen. Jetzt kam mir der Unterschied so sonderbar vor. Ich ging an Deck auf und ab und hatte nirgends mehr Hand anzulegen.

Der Kapitän, Feldmann, war ein famoser Kerl, der sich meiner sehr annahm. Ich blickte öfters in den Spiegel und dachte: „Jetzt siehst du ihm schon ähnlicher." Ich gab viel auf mein Äußeres, pflegte meine Hände, was höllisch schwer wurde, denn die alten Taudrücker waren doch recht vierkant geworden. Ich überlegte lange hin und her, ob es besser wäre, einen kurzen oder langen Schnurrbart stehenzulassen. „Mensch, Phylax, dacht' ich, jetzt hast du es geschafft. Wie hast du dich verändert!"

Nachdem ich drei Wochen Wachoffizier gewesen war, ging die Reise los. Es kam nun darauf an, auf der Brücke Offiziersdienste zu leisten. Der Kapitän belehrte mich herzlich. Es würde mir wohl vieles neu vorkommen, aber jeder Anfänger, der vorher Matrose war, käme sich furchtbar dumm und ungeschickt vor; ich sollte darüber nicht untröstlich sein, sondern es als Erfahrung hinnehmen, die er bei allen jungen Offizieren gemacht hätte. Ich dachte: das ist ein vernünftiger Mann.

Die Fahrt ging elbabwärts. Ich sprach mit dem Lotsen über dies und jenes. Die Manschetten rutschten mir noch, das Handanlegen an die Mütze kam mir komisch vor.

Dann kam die erste Navigation in der Praxis. Ich rechnete also los, mit dem Schulsystem, und brauchte dreiviertel Stunden. Da war ich schön überrascht, als die anderen schon fertig waren, während ich noch rechnete und es überdies 50 Seemeilen verkehrt herausbekam! Man fragte aber merkwürdigerweise gar nicht nach meinem Ergebnis. So ging es Tage und Wochen; niemals wurde nach meiner Navigation gefragt. Endlich lernte ich mich aber ein und ging stolz meine eigene Wache. Ich fühlte mich auch nirgends wohler, als wenn ich allein auf der Brücke war und an frühere Zeiten denken konnte. Immer wieder tauchte die Sehnsucht nach den Eltern auf. Wenn die jetzt wüßten, wo du bist! Nie habe ich mehr die Elternliebe empfunden. Wie brutal kam ich mir vor, daß ich nicht zu meinen Eltern ging. Aber noch blieb ich dickköpfig.

Auf der „Petropolis" fuhr ich dreiviertel Jahr. Jetzt konnte ich als Einjähriger zur Kriegsmarine gehen. Als am 1. Oktober Einstellung war, meldete ich mich. Auf der „Petropolis" hatte ich mich in manches gute Buch vertieft, wenn ich auch nicht viel davon verstand. Jetzt fuhr ich also mit einem Kameraden von der Navigationsschule zusammen nach Kiel. Zum erstenmal in meinem Leben leistete ich mir eine Fahrkarte zweiter Klasse. Wir kamen uns vornehm vor; uns gegenüber saß ein Herr mit einem Spitzbart, das mußte unserer Meinung nach unbedingt ein Marineoffizier sein. Deshalb benahmen wir uns angestrengt reserviert.

Dann kam die Einstellung. Die ersten Tage wurden wir tüchtig auf dem Kasernenhof umhergehetzt. Als wir so eines Tages langsamen Schritt übten, was mir meines gebrochenen Beines wegen saure Schmerzen bereitete, kam eine Ordonnanz von der Station und fragte den Oberleutnant, ob hier ein Einjähriger Graf Luckner wäre. Großes Aufsehen. Der Oberleutnant fragt mich, ob ich einen Verwandten auf der Station hätte? Ich meldete: Nein. Dann wurden mir zwei Unteroffiziere mitgegeben, die sollten mich erst einkleiden, denn wir hatten ja bisher nur Drillichzeug getragen.

Während ich schön gemacht wurde, ging mir die „Station" im Kopf herum. Was ist das, Polizeistation, Wachstation? Was mochte jetzt von meinem Sündenregister herausgekommen sein, die Marine kriegt ja alles heraus.

Schließlich kamen wir zu einem roten Gebäude. Ich lese in meiner Beklemmung die Aufschrift: Ackermann, Adjutant. Der eine Unteroffizier trat ein und meldete. Dann mußte ich eintreten. Ich soll zum Admiral Graf Baudissin kommen. Ja, wie wird denn solch ein hoher Herr angeredet? dachte ich bei mir; die Hauptsache ist wohl: immer stramm stehen. Drinnen sitzt der Admiral mit großen goldenen Streifen. Ich stehe da, die Ellenbogen und die Hände fest angelegt.

„Sagen Sie mal, was sind Sie für ein Luckner?"

„Der Sohn von Heinrich Luckner."

„Wie heißen Sie mit Vornamen?" — „Felix."

„Aber der ist doch verschollen."

„Nein, das bin ich."
„Wie kommen Sie denn hierher?"
„Ich bin in der Schule nicht versetzt. Hatte meinen Eltern versprochen, durchs Einjährige zu kommen, habe versucht, mit eigenen Kräften mein Versprechen in Erfüllung zu bringen."
„So, und was soll nun hier werden?"
„Ich habe mein Steuermannsexamen gemacht, was zum Einjährigen Dienst berechtigt; ich wollte Reserveoffizier werden durch gute Führung."
„Warum haben Sie Ihren Eltern nicht geschrieben?"
„Ich wollte nicht vorher kommen, weil ich da nicht für voll angesehen worden wäre und wollte auch nicht vorher schreiben, weil es dann geheißen hätte: Matrose, weiter ist aus dir nichts geworden? Ich glaubte meinen Eltern ein größeres Vergnügen bereiten zu können, wenn ich als gemachter Mann käme."
„Wovon wollen Sie denn das bestreiten?"
„Ich habe mit allen Auslagen und Wiederzuverdientem im ganzen noch 3400 Mark."
„Soviel haben Sie verdient?" — „Ja."
Da sagte der Admiral: „Ich bin Onkel Fritz."
„Wat", denk' ich, „einen so vornehmen Onkel?"

Ich hatte von dieser Verwandtschaft vorher nie gehört, gucke rechts und links und denke fast, ich soll ihn gleich Onkel nennen, weil ich einen so guten Eindruck auf ihn gemacht habe. Ich sagte: „Exzellenz" — in Wirklichkeit war er noch gar nicht Exzellenz — „ich möchte gern vermeiden, daß meine Eltern vor der Qualifikation etwas von meinem Hiersein erfahren."
Da antwortet er: „Vorausgesetzt, daß ich dir, was Diensttüchtigkeit anbelangt, nicht behilflich zu sein brauche, will ich dir gern zu Gefallen sein. Aber in dienstlicher Hinsicht hast du keinen Freund an mir."
Ich konnte doch nicht sagen „Onkel", ich beteuerte also nur: „Nein."
„Und dann, Felix, kannst du zweimal in der Woche zu mir kommen. Meine Tochter soll dir etwas Aufsatz beibringen, denn Junge, Junge, du spricht ja ein fürchterliches Deutsch."
Ich hatte mich schon für einen ganz gebildeten Menschen gehalten, aber mein „mir" und „mich" muß doch anderen noch auf die Nerven gefallen sein, und bei den Aufsätzen war die Kritik immer: Deutsch mangelhaft. Jetzt fing ich aber an zu lernen. „Mit, nach, nächst, nebst, samt, bei, seit" usw., und legte es mir zurecht, wann „mir", wann „mich" zu setzen wäre. Einen Lebenslauf sollte ich jetzt verfassen, obwohl ich in meinem Leben noch nie einen Brief geschrieben hatte. In dem „Lebenslauf" habe ich sie aber tüchtig verkohlt, denn ich konnte doch nicht schreiben, daß ich bei der Heilsarmee war oder Leuchtturmwärter. Meine ganze Laufbahn hätte ich mir damit verdorben.
Ich lebte mich schnell bei der Marine ein und die Sache ging gut als Rekrut zuerst, dann auf dem „Mars" zum Artilleriekursus. Als ich von dort in die Flotte kam, stieß mir bald ein schwerer Unfall zu. Ein Boot mit Beurlaubten, das zum „Kaiser Wilhelm dem Großen" zurückfuhr, war im Begriff, in das unglücklicherweise ungeheißte Fallreep des Kriegsschiffes hineinzufahren, als ich gerade auf diesem die Wache ging. Ich versuchte, das Boot mit Hilfe seiner Vorleine zu stoppen, und ich verließ mich dabei zu sehr auf meine eigene Kraft. Ich erreichte auch, daß der Zusammenstoß stark gebremst wurde, aber das Fahrmoment war doch viel zu schwer, und das Boot zog mich gegen das Kettengeländer, wo eine eiserne Stütze war. Diese ging mir durch den Leib und durchriß den Darm zweimal. Die Operation durch Professor Helfferich gelang vorzüglich; als ich aber nach acht Tagen aus dem Zimmer der Schwerkranken in das Leichtkrankenzimmer überführt worden war, habe ich eine große Dummheit begangen. Ich ahnte gar nicht, wie zerrissen mein

Darm war, und ich fühlte mich durch das lange Fasten so ausgehungert, daß ich mir eines Sonntags, als mein Bettnachbar von Besuchern Pflaumen bekam, auch davon ausbat. Als Einjähriger hätte ich mich ja mehr beherrschen sollen, aber die Pflaumen taten mir wohl. Als aber der Verband am nächsten Tag erneuert wird, schlägt der Stabsarzt die Hände überm Kopf zusammen, denn da lag die ganze Pflaumengeschichte im Verband. Ich hatte nicht gewußt, daß der Darm abgebunden war; der war nun gerissen. Ich sollte sofort in Arrest kommen, wenn ich gesund wäre, und bekam zunächst mal eine Wache, damit ich nicht wieder „in die Plum" ginge.

Die im Lazarett verlorene Zeit wurde mir infolge meiner zufriedenstellenden Leistungen an Bord geschenkt. Ich wurde Unteroffizier; dann kam der Tag, wo ich die Übung als Vizesteuermann machen durfte, und nun wurde ich als Leutnant zur See der Reserve entlassen. Da mußte ich nochmals bei Onkel Fritz antreten, der mir Anweisung gab, wie ich es machen sollte, wenn ich nach Hause käme. Ich zog „Kleine Uniform" an, kaufte mir einen Dreimaster, Epauletten, Säbelschärpe und Visitenkarten, und ging nach so viel Jahren zum erstenmal „to Hus".

In Halle a. d. Saale angelangt, stellte ich mein Zeug in einem Gasthof unter und zog mich sorgfältig an. Ich gehe zu dem stillen Haus auf der „Alten Promenade"; es hat sich in all den Jahren nichts verändert. Ich steige die Treppe hinauf und gebe die Karte ab. Da höre ich die wohlbekannte Stimme des alten Herrn: „Leutnant zur See, Felix Luckner? Gibt's ja gar nicht, aber ich lasse den Grafen bitten."

Nun trete ich ein und sage ganz kurz: „Tag, lieber Vater! Glaube meine Äußerung verwirklicht zu haben, des Kaisers Rock in Ehren zu tragen."

Der alte Herr weiß nicht, wie ihm ist und was er machen soll. Marineoffizier? Der Bengel ist nicht versetzt, man wäre froh, wenn er Armeeleutnant geworden wäre und jetzt im kaiserlichen Rock?! Alles das saust ihm durch den Kopf, und ich höre nur, wie er mit erstickter Stimme ruft: „Alte!"

Die Mutter kommt, sieht mich, setzt sich vor Schreck auf die Treppe und fällt mir dann in die Arme, und wenn ich in der Erinnerung nachsuchen soll, so ist es mir, als ob sie eine halbe Stunde darin gelegen hätte.

Dem alten Herrn laufen jetzt auch die Tränen herunter. Nun mußte ich erzählen: Wie hast du gelebt? Was hast du getan? Das waren so viele, viele Fragen, ehe ich überhaupt geantwortet hatte. Aber nachdem sich der alte Herr etwas gefaßt hatte, fing er gleich sich zu brüsten an: „Siehst du, Alte, ich hab' es doch immer gesagt! Ist es ein Luckner, so wird etwas aus ihm, da braucht man keine Bange zu haben. Und geht er verloren, dann ist er auch kein Luckner. Dann ist es kein Schade. Und was ist er? Ein Luckner."

Überall wurde nun hintelegraphiert zu den Geschwistern, Vettern, Onkeln, Klostertanten. Ich wurde von den Lehrern in den Schulen als gutes Beispiel hingestellt! Man hatte überall nach mir geforscht, hatte sich den Kopf zerbrochen, auf welche Weise das Kind wohl untergegangen wäre. Leben konnte es ja nicht mehr, denn sonst hätte es ein Lebenszeichen gegeben. Und jetzt stand ich vor ihnen, der ewige Tertianer, der, ohne Kadett geworden zu sein oder das Einjährigenexamen gemacht zu haben, auf den Schiffsplanken Offizier geworden war.

Seit dieser Zeit war ich nicht mehr das Sorgenkind, sondern der Verzug. Keine Mutter hat ihr Kind je so umsorgt, wie mich die meine.

Das war der Abschluß meiner Wanderjahre. Jetzt kamen die Jahre, die normal verliefen.

In den Schoß der Familie aufgenommen, wurde ich auch in die Familiengeschichte eingeweiht. Dabei entdeckte man einiges, was auf die eigene Entwicklung Licht warf. Ich war doch nicht so aus der Art geschlagen, wie man gedacht hatte. Unser Stammvater Nikolaus Luckner, 1722 in Bayern geboren, erhielt als Schüler im Passauer Jesuitenkollegium „wegen einigen Leichtsinns und Wildheit" den Beinamen Libertinus. Er entlief aus nicht näher bekannten, aber sicher zwingenden Gründen mit fünfzehn Jahren der Schule, trat in ein bayerisches Infanterie-Regiment ein und kämpfte gegen die Türken. Dann wurde er, da ihm das Zufußgehen zu langsam ging, Leutnant in einem Husarenregiment, das aus dem bayerischen Dienst 1745 als gemietete Truppe in den holländischen übertrat. Der Deutsche hatte damals ja leider noch kein Vaterland, bestenfalls Vaterländer. Als aber der Alte Fritz gegen die Franzosen kämpfen mußte, übernahm Major v. Luckner 1757 die selbständige Bildung eines hannöverschen Husarenkorps, das unter preußischem Oberbefehl focht. Die Lucknerhusaren, die der Ahnherr Mann für Mann nach Ablegung einer Mutsprobe persönlich anwarb, waren bald in ganz Norddeutschland durch unzählige Waffenstreiche berühmt, und ihr Führer wurde der Ziethen des westlichen Kriegsschauplatzes. Als aber nach Beendigung des Siebenjährigen Krieges das Regiment durch seinen Landsherrn, den englischen König, aufgelöst wurde, entgegen den Versprechungen, die man ihm gegeben hatte, nahm General v. Luckner gekränkt seinen Abschied aus hannöverschen Diensten. Der Feind wußte seinen Degen besser zu schätzen: Der König von Frankreich bot dem sagenumwobenen Kämpfer ein neues Wirkungsfeld. Sein Herz schlug deutsch wie das eines Johann v. Weerth oder Derfflinger; aber Deutschland hatte für sein Soldatenblut keine Verwendung. So wurde Herr Nikolaus, der einmal in der Schlacht, inmitten eines französischen Regiments einen Überläufer erkennend, in die enggeschlossenen Glieder hineingesprengt war, um dem Ausreißer den Kopf zu spalten, selbst ein Söldner des Auslandes, nicht der erste und leider auch nicht der letzte deutsche Haudegen, der diesen Weg gegangen ist. Er, der kaum französisch konnte, als er übertrat, mußte nun zuletzt als Marschall von Frankreich und Führer der französischen Nordarmee 1792 gegen Österreicher und Preußen kämpfen. Er hatte aber als „Franzose" ebensoviel Unglück, wie er früher als preußischer Parteigänger Glück entwickelt hatte, und als der Greis 1794 nach Paris fuhr, um seine Pension abzuholen, die ihm die Republik nebst vielen Vorschüssen an seine Armee schuldiggeblieben war, legte man seinen Kopf unter die Guillotine, ungeachtet dessen, daß der Dichter der Marseillaise sie ihm gewidmet hatte.

Er selbst war willens gewesen, sein Leben in Holstein zu beschließen, wo er durch Heirat Gutsherr geworden war. Schiffskapitäne und Husarenoffiziere, die leichtbeweglich sind und viel durch die Welt streifen, siedeln sich auf ihre alten Tage gern dort an, wo auf ihren Wanderzügen ihr Herz hängengeblieben ist. So kamen die Luckners nach Holstein und wurden dänische Grafen. In Holstein ist mein Vater geboren. Als er das kritische fünfzehnte Jahr erreicht hatte — es war gerade im Jahr 1848 — lief auch er von der Schule weg. Er wollte gegen die Dänen fechten, nahm jahrelang an allen Kämpfen teil und kehrte 1850 als Dragonerleutnant nach Hause zurück. Den Geschmack an den Studien hatte er verloren. Er wurde Landwirt und war bald in ganz Holstein durch Gastfreundschaft und allerhand lustige Streiche bekannt. In Bramstedt wird noch das Denkmal gezeigt, dessen Sockel der „tolle Luckner" auf dem selbstgezüchteten, edlem Hengst im Sprunge nahm. Sooft der König rief, 1864, 1866, 1870, trat mein Vater in die Armee ein. Aber nach beendetem Kriege kehrte er jedesmal nach Hause zurück. Er wollte im Frieden nicht Soldat sein, nur Schütze und

Jäger. Gute Freunde nutzten den liebenswürdigen Herrn und seine Sportleidenschaft aus; er verlor schließlich seine Besitzung und siedelte nach Dresden über, wo sein Vetter lebte, der gleichfalls nur der „tolle Luckner" hieß. Dieser fuhr gern mit knallroter Equipage sechsspännig durch Dresden — auch hinderten ihn dabei nicht die Stufen der Brühlschen Terrasse —, und als ihm der König das Sechsspännigfahren verbot, nahm er fünf Pferde und einen Maulesel. Eines Tages saß er mit einem Freund im Gasthof bei Tisch, als eine schöne Dame, Gräfin X., den Saal betrat. Mein Onkel, der ihr noch nicht vorgestellt war, fing Feuer und wettete sofort mit seinem Freund um ein Rittergut, daß er die Hand der Dame erringen werde. Wenige Wochen darauf war das Paar aufgeboten; er hatte aber inzwischen bei näherer Bekanntschaft die Lust verloren und zog es vor, anstatt zur Trauung auf die Festung Königsstein zu wandern, um wegen Pistolenzweikampfs mit einem Verwandten der Dame Haft zu verbüßen. Auf Königsstein war es langweilig, und so vertrieb er sich die Zeit, indem er mit Talern in die vorbeifließende Elbe warf, um herauszubekommen, ob sie „rikoschettieren".

Kavalleristisch galoppiert es durch die Lucknersche Familiengeschichte. Einsetzen der Person und ein fröhliches Lachen ist vom Ahnherrn erblich; irdische Güter sind gekommen und gegangen, das Herz ist auf dem alten Fleck geblieben. Viel deutsche Geschichte drängt sich schon auf den wenigen Blättern unserer Familienchronik durcheinander. Aber sollte Deutschland noch einmal ums Dasein kämpfen müssen, sind hoffentlich auch die Luckners wieder zur Stelle.

Offizier und immer mal wieder Matrose

Ich fuhr nun zwei Jahre bei der Hamburg-Amerika-Linie. Während dieser Fahrten bereitete ich mich aufs Kapitänsexamen vor. Ich bin nicht mehr auf eine Schule gegangen, sondern habe mich privat vorbereitet. In Hamburg nahm ich einige Zeit Privatstunden zu diesem Zweck. Nachmittags pflegte ich dann auf der Unterelbe hinter Altona bei Neumühlen mit einigen Kameraden zu segeln. Es ereignete sich einmal, daß in einem vor uns segelnden Boot ein Mann, der weder ordentlich segeln noch schwimmen konnte, ein

Kölner Kaufmann, durch den Besanbaum von Bord geschlagen wurde. Ich schwamm nach der Stelle, wo er hineingefallen war. Wie ich hinkomme, ist er untergegangen, so daß ich tauche und ihn in ziemlicher Tiefe fasse. Ich schiebe ihn hoch, und er gelangt dadurch früher an die Oberfläche als ich. Wie ich nun nachkomme und Luft hole, umkrallt er mit Armen und Beinen meinen Körper. So werde ich mit ihm hinuntergezogen. Endlich werden durch Zufall meine Beine frei, ich stoße mich von ihm ab und komme dadurch los und gelange wieder hoch. Es wurde mir schon schwarz vor den Augen, aber ich erholte mich und tauchte nochmals. Lange blieb ich mit dem Unglücklichen auf der gleichen Höhe des Flusses, da der Strom uns mit gleicher Geschwindigkeit fortriß. Endlich bekam ich den schon Bewußtlosen zu fassen und arbeitete mich gut 500 Meter über die breite Elbe ans Ufer. Als ich drüben ankomme, hat sich eine große Menschenmenge gesammelt. Ich bin ganz erschöpft und will meinen Mann abgeben, als ich Grund spüre. Da brach ich infolge der Kraftanstrengung bewußtlos zusammen. Ein alter Herr will mich da mit dem Regenschirm herangestakert und herausgeholt haben. Der Verunglückte wurde wiederbelebt, und nach einer halben Stunde kam ich auch wieder zum Bewußtsein und fuhr nach Hause.

Lebensrettungen sind verhältnismäßig langweilig zu erzählen. Ich muß sie nur erwähnen, weil sie in meiner Laufbahn eine gewisse Rolle gespielt haben. Im übrigen lernt man nie einen Menschen richtig retten, da man ja nicht wie ein Bademeister immer auf der Hut steht, sondern zufällig dazukommt, dann ist man selber so aufgeregt, daß man die Örtlichkeiten und die Besonderheiten des Falles nicht lange überlegen kann. Im Reglement „Wie man Ertrinkende retten soll" ist das alles so rosig und einfach dargestellt. Zum Beispiel: man soll den Ertrinkenden von hinten her bei den Haaren fassen. Aber abgesehen davon, daß man oft nicht weiß, ob der Betreffende Haare hat, ist in den Vorschriften der Fall nicht vorgesehen, wenn ein Ertrinkender in trübem, undurchsichtigem Wasser untergetaucht ist, wobei es leicht vorkommt, daß er einen unter Wasser schneller anfaßt, wie man ihn selbst packen kann, und das sind die häufigsten Fälle, denen man bei Rettung Ertrinkender begegnet.

Acht Tage später lud mich das Bezirkskommando vor; sie hatten die Geschichte aus den Zeitungen erfahren, und ich sollte nun Zeugen angeben, damit ich die Rettungsmedaille bekäme. Ich erwiderte, daß ich nicht nach Zeugen suchen möchte. Es hieß aber, daß die

Bestimmung Zeugen verlangte. So konnten wir uns nicht einigen. Inzwischen hatte ich mich zum Examen vorbereitet und meldete mich bei Professor Bolte in Hamburg. Er fragte: „Wo sind Sie auf der Schule gewesen?" Ich erzählte ihm, daß ich privat gearbeitet hätte. Das war ihm sichtlich unangenehm. „Wozu haben wir unsere Schulen?" fragte er, „wir müssen Sie zum Examen annehmen, aber daß wir Ihnen auf den Zahn fühlen, kann uns nicht verwehrt sein."
„Daß Sie mehr wissen als ich, Herr Professor, davon bin ich überzeugt", erwiderte ich und ging nach Altona. Dort war meine Hoffnung der alte Direktor Jansen. Augenscheinlich war er aber schon durch Fernsprecher unterrichtet.
„Wo waren Sie auf der Schule", fragte er mich.
„Ich habe mich privat vorbereitet."
„Sie sind Abiturient, nicht wahr, mit guten Grundkenntnissen?"
„Nein, ich bin Tertianer."
„So", sagte er, „ich bin bis zur Prima gekommen, habe es aber doch für nötig gehalten, sieben Monate noch zur Schule zu gehen. Nun, kommen Sie in drei Wochen zum Examen."
Ich äußerte die Befürchtung, man wünschte wohl diejenigen auszumerzen, welche die Schule umgingen.
Er meinte zwar, das hätte er nicht gerade gesagt, aber er interessiere sich natürlich in besonderem Maße dafür, was dabei herausgekommen wäre. Meine Selbstsicherheit war doch so sehr erschüttert, daß ich wiederum weiterzog nach Flensburg, zum Oberlehrer Pfeifer. Der wollte mich gleich annehmen, aber ich müßte mich erst in Altona bei Direktor Jansen vorstellen. Das wäre ein so gemütlicher Mensch!
„Nein", sagte ich, „da komme ich ja gerade her. Der Herr interessiert sich so sehr für hohle Zähne. Können Sie mir nicht sagen, wo noch eine Schule ist, an die ich mich wenden kann?" In Lübeck paßten mir nämlich die Termine damals nicht.
Da riet er mir, nach Timmel bei Papenburg in Ostfriesland zu gehen, da würden so schwerfällige Menschen unterrichtet. Papenburg ist ein kleines Nest mitten in Ostfriesland, wo es nur Torf gibt. Es ist eigentlich die größte Stadt der Welt, nämlich die längste, denn man braucht zweieinhalb Stunden, um hindurchzulaufen. Sie hat drei Postämter. In früheren Zeiten war es eine Torfkolonie. Ein Kanal läuft hindurch und die Kolonisten haben sich rechts und links angebaut.
Ich gehe also dorthin zur Schule. Da war ein alter, würdiger Herr mit einem weißen, fusseligen Bart. Ich war schon gewitzigt und

erzählte ihm, ich hätte aus Gesundheitsrücksichten keine Schule besuchen können, daher die Zeit auf meinem Krankenlager benutzt, um mich privat vorzubereiten. Ich wäre pekuniär nicht in der Lage gewesen, die Schule noch nach meiner Krankheit zu besuchen, wäre aber sehr fleißig gewesen usw. Ich verstand es schon besser, mich auszudrücken.
Er meinte, das wäre ja sehr nett, es wäre ihm auch ganz angenehm, denn sie hätten augenblicklich nur einen Schüler. Ich dachte, das hast du ja gut getroffen. Der Schüler wäre auch recht schwach. Ach, dachte ich, das konnte sich ja gar nicht besser treffen. Dann fragte er mich nach meinen Personalien.
„Das ist ja eine große Freude und Ehre für uns; wie sind Sie denn gerade auf Papenburg gekommen?"
„Hm ja! Ich hatte einen guten Freund, der hat die Schule hier besucht und hat mir davon vorgeschwärmt."
„Wie hieß er denn?" — (Du lieber Himmel) . . . „Meier!"
„Von welchem Jahrgang war er denn?"
„Das weiß ich nicht mehr."
„Hat er schon das Kapitänsexamen?"
„. . . Nein."
„Na, das muß er aber bald machen."
Ich erhielt einen Brief mit zu dem Direktor in Geestemünde, dort mußte ich mich erst vorstellen. Das war ein reizender Herr, der sich sehr freute, daß ich mein Examen machen wollte. Er könne mir das nachfühlen, daß ich nach meiner Krankheit schnell in die Prüfung wolle; es werde auch schon gehen, das Examen sei in drei Wochen, ich solle da und dort noch etwas Nachhilfeunterricht nehmen.
Dieser Nachhilfeunterricht förderte mich gut; es wurde dabei gern zusammen eine gemütliche Pulle Rotspon getrunken. Ich war der einzige Trost der Schule, denn der andere war immer in Schweiß gebadet vor lauter vergeblichem Fleiß.
Das Examen nahte. Direktor Prahm und Oberlehrer Neptun, wie wir ihn nannten, hatten die Aufsicht, und ich war wirklich als der erste fertig, und der andere brütete da herum und schmorte. Bei mir stimmte alles, ihm wurde noch ein bißchen unter die Arme gegriffen. Einer mußte durchkommen, das war für die Schule ja nötig, aber schließlich kam der andere auch noch durch. Zuletzt kam das Maschinenexamen. Das war wenig verwickelt und beschränkte sich auf solche Fragen: Womit Dampf erzeugt wird? „Durch Hitze." Wie die beiden Rauchkammern vorn und hinten heißen? „Vordere Rauch-

kammer und hintere Rauchkammer." „Richtig." So wurde die Prüfung bestanden, kraftvoll mit dem Lehrer gefeiert, und dann reiste ich stolz nach Hamburg.

Dann fuhr ich bei der Hamburg-Amerika-Linie weiter bis zum Spätjahr 1911. Dann bin ich aktiver Seeoffizier in der Kaiserlichen Marine geworden. Der Anlaß dazu war meine fünfte Lebensrettung, die am Weihnachtsabend dieses Jahres passierte. Ich war bei einer Feier in Hamburg gewesen und komme nachts zurück und will an Bord meines Schiffes, der „Meteor". Ich stehe auf dem Fährponton und warte auf den Fährdampfer. Neben mir steht ein Zollbeamter. Da sehe ich im trüben Lampenscheine der Hafenbeleuchtung im Wasser einen Kerl treiben und will mich in das Wasser stürzen. Der Beamte hält mich zurück, meint: „Ist es denn nicht genug, wenn da einer ersäuft?" „Aber ich kann den Menschen doch nicht ertrinken lassen!" „Sie sind wohl ganz verrückt, in das eiskalte Wasser gehen zu wollen." Er hält mich am Überzieher fest, aber ich reiße mich heraus aus dem Überzieher und springe hinunter. Donnerwetter, wie ich in das Wasser komme — es waren 13½ Grad Kälte in der Nacht — war es mir, als wenn mir einer einen glühenden Draht in den Nacken hielte. Ich mußte noch etwa 25 Meter schwimmen, bis ich den Ertrinkenden faßte. Die Kälte und sein Weihnachtsrausch waren sein Glück gewesen, denn er war steif, und wer ruhig im Wasser liegt, der geht nicht so leicht unter. Ich bringe ihn zurück zum Ponton. Das ist aber etwa einen Meter

über Wasser, und ich hätte nicht mehr die Kraft gehabt, dort hinaufzukommen, wenn der Zollbeamte mich nicht zu fassen gekriegt und mir herausgeholfen hätte.
„Solch oll dösiger verrückter Kerl", sagte er, „wenn ich nich west wär, dann wärt ji all beid' versopen."
Man brachte mich und meinen Mann (es war der englische Matrose Pearson) in eine Grogstube. Da roch es fürchterlich nach Tabak und allem möglichen: es waren nämlich die alten Hoppenmarkt-Löwen gemütlich beim Weihnachtsfeiern. (Hoppenmarkt-Löwen nennt man die Männer, die den Fischweibern die Körbe auf den Markt tragen.) Sie wickelten uns in wollene Decken und pumpten uns einen Grog nach dem andern ein. Ich erholte mich auch wieder und überwand den Schrecken von dem kalten Wasser, desgleichen auch mein Mann, der nun seine zweite Ladung bekam.
Eigentümlich ist es, daß ich beim Retten Ertrinkender beinahe mehr Angst habe als der Ertrinkende selbst. Mein Körper fliegt und zittert, wenn ich jemandem nachspringe. Das Baden im freien Wasser ist mir deshalb förmlich zuwider, weil mir dabei stets die Eindrücke wieder wach werden, die ich beim Retten habe. Es ist mir beim Schwimmen, wie wenn sich einer an einem Leibgericht einmal ordentlich überpräpelt hat: man mag es schließlich nicht mehr. Wenn ich erst einmal im Wasser drin bin, ist mir wieder wohler. Stoße ich aber im Wasser an irgend etwas, so geht es mir durch und durch, und ich denke dabei stets an einen Toten.
Überall stand seit der Weihnachtsgeschichte in den Zeitungen: Hoch klingt das Lied vom braven Mann usw. Es hieß, ich hätte fünf Menschen das Leben gerettet und noch immer nicht die Medaille. Einer von den fünfen war zudem eine bekannte Persönlichkeit. Aber das Bezirkskommando beharrte immer noch bei seinen Zeugen und ich weigerte mich aus reiner Dickköpfigkeit, sie zu beschaffen. Dem „Hamburger Fremdenblatt" verdanke ich es in diesem Zusammenhang, daß ich aktiver Offizier geworden bin. Denn als ich kurz nachher in Kiel eine dreimonatige Reserveoffiziersübung mitmachte, bekam Prinz Heinrich von Preußen von mir zu hören.
Eines Tages erhalte ich eine Order und werde gefragt, ob ich Lust hätte, aktiv zu werden. Ich erwiderte, daß dies mein sehnlichster Wunsch wäre, ich glaubte nur, dafür zu alt zu sein. Darauf wurde mir geantwortet, das sollte ich nicht meine Sache sein lassen. Am 3. Februar 1910 erhielt ich ein Telegramm des Inhalts: Graf Luckner kommandiert zur Marine zwecks späterer Aktivierung. Was war ich glücklich; Welt, was bist du schön!

Jetzt galt es zu arbeiten: Ich mußte ja nachholen, was Seekadetten und Fähnriche sonst in dreieinhalb Jahren lernen.
Nach dem Infanteriekursus ging es zum Torpedokursus. Diese enorme Technik! Die Vollkommenheit des Apparates, der ganz allein arbeitet, mit dem Tiefensteller, der erhitzten Luft, und allem, was damit zusammenhing: nun hörte ich noch, daß es sogar vier verschiedene Torpedos gab, die wir alle durchnehmen mußten.
Es sind hundertfünfzig Schrauben an solch einem Ding. Die Namen aller Teile muß man behalten und den Apparat so kennen, daß man ihn selbst zusammensetzen könnte. Ich dachte bei mir: Das lernst du nie, jetzt bist du wieder der Dumme wie damals in Tertia. Kapitänleutnant Kirchner interessierte sich für mich und half mir nach Kräften. Ferner war da als Lehrer Kapitänleutnant Pochhammer, dessen Vater zu gleicher Zeit Vorträge über Dante hielt. So ging ich fleißig auch zu diesen Vorträgen und studierte Dante. Was wußte ich vorher davon! Ich verstand ja auch jetzt nicht viel, aber die Beatrix hat mir doch gefallen, das eigentümliche Mädel. Meine Danteinteressen machten einen guten Eindruck, man drückte darauf hie und da ein Auge zu. Ich bekam die nötige Sicherheit und bestand wieder einmal ein Examen.
Auch die Schießübungen gingen gut. Auf der Schiffsartillerieschule in Sonderburg gab es viel Neues zu lernen, leichte, mittlere und schwere Artillerie, die hydraulischen und die elektrischen Funktionen usw. Junge, wat wirst du för'n kloken Keerl! Ich bekam eine wilde Begeisterung für allen technischen Kram, so daß ich mich da wie in einen Pott voll Erbsen hineinschmuddelte. Ich wollte immer noch mehr lernen und dachte: Wenn du Hasen schießen kannst, dann kannst du doch auch mit der Artillerie schießen. So habe ich auch diesen Kursus bestanden.
Mit meinen Kameraden und den Lehrern bin ich gut Freund geworden, obwohl ich viele Neider hatte. Ich gehörte ja nie zu denen, welchen das Begreifen leicht fiel, und nun entwickelte ich nach so viel Hindernissen auf einmal so viel unglaubliches Glück. Ein Korvettenkapitän hat es damals fertig gebracht zu äußern, die Marine hielte sich jetzt gut genug als Aufnahmestätte für solche Elemente, die aus dem Elternhaus hinausgeworfen wären. Das war seit den sechziger Jahren auch nicht mehr vorgekommen, daß einer so wie ich in die Marine kam.
Die Kurse machte ich aus kaiserlicher Schatulle, da an sich kein Reserveoffizier nach den Bestimmungen aktiv werden konnte. Als Offizier beteiligte ich mich an den Fähnrichskursen und erhielt oben-

drein 300 Mark monatliche Kommandozulage auf private Kosten Seiner Majestät.
Mein erstes Schiff war die „Preußen", da war ein wirklich bedeutender Mann erster Offizier, der Korvettenkapitän v. Bülow, der sich meiner annahm. Dank dieser Förderung durch ihn arbeitete ich mich wunderbar ein. Ich lernte alle die „Rollen" aufbauen, die es gab, Reinschiff, Bootsrolle, Klar Schiff zum Gefecht usw., die Flut- und Lenzrichtung: kurz alles, was dazu gehört, holte ich in Bälde nach. Die Hauptsache ist der resolute Entschluß, der bei vielen Menschen fehlt. Die Kritik macht es nicht. Man muß nur die Richtung haben, wohin man will, den freien Willen darauf lenken und nicht fragen, ob es so oder anders kommen könnte. Das habe ich immer empfunden, auch als ich später auf meinem „Seeadler" war.
Mein Jahr Probedienstleistung war um, und vom Kabinett wurde Bericht eingefordert. Darauf teilte man mir mit, daß ich drei Jahre vorpatentiert wäre, und so lauteten die gnädigen kaiserlichen Worte: „Bei weiterer günstiger Berichterstattung über den genannten Offizier behalte Ich Mir vor, sein Dienstalter abermals zu erhöhen."
Als die endgültige Aktivierung gekommen war, hatte ich doch das Gefühl: jetzt bist du nicht mehr abhängig von der Reederei, vom Inspektor, der einen einfach an die Luft setzen kann. Der „olle Seemann" war abgetan. Jetzt durfte man nicht mehr mit dem Löffel hinhauen. Die „Gesellschaft" lag nicht mehr in unerreichbarer Ferne. Man fühlte, wie man gewandter wurde und fand sich in die

neue Rolle. Die Kieler Woche ward mitgemacht und mancher sportliche Preis dabei geholt. Je mehr ich aber so hineinkam, um so mehr sproßte auch die Sehnsucht nach dem Vergangenen wieder im stillen. Nachdem ich mein Steuermannsexamen gemacht hatte, war mein Fuß ja auf kein Segelschiff mehr gekommen. Aber die heimliche Liebe verließ mich nicht. Auf der „Preußen" habe ich meinen ersten Rückfall gehabt und in meiner freien Zeit das Modell eines Segelschiffes geschnitzt.

Jetzt wurde ich Wachoffizier. Das ist der wichtigste Posten für einen jungen Marineoffizier, wo er selbständig Wache gehen, das Schiff im Verbande führen muß usw. Ich hatte anfangs einige Schwierigkeiten mit den Leuten, die mir den Aufstieg nicht gönnten und äußerst mißtrauisch aufpaßten, wie ich meine Sache machte. Endlich kam meine Beförderung zum Oberleutnant heraus, und ich trat meinen ersten Urlaub an.

Ich fuhr wie üblich nach Hamburg.

Dort sitze ich mit einem Bekannten zusammen, der eine Reederei hatte und sage zu ihm: „Ich möchte doch einmal wieder an Bord eines Segelschiffes. Als ich heute durch den Hafen fuhr, merkte ich, wie man an den Schiffen hängt. Ich denke an den Feierabend an Bord, wo man die Handharmonika hörte, wenn die Sonne unterging, und hatte Heimweh nach meinen schönsten Stunden."

Er sagte: „Du bist wohl verrückt. Jeder strebt nach vorwärts. Man denkt wohl gern an die Zeiten, die man erlebt hat. Aber das habe ich noch nie gesehen, daß ein Diplomingenieur wieder Sehnsucht hat, am Amboß zu stehen."

Dann war er aber einverstanden, mich wieder auf ein Segelschiff zu bringen.

Wenn ein Segelschiff in den Hafen kommt, wird es gelöscht, die Leute mustern ab. Wird es neu beladen, so mustert man die Mannschaft allmählich wieder an. Die einzelnen werden zunächst vorgemustert, und erst wenn eine ganze Mannschaft beisammen ist, werden sie alle auf einmal vom Seeamt angemustert. Ich ließ mir also von meinem Bekannten einen Vormusterungsschein geben für das Schiff „Hannah", ging in ein Ausrüstungsgeschäft für Seeleute und kaufte mir Arbeitshose und Hemd, Matratze und Decke. Letzteres lasse ich an Bord schicken. Das Zeug und eine blauweiße Bluse, wie die Seeleute sie tragen, ferner eine Mütze nehme ich persönlich mit, packe alles in meinem Hotel in die Handtasche um und lasse mir eine Droschke kommen. Ich sage dem Kutscher, er soll mich nach der Rosenbrücke fahren, nach dem Baumwall. Während der Fahrt

ziehe ich meine Uniform aus, die Arbeitshose an, binde den Riemen um den Leib und packe die Uniform in die Handtasche und schließe sie ab. Wir kommen am Ziel an, ich steige aus.
Der Kutscher macht große Augen: „Wat is denn dat? Sind Se de Seeoffizier, de mit mi von Hotel Atlantic kamen is?"
„Jawohl."

„Se, Se! Wat wüllt Se don? Se wüllt sik afsupen (ertränken) hier! So 'n junges Leben! Don Se mi dat nich an! Warom hewwt Se sik anner Tüg antrocken? Se wüllt sik unkennlich moken."
Ich versuche ihn zu beruhigen und sage, ich hätte hier etwas zu besorgen. Aber er ließ sich nicht begütigen: „Ne, Se wüllt sik afsupen. Seggn Se mi doch, wat Se hebben, Se bruk sik doch nich glik Ehr Leben nehmen!"
Ich sagte ihm, er sollte ruhig meine Tasche nach dem Hotel zurückfahren, ich gäbe ihm das Doppelte, was die Fahrt kosten sollte.
„Un Se komm' nich wedder?"
„Doch, ich komme wieder."
Schließlich mußte ich ihm im Vertrauen sagen, ich hätte hier eine Sache aufzuklären und müßte da als Matrose auftreten, könnte

nicht in Uniform hinkommen. Er fragte, ob er denn das auch glauben dürfte? Ich versicherte es ihm, Da, wie er losfährt, dreht er sich noch einmal um und sagt: „He deit doch dat nich?"
Ich gehe also auf einen Jollenführer los, mache mir unterwegs die Hände schmutzig, reibe mir Staub in die Poren, wiege mich beim Gehen wie ein Seemann, gewöhne mir das feine Benehmen ordentlich ab, versuche, ob ich noch spucken könne, und rauche meine Piep an. So trollte ich an Bord, die Hände in den Hosentaschen. „Gu'n Tag" segg ick zum Steuermann und zeige ihm meinen Vormusterungsschein. Er fragte mich, wo ich gefahren hätte, wie lange ich zur See wäre, und alle solche Fragen.
„Wie lange seid Ihr an Land?"
„Drei Wochen."
„Na, Filax Lüdicke, denn komm man un mak di an de Arbeit."
„Ne, ik hev doch min Tüg noch nich hier. Do sind doch blot ok drei Mann an Bord."
„Ja, dat deit doch nix."
„Un wenn ik nu nich kamen wär?"
„Denn wär eben 'n annern kamen."
„Ne, vormittags törn ich nich to."
Dabei blieb es. Ich gehe noch nicht an die Arbeit, sondern schlendre nach vorn, da sehe ich auch schon den Smutje stehen, einen breiten Kerl mit rotem Bart. Er fragt mich: „Wat war din letztes Schip?" und meinte dann: „N' feinen Kaptein, 'n fein Schip. Ik mak schon de tweete Reis' hier."
Da seh ich auch so einen lütjen Nauke beim Tellerabwaschen und denke bei mir: „Der ist genau wie du damals so ungeschickt."
Ich komme nach vorn ins Logis, da sitzen ein Hein und ein Jan auf einer Kiste mit ihrer Piep. Beide haben sich von der Arbeit gedrückt. Ich wollte sehen, ob sie was merken, und fange an, mich mit ihnen zu unterhalten.
Hein fragt: „Wie heest du?"
„Filax."
„Du büst woll lang an Land west?"
„Wo so?"
„Du sühst so fein ut. Du hest de Hoor so fein sneden und büst so fein rasiert. Wo hest du fohrt?"
„Op de Persimon." Das Schiff hatte ich gerade daliegen sehen.
„Da fahr ik nich mehr. Bei Laeisz, da gibt et nix to freeten. Hast du nich 'n Olsch (Alte)?" — „Ne."
„Ik hev 'n Olsch, de wär all dreimal verheirat un hett nie den Rich-

tigen kriegen können, awwer jetzt, seggt sie selbst, hett se 'n ganzen Kerl."

„Wat is se denn?"

„Plätterolsch. Die kann plätten! Und hett mi all in Stand sett, und nu is se so glücklich. Dat kann ik die seggn, abends, da bringt se mi warm Eten. Dat is ne feine Dern, de hett Sneid."

„Ik freu mi ja bannig, dat se an Bord kümmt", sag' ich.

Wir unterhalten uns so, da kommt der Steuermann: „Mokt dat Ji rut kümmt, de Filax kann sin Tüg utpacken un an die Arbeit gohn."

„Ne", sag ich, „ik hebt seggt, erst Nachmittag." Ich dachte, du mußt ordentlich großspurig sein; das ist nämlich beim Seemann ein Zeichen, daß er was kann.

Dann kommt der Kapitän von Land und fragt den Steuermann: „Wat hevt wi för Lüd kregen?"

„Een Mann is hüt kamen, de lang na See to fohrt, awwer he is höll'sch altbacksch."

„He soll mal rut komm'."

Nauke wird geschickt: der Filax soll mal achtern rut komm'n taun Kaptein.

Ich komme nach achtern rut: „Tag, Kaptein!"

„Tag. Wann sind Se an Bord kamen?"

„Klock tein hüt Morgen."

„Wie lang fohrt Se no See to?" — „Föftein Johr."

„Ik will Ju man seggen; wie hevt vel to dohn mit de Seils, könnt Se Seils neihn?"

„Jo, dat kann ik."

„Hevt Se Ehr Tüg an Bord?"

„Ne, noch nich mal min Matratz."

„Na, denn gehn Se man nachher an de Arbeit."

Ich esse ordentlich mal wieder Bohnen in Bouillon, richtig wieder im Logis, über meinen großen Emailletopf, den Mock, über den Tisch gelehnt. (Bloß nicht zeigen, daß du Offizier bist. Ich habe ja fünfzehn Jahre zur See gefahren.) Ich lege mich nach dem Essen in die Koje und frage: „Ist denn keine Handharmonika da?"

„Jo, Hein hett een'."

„Geihst du von Bord hüt abend, Hein?"

„Ne, ik hev keen Geld."

„Denn spel man! Ik giw ok 'n Kasten Beer ut."

. . . Richtig, abends wird Feierabend gemacht, Handharmonika gespielt, die Motorbarkasse kommt heran, wo Bier in Kisten verkauft wird, und ein Kasten wird heraufgeholt. Um halb sieben kommt die

Plätterin. Sie war ein ganz propres Mädchen, hatte so ein bißchen die Blattern gehabt, hatte so eine hochsitzende Fladuse, einen gewissen „flying lib", aber sonst war sie recht nett. Ihren Hein, den mochte sie ganz gern; sie hatte einen tüchtigen Pott mit Essen mitgebracht. „Dat magst du wohl, Jung."

Wir sitzen da, da sehe ich, wie er einen Tuschkasten herausholt. Und während wir draußen sitzen und das Abendlicht auf dem Wasser glitzert, malt er ihr eine Tätowierung auf den Arm. Ein tüchtig großes Herz mit einer großen Flamme daraus; dann mußte der Name 'rein. Er machte mal eine kleine Pause, denn sie konnte es nicht ganz aushalten. „Dat is ne feine Deern, de löt sik alles gefallen, de is so treu wie Gold." (Nur sah der Vogel nicht so treu aus.) Er hatte ihr schon viel vorgeredet, Pläne gemacht. Sie wollten nach Australien, Gold suchen.

Ich bin ganz vergnügt, absolut in meinem Fett. So geht es den einen wie den andern Tag. Mit dem Steuermann konnte ich nicht gut umgehen, ich war ihm zu altbacksch. Er verpetzte mich immer. Ich wollte aber auch kein Freund vom Steuermann sein, sondern ein richtiger Matrose. Mit dem Kapitän unterhielt ich mich auch dann und wann einen Augenblick. Den dritten Tag kommt mein Freund, der Reeder, und will mich mit dem Motorboot abholen. Er will nach vorn kommen. Ich rufe: „Bloß mich nicht verraten." „Wann kommst du an Land?" „Um 7 Uhr. Wir treffen uns im Commercial Room."

Der Steuermann und der Kapitän hatten schon gemerkt, daß der Reeder ankam, aber nicht, daß er mit mir sprach.

„Tag, Herr Direktor."

„Tag, Kapitän, na, was gibt es Neues? Geht das Leben gut vorweg? Wieviel Leute haben Sie schon?"

„Wir haben fünf Mann mit dem Steuermann."

So gingen sie auf und ab. „Kapitän, ich lade Sie zu heute abend ein, seien Sie um 8 Uhr im Englischen Hotel."

„Jawohl, Herr Direktor." — —

Als ich den Reeder treffe, bitte ich ihn, den Kapitän zum Atlantic mitzubringen, aber nichts zu verraten. Ich komme in meiner Seemannskluft ins Atlantic, da gucken die Leute mich von obenherab an, und ich witsche in mein Zimmer. Der Geschäftsführer erkennt mich und zwinkert mit den Augen. Ich ziehe meine Uniform an, gehe noch ein wenig spazieren, und allmählich wird es halb neun. Im Hotel ist eine prächtige große Halle mit blumengeschmückten runden Tischchen. Als ich zurückkomme, sitzt der Kapitän schon da. Er ist ein wenig befangen. Der Reeder stellt vor: „Kapitän Erdmann von der

„Hannah". — „Graf Luckner." Dann sitzen wir bei einer Pulle Wein. Erdmann guckt mich immer so an und dreht mit dem Weinglas hin und her und entdeckt wohl eine gewisse Ähnlichkeit. Man sieht es ordentlich seinem Gesicht an, daß ich nach seiner Meinung einem Matrosen ähnlich sehe, aber er kämpft es offenbar nieder, denkt wohl, daß es gerade keine Schmeichelei für einen Seeoffizier sei, wenn er das sage.
Als ich einmal hinausgegangen bin, fragt er den Reeder: „Wie rede ich ihn eigentlich an, er ist doch Oberleutnant und Graf?"
„Ja", sagt der Reeder, „man nennt ihn nur Graf."
„Sie müssen denken, ich bin beinahe herausgeplatzt mit der Sprache. Der Graf sieht einem Matrosen so ähnlich, ich dachte schon, es wäre sein Bruder. So was von Ähnlichkeit habe ich noch nie gesehen."
Wir sitzen da, essen und trinken, er guckt mich immer so an, der olle Kapitän, kommt aber nicht aus sich heraus. Als ich nun in gute Stimmung komme, frage ich: „Kennen Sie mich wieder?"
„Wat? Wat is los??"
Wie auf dem Sprunge war er.
Ich sage: „So, ich dachte, Sie kennen mich wieder."
„Was meinen Sie damit, daß wir uns schon mal gesehen haben?"
„Ja, wir haben uns doch mal gesehen."
Er rang noch einmal mit sich selbst und zwang es nieder.
„Ja, Herr Graf, Sie kommen mir auch so bekannt vor, aber wo haben wir uns gesehen?"
„Kennen Sie mich nicht?"
Nun saß er da, drückte hin- und herüber, der Direktor hatte gesagt, er dürfte das mit der Ähnlichkeit nicht herausreden. Er saß, wie man zu sagen pflegt, mit de Vorbeen' im Trog. Ich sagte:
„Kennen Sie Filax?"
„Mensch . . . Mensch. Sind Sie Filax??"
„Aber Herr Kapitän", sagt der Direktor.
„Ach, Herr Direktor, dat is mi man blot so rutlopen."
Ich bestätigte, daß ich es wäre.
„Nein, Sie sind das gewesen? Sie sind bei mir an Bord gewesen? Sie sind doch ein Marineoffizier, wie kommen Sie an Bord?"
Ich erzähle ihm meine Laufbahn, und da sind dem Mann die Tränen heruntergelaufen: „Jetzt gebe ich eine Pulle aus, das freut mich so, das kann ich gar nicht verstehen. Ich war doch immer nett zu Ihnen, nicht wahr?" Der Steuermann hätte aber gesagt, ich wäre altbacksch.
„Ach was, der Steuermann, das ist aber gar nicht wahr, daß Sie altbacksch sind."

Da kam der gute Kerl so in Schwung, daß er uns einlud nach St. Pauli. Ich müßte doch noch einmal an Bord kommen, das sollte ich ihm versprechen.
Dann sind wir mit vollem Winde nach St. Pauli gezogen. Da ging es hoch her! Er war so stolz: „Mi glöwt dat ja keen, wenn ik dat min Matrosen un Stürlüt vertell. So einen ulkigen Graf, den hab' ich mir doch nicht vorgestellt." Der Kapitän hat sich an diesen Abend tüchtig beschnobbert. Ich konnte leider nicht mehr an Bord kommen, und so habe ich ihm wenigstens ein Bild von mir zugeschickt zum Dank für die drei Tage an Bord, die mich so aufgefrischt hatten.
In Hamburg ist ein Heim, wo die armen Seefahreralten auf Staatskosten untergebracht werden. Unten am Eingang hängt ein Gemälde mit der Aufschrift: „Helft den Seefahrern um Gottes willen!" Oft bin ich hineingegangen zu den Alten, von denen manche fünfzig Jahre auf See gefahren waren. Es sind knochige Gestalten mit verwetterten Gesichtern und Kranzbärten. Jeder hat einen kleinen Raum, eine Kajüte und Koje, die Wände mit Erinnerungszeichen geschmückt. In der Messe versammeln sie sich um einen großen Tisch. Wenn man hinkommt, um sie zu besuchen, tritt einer nach dem an-

dern aus seiner Kajüte, die Pfeife im zahnlosen Munde, brennt sich die Piep an und hört zu, was man als junger Seemann erzählt. Meistens nahm ich ihnen ein wenig Plattentabak mit, wenn ich hinging, und dann hieß es: „Na, Filax, wat giwwt dat Ni'es?" Die alten Leute klagten besonders, daß man ihnen die Hochbahn vor die Nase gebaut hätte. Sie hatten nun keinen freien Ausblick mehr und konnten nicht wie früher sehen, wann ein Segelschiff 'raus ging. Da „spinnen sie nun ihr Seemannsgarn", d. h. erzählen sich allerlei, wovon die Landratte soviel versteht und so wenig glaubt, wie der Nichtjäger vom Jägerlatein. Eigenartig ist es, wie sie ihre Strümpfe stopfen. Sie stecken eine Flasche in den Strumpf und stopfen dann. Der Seemann legt bekanntlich großen Wert auf das Stopfen und stopft genau nach den Maschen, so daß es nachher nicht zu sehen ist. Einer der Alten malt Schiffe auf Ölsegeltuch mit einem ganz blauen Himmel oder einem ganz schwarzen.

Die alten Seeleute haben nichts weiter als ihre Seekiste, die ihr einziger treuer Begleiter ist, mit dem sie die See befahren haben, die Außenwelt kümmert sich nicht mehr um sie. Ab und zu, alle halben Jahre einmal, bekommen sie einen Brief von einem Maaten, der vielleicht zehn Jahre jünger ist als sie. Ein solcher Brief wird erst allgemein vorgelesen, und dann liest ihn jeder für sich allein. Und dann geht es los:

„Minsch, weetst du noch, as wi in Buenos Aires wären, wo wi uns do dropen däh'n?" Viele Erinnerungen tauchen auf, „un weetst du noch, da un da, wo du besoopen wärst?"

Einmal habe ich ein Boot genommen und die alten Leutchen eingeladen zu einer Spazierfahrt im Hafen. Ach Gott, wie waren sie begeistert! Erst eine Hafenrundfahrt. Wie sie alle so langsam ins Boot klettern. Und dann geht es los. „Nu, man nich so gau (jäh), dat Schip möt wi uns erst mal ansehn. Minsch, wo ward dat hengahn? Jung, kiek, de hätt noch ne ornlich stramme Takelag'." So wird jedes Schiff bewundert oder kritisiert. Schließlich kommen wir an einen alten Segler, der auch seine Pflicht getan hat. „Dat oll Schip, mit de ik in Rio tosom' leggen hev. Künn' ik doch noch mal mit so 'n Schip rut!" Die neuen Schiffe waren ihnen zu modern, da konnten sie keinen Gefallen daran finden.

Einen Veteranen meines Berufes habe ich nie wieder gesehen, meinen lieben Oll Pedder. Als ich nach meiner Flucht zum erstenmal wieder Hamburger Boden betrat, hatte es mich vor allen Dingen natürlich zum Haus am Brauerknechtsgraben hingezogen. „Peter Brümmer" stand noch an der Tür. Ich klopfe an und trete ein, aber nur seine

alte gebrochene Schwester kommt mir in gebückter Haltung entgegen. Ich frage: „Wo ist Pedder?"
„Pedder, de is dod." Und dann: „Bist du dat, bist du sin Jong, den he no See to bröcht hett? Wie manchmal hett he an di dacht, wie oftmal hett he seggt: Wo is wohl de Jong? Pedder is nich meh, he is nu all drei Johr dod."
„Wo liggt he denn begraben?" — „In Ohlsdorp."
So konnte ich meinen alten lieben Pedder nur auf dem Friedhof besuchen, und da das Grab doch zu karg gepflegt war und ich ihm so viel zu verdanken hatte, habe ich ihm in einem Altwarengeschäft einen eisernen Anker gekauft mit einer Messingtafel. Darauf steht eingegraben: „Ik hev di nich vergeten. Din Jong."
Als ich nun zuletzt nach Hamburg kam, nach der Unterzeichnung des Friedens, der auch die deutsche Elbe ihrer Schiffe beraubt hat, fand ich meine alten Fahrensleute niedergedrückter als jemals. „Jetzt, wo wi keen Scheepen meh hevt, denkt keen Minsch meh an uns. Wenn wi man blot noch 'n Strämel to smöken han!" Man hat ihnen, als man dies hörte, einen Zentner Tabak hingeschickt, und

meine Freunde blieben auch nicht müßig. Es wäre ja auch ein schlechtes Zeichen für die deutsche Jugend gewesen, wenn sie die Alten vergessen hätten, die mitgeholfen haben, daß unsere Schiffahrt eine der größten der Welt wurde. Wie ein Märchen war es für uns, daß diese stolze Zeit, die eben noch da war, verschwunden sein sollte. Aber für Deutschland zur See zu arbeiten, blieb auch weiterhin eine Ehre, und ich hoffte es noch zu erleben, daß der höchste Traum deutscher Jungens wieder der sein wird, unter unserer Flagge zur See zu gehen als Matrose oder Offizier auf Handels- oder Kriegsmarine. Darum bat ich immer wieder: „Vergeßt auch die Alten nicht, und denkt in der Armut, die über uns alle hereingebrochen ist, an die Ärmsten, die sich keine neue Zukunft mehr zimmern können!" Ihnen Liebes zu erweisen, findet dankbare Herzen. Denn die Seeleute, die diesen rauhen Beruf haben, sind in ihrem Innern zumeist weiche Menschen. Die See hat ihnen ein Stück Kindlichkeit gehütet.

In Kamerun

Im Jahre 1913 war ich auf „Braunschweig" und auf „Kaiser", dem Flaggschiff Seiner Majestät, das ganz neu als erstes in einer Klasse der Großkampfschiffe in Dienst gestellt war. Darauf habe ich an wundervollen Reisen nach Norwegen teilgenommen und auch die Einweihung des Frithjof-Denkmals mitgemacht, welches der Kaiser den Norwegern geschenkt hat.
Danach kam ich, wie bereits erzählt, auf den „Panther", der zur westafrikanischen Station gehörte. Da habe ich unsere herrliche deutsche Kolonie kennengelernt mit ihren unerschöpflichen Reichtümern für naturfrohe junge Gemüter. Mit einigen gleichgestimmten Kameraden ging ich auf Elefanten- und Büffeljagd. Das war nicht so einfach, da unser Kommandant dagegen war und es nicht gerne sah, wenn seine Herren ihr Leben, wie er meinte, unnötig riskierten. Wir mußten also unter einem Vorwand an Land gehen und unsere Gewehre heimlich mitnehmen.
Mit einem 35 Meter langen Kanu fuhren wir hinauf, von zwölf bis fünfzehn Schwarzen gerudert. Mit 7 bis 8 Meilen Fahrt jagten sie dahin, den Hauptfluß Kameruns, den Mungo, aufwärts. Der Wasserweg ist die einzige Straße, den Urwald zu durchqueren, der sich links und rechts des Flusses wie Mauern erhebt. Darin ist dunkle

Nacht. Baumriesen, mehr als 100 Meter hoch, sperren mit ihren gewaltigen Kronen jedes Licht ab. Und alles strebt nach dem Licht, es herrscht nur der Kampf um das Licht. Die Liane schlingt sich an Urwaldriesen hoch, verwächst mit ihnen so eng, daß dem Baum die Lebenskraft ausgesogen wird; und wenn sie endlich das Licht erreicht hat, stürzt sie mit dem morschen, säftelosen Stamm zusammen. Die freie Stelle der Baumkrone wird sofort wieder ausgefüllt. Die Liane macht einen neuen Versuch, an einem anderen Baum wieder hochzukriechen, bis auch der zusammenbricht. Die Stämme liegen in dem feuchten Dunkel, vermodern in kurzer Zeit, geben der Urwalderde Kraft und neuen Schlinggewächsen Nahrung. Kein Mensch kann auch nur einen Meter in solchen Urwald eindringen. Farrenkräuter und Lianen, die sich nach beiden Seiten ausdehnen, hindern jeden Schritt. Auch das Leben schweigt im dumpfen Innern des Urwaldes, abgesehen von niederen Tieren, Schnecken, Würmern und Insekten, die sich allein dort halten können. Nur wo das Licht ist, kennt der Urwald höheres Leben. In den Kronen der gigantischen Bäume nisten die Vögel in unendlicher Zahl, und längs den Flußläufen turnen die Affen kreischend von Baum zu Baum.

Nach achtzehnstündiger Fahrt kamen wir nach Mondame. Die Jagdbeute bestand aus einem einzigen Krokodil — sie sind schwer zu schießen, da sie gewandt tauchen —, Geiern, Seeadlern und Affen. Das leckere Affenfleisch, das die Neger lieben, haben wir nicht recht zu essen gewagt, obwohl der Affe, wenn er abgezogen ist, gar nicht mehr dem Menschen ähnelt, sondern eher einem Hund oder einem anderen kleinen Tier.

In Mondame, wo wir angesagt waren, riefen uns die Farbigen schon entgegen: „Massa, Massa, plenty Elefant." Da haben mein Freund Breyer und ich uns alles andere als weidmännisch benommen, denn die Elefantenjagd ist anders, als man sie sich vorstellt.

Auf Morgenschuhen, um leise pirschen zu können, zogen wir einzeln los, jeder mit einem Neger als Führer. Da hören wir ganz dicht bei uns die Elefanten, die in die Negerpflanzung eingebrochen waren. Sehen konnte ich noch nichts. Mein Schwarzer sagte immerzu: „Massa, Elefant, look, Massa, Elefant." Aber wenn man das noch nie gesehen hat, kann einem zehnmal gesagt werden, da sei ein Elefant, man sieht das Stückchen graue Wand nicht, das durch die Plantage durchschimmert. Man hält für alles eher, als für einen Elefanten. Endlich, als sich das Tier, keine zwanzig Schritt von mir entfernt, in Bewegung setzt, erkenne ich es durch das Gebüsch hindurch. Ich schwitze vor Aufregung, daß das Wasser den Gewehrkolben

entlangläuft, ziehe mit meinem Mohren durch zwei Reihen gepflanzter Bananen, aber komme dem Tier nicht näher, da es weiter vorausging. Nun kam ich an einen Termitenhügel und nahm ihn im Sprung. Von dort konnte ich eine ganze Strecke überblicken und denke: das sind ja Strauße. Die Elefanten pflücken nämlich die Bananen Stück für Stück, und wie sie da mit dem Rüssel hinauflangten, dachte ich, es wären Straußenköpfe. Als ich mich umsehe, schiebt sich ein Riesenkoloß vor mir aus dem Gebüsch, andere hinter ihm her. Ich lege an, im letzten Augenblick kommt mir die Erinnerung, daß man auf den Rüsselansatz schießen soll, etwas tiefer als die Lichter. Ich lege an, drücke ab, im selben Augenblick dreht sich der Riese im Kreise, man hört ein fürchterliches Trompeten. Rechts und links bricht eine Kavalkade los und saust an mir vorüber. Wie schnell, gewandt und wuchtig solche Kolosse von vier Meter Höhe laufen, kann man sich nicht vorstellen. Ich konnte nur zusehen, daß ich von meinem Hügel nicht herunterfiel, und dabei beging ich das unglaublich Unweidmännische, daß ich meinen angeschossenen Elefanten aus den Augen verlor. Glücklicherweise ließen sich die Neger durch die vielen Fährten aufgescheuchter Herden nicht irre machen und spürten das Tier wieder auf, das gestürzt war und die Stoßzähne beim Fallen tief in die Erde gerammt hatte. Wir haben ihm noch mehrere Schuß in den Kopf gejagt, bis es tot war. In einer Stunde hatten sich dort viele hundert Neger angesammelt, die auf den Ruf der Palavertrommel von allen Seiten wie Gazellen angerannt kamen, um Fleisch zu holen. Ein Häuptling bezahlt ohne weiteres für einen Elefanten 800 Mark und verkauft ihn weiter an seine Leute.
Da die Eingeborenen keine Gewehre haben dürfen, verscheuchen sie die Elefanten, die bei ihnen einbrechen, durch Lärm oder jagen sie so, daß sie sich von hinten an sie heranschleichen und ihnen die Fußsehnen durchschneiden; wenn sich der Elefant dann nicht mehr rühren kann, rammen sie ihm Speere in den Leib, bis er verendet. Jedes Dorf besitzt eine Palavertrommel, ein Signalinstrument mit drei Tönen, das die Nachrichten mit fabelhafter Geschwindigkeit von Dorf zu Dorf weitergibt. Man kann keinen Elefanten schießen, ohne daß die Nachricht davon alsbald an die Küste kommt.
Niemand, der Kamerun bereist hat, versäumte es, den berühmten Häuptling von Bamum Joja zu besuchen, wohl einen der intelligentesten Häuptlinge von ganz Afrika, der sogar für seinen Staat eine eigene Schriftsprache erfunden hat. Er war ein großer Bewunderer der Deutschen, der vor Jahren selbst seinen künstlerisch geschnitzten alten Thron einem deutschen Museum vermacht hat.

Eine ganze Strecke fuhren wir von Banaberi mit der Nordbahn ins Innere, und zwar bis in das Gebiet von Bamum. Joja, der durch Palavertrommeln seiner Untergebenen schon über das Nahen von Europäern, und zwar Offizieren, unterrichtet war, kommt uns mit seinem Stabe entgegen. Von der Höhe gewahrt man einen langen Zug. Vorweg Rinder und Ziegen und sonstiges Vieh, der Beweis seines Reichtums. Bei unserer Annäherung steigt Joja aus seiner Tragbahre. Es ist dies eine Hängematte, die von zwei Schwarzen getragen wird an einer langen Stange. Wir staunen, wie seine hohe Gestalt sich uns nähert, umkleidet mit praller roter Husarenuniform, Kürassierhelm und einem fürchterlichen Schlachtschwert, geschmückt mit einem Kronenorden mit Schwertern, die schwarzen Beine aber von oben bis unten nackt. Sein Stolz als Beherrscher wird noch gehoben durch unser sichtbares Staunen über seine Erscheinung. Joja kommt uns entgegen, tritt auf uns zu, und mit kurzen Worten in Pitschin-Englisch, vermischt mit seiner eigenen Landessprache, deutet er uns an, daß wir herzlich willkommen sind. Um ihn herum stehen seine Unterhäuptlinge, alle geschmückt, hohe Gestalten auch mit Beinschmuck unter den bloßen Knien. Dann folgen alle seine Krieger, muskulöse Körper, fast alle in gleicher Größe, ein wundervolles Bild von Kraft. Die schweren Schilde, die sie tragen, sind mit Rindshaut bezogen, vier Speere haben sie in der Hand. Joja führt uns, und wir nähern uns seiner Hauptstadt Bamum, einem riesenhaften Negerdorf. Von seiner Bevölkerung werden ihm beim Passieren begeisterte Zurufe entgegengebracht. An allen Ecken und Kanten arbeiten die Palavertrommeln.

Joja führt uns in seinen Palast, dessen riesige Fassade mit den wundervollsten bunten Schnitzereien geschmückt ist, inmitten eines großen Hofes, umgeben von einer gewaltigen Lehmmauer. Wir treten in einen großen Raum ohne Stühle mit vielen Matten, und begeistert zeigt er uns jetzt die geräucherten Köpfe von seinen und seiner Vorfahren Gegnern, dann ein großes Elfenbeinhorn, das mit den Unterkiefern der erschlagenen Feinde geschmückt ist. Die Tonfabrikation scheint hoch entwickelt zu sein, überall sieht man Tonarbeiten. Sogar eine Art Kamin befindet sich in der einen Ecke des Saales. Als einziger Schmuck prangt darauf der Deckel einer europäischen Butterdose, eine brütende Henne darstellend.

Hier wurden wir nun bewirtet, zunächst mit Palmenwein, ferner mit Saft von ausgepreßten Früchten, von Ananas, Mango, Apfelsinen, Popeyen, alles zusammengemischt und dann wieder mit Palmenwein vermengt, — ein Getränk, das uns ausgezeichnet mundete. Joja saß

etwas unruhig. Sichtlich hatte er etwas vor, um uns weiter seine Macht zu zeigen. Dauernd kommen Unterhäuptlinge zu ihm herein, welche Berichte und Meldungen bringen, die wir nicht verstehen. Er gibt wieder Befehle zurück.
Nach einer Viertelstunde erhebt sich Joja und führt uns in den großen Hof, dessen Boden aus festgetretenem Lehm besteht, mit einem Baum in der Mitte, dem sogenannten Palaverbaum. Er selbst schreitet majestätisch einen andern ausgehöhlten Baum empor, in den eine Treppe eingeschnitzt ist. Auf ihm befindet sich die Kriegstrommel, die nur der König anrühren darf. Mit dumpfem Rollen ertönt die Trommel unter der Hand des Monarchen. Plötzlich fliegen vier Tore auf, und hereingebraust kommen dreitausend Krieger, ein wundervolles Bild. Im Augenblick ist alles exerziermäßig aufgestellt. Da stehen die prächtigen gleichgroßen schwarzen Gestalten mit den Unterhäuptlingen an der Spitze sich gegenüber, die Häuptlinge in Pantherfellen mit Büffelmähnen an den Knien, großen Speeren mit Bronzespitzen, unbeweglich, bis Joja das Zeichen gibt, die Kampfspiele vorzuführen. Das Kriegsgeheul ertönt: Oho ho, owahu, ua! Mit den großen Schilden aus Büffelfell prasseln sie zusammen. Ein überwältigender Anblick für den Europäer. Man ist erstaunt über die vielen gleichmäßigen Bronzegestalten und erfährt, daß sich der Häuptling in allen Fragen, welche die Kriegerkaste betreffen, über die Frauen, die sie sich wählen usw. die Entscheidung vorbehält. Die Rasse soll gleich bleiben. Alle Krüppel, die zur Welt kommen, werden sofort beiseite geschafft; sie sind hier nicht daseinsberechtigt. Nach dem Kriegstanz findet ein Speerwerfen statt. Ich war erstaunt, mit welcher fabelhaften Energie und Wucht die Speere durch die Luft gegen den Baum sausten. Der Schild, der getroffen werden mußte, war $1^1/_2$ Meter breit und 2 Meter hoch. Hier und da flogen Speere vorbei, aber die meisten trafen doch ihr Ziel.
Nach diesen Vorführungen kamen die Frauen, um einige Tänze vorzuführen. Die Krieger standen außen herum und die Mamis in der Mitte. Dann tanzten abwechselnd die Frauen um die Männer und die Männer um die Frauen.
Im Laufe des Nachmittags erließ der Häuptling eine besonders freudige Bekanntmachung zur Erhöhung des Festes. Er stiftete seinen Kriegern Palmenwein. Bald darauf ein großer Jubel überall, und man sah die Krieger in feuchtfröhlicher Stimmung beim Palmenwein.
Sehr interessant waren unsere Unterkunftsverhältnisse beim Häuptling. Überall waren Korbmöbel, Korbtische, Korbbettstellen. Sehr originell war auch die Einrichtung zum Duschen. Die Boys, die zur

Bedienung bestimmt waren, pumpten Wasser in ein Rohr, das aus einem ausgehöhlten Baumstamm bestand. Von da aus lief das Wasser durch übereinandergelegtes Schilfrohr und tropfte daran hernieder. Die beste und erfrischendste Dusche, die man sich denken konnte.

Es wurde uns auch eine Büffeljagd vorgeführt. Sie kann nur stattfinden, wenn das Gras reif und trocken ist, das so hoch wächst, daß darin Roß und Reiter verschwinden. Der Wechsel der Büffel, die gejagt werden sollten, wird in der Suhle festgestellt, dann wird ein ziemlich großes Grasgelände bestimmt, und rechts und links von ihm werden Schneisen geschnitten. In der Richtung des Windes wird Feuer angelegt; die Schneisen, in denen die Treiber laufen, dienen gleichzeitig dazu, das Übergreifen des Feuers auf das übrige Land zu verhindern. Vor der Front steht ein Dutzend Neger mit großen Schilden aus Büffelfell.

Durch das Feuer zieht sich der aufgestöberte Büffel nach vorne. Er schaut mit seinen schwarzen Augen durch das Grasland, geht aber noch nicht heraus. Rückt das Feuer näher, und ist er gezwungen herauszutreten, dann greift er auch gleich an, sobald er seine Kühe in Sicherheit gebracht hat. Im gleichen Augenblick sausen ihm die Speere der Neger von vorn in den Leib. Er greift nun wütend an, da werfen die Neger sich wie der Blitz herum auf die Erde und liegen still auf dem Rücken unter dem Schild, der sie deckt. Ihre Gewandt-

heit darin ist fabelhaft. Der Büffel kann ihnen jetzt nichts mehr anhaben, er stutzt. Das Laufen ist ihm erschwert, denn die Speere, die ihm im Leib hängen, sperren sich gegen die Erde. Er dreht sich herum, da sind die Schwarzen sofort wieder auf, und er bekommt von hinten die zweite Ladung Speere. Er tobt, wirft sich hin, will auf die Feinde los, der Schweiß tritt in Strömen heraus, aber er kann nicht mehr vor noch zurück. Eine Anzahl Speere brechen wohl ab, aber im Augenblick sind die Neger heran, erheben ein Festgeheul, und einer stößt ihn ins Blatt, daß er verendet.
Die Häuptlinge müssen für die notwendigen Arbeiten, Bahnbauten usw. Leute stellen; dafür wird ihnen der Lohn von der Regierung überwiesen, den sie unter Zurückbehaltung eines gewissen Anteils an die Leute ausbezahlen. Die Erziehung der Leute ist erstaunlich straff. Sie trainieren sich in jeder Hinsicht. Es gibt nämlich zwölf Aufgaben, die jeder aus dem Stamm fähig sein muß zu lösen, wenn er ins Mannesalter tritt. E i n e Aufgabe wird ihm gestellt, aber da er nicht weiß, welche er bekommt, muß er auf alle zwölf eingeübt sein. Deshalb trainieren diese Leute sich von Kindheit an, um im gegebenen Fall die gestellte Aufgabe zu lösen, z. B. hundertfünfzig Speere hintereinander werfen, eine bestimmte Strecke schwimmen, laufen, rudern, mit Pfeil und Bogen schießen, einen aufgegebenen Gegenstand schnitzen und einen gewissen Schmerz aushalten zu können. Mit den Übungen beginnen sie im achten bis zehnten Lebensjahr und werden so prachtvolle Athleten.
Auch über religiöse Fragen unterhielt ich mich mit den Leuten. Der evangelische Missionar verlangt, daß sie sich einen Gott vorstellen sollen. Das können diese Leute aber nicht; ohne daß sie etwas sehen, können sie sich nichts vorstellen. Der katholische Missionar kommt nun mit seiner großartigen Aufmachung an. Ein Wunderwerk wird aufgebaut, Spiegelbilder mit viel Goldverzierung aufgestellt. Die Gottesmutter Maria mit dem Jesuskind sitzt in der Mitte, rechts die Weisen aus dem Morgenland. Diese Geschichte zieht die Leute besonders an: es sind ja Schwarze dabei. Sie sehen Könige vor der Krippe knien, der Pfarrer selbst kniet nieder und betet den Jesusknaben an, und da denken sie: „Das ist der richtige Gott, der ist viel reicher als der des evangelischen Missionars."
Joja ist ein Skeptiker gegenüber der christlichen Lehre. Er fragte mich, ob unser Gott ein weißer oder ein schwarzer wäre; es könne doch nicht nur ein weißer sein, da er auch die schwarzen Menschen gemacht hätte. „Wenn alle dem Ebenbild Gottes gleichsehen, warum werden wir dann nicht weiß?" fragte er. Auch daß die Engel weiß

sein sollten, wollte ihm nicht in den Sinn. Dann fragte er mich, wann Jesus auf die Erde gekommen wäre. „Vor 1914 Jahren." Da fragte er weiter, wann wir Amerika entdeckt hätten und warum uns das Jesus nicht gleich gesagt hätte, daß wir dort auch hingehen müßten und seine Lehre verkünden.

Zu der Zeit, als ich in Kamerun war, kam die auf der Weltreise befindliche detachierte Division, bestehend aus „Kaiser", „König Albert" und „Straßburg" dorthin. Als die herrlichen Schiffe in ihrem stolzen Glanz dicht bei Duala einliefen, erschienen die Häuptlinge aus dem Innern, die eingeladen waren, die Schiffe anzusehen. Sie kamen mit Hunderten von Rindern und Ziegen an, denn der Reichtum eines Häuptlings stellt sich immer dadurch an den Tag, daß er dem Gastfreund Herden als Geschenk entgegenschickt.

So wallten die schwarzen Machthaber in ihrer ganzen Würde und Pracht herunter an die Küste. Ihnen zu Ehren wurde ein Bordfest angesetzt. Sie bestaunten die Kanonen in den Türmen, die bewegt wurden, und fragten, ob die Geschütze wohl über den Kamerunberg schießen könnten. Als ihnen dies bestätigt wurde, war ihre Achtung groß. Sekt erhöht die Begeisterung. Als sie ins Innere zurückzogen, sprachen sie in hohen Tönen von den Schiffen, die der Kaiser hatte. Aber die Engländer ließen durch die Haussa, die handeltreibend das ganze Land durchziehen, unter den Stämmen verbreiten, die Deutschen hätten sich jene Schiffe von den Engländern geliehen. Dann nahte für unser Schiff die Werftüberholungszeit, welche für die Auslandskanonenboote alle drei Jahre eintrat. Die Strecke von Duala zu dem früher benützten Kapstädter Dock war ebensoweit wie nach Deutschland, und so wurde bestimmt, daß der „Panther" nach der Heimat sollte. Ungern schieden wir von dem kostbaren Stück schwarzen Deutschlands, das keiner von uns als deutsche Erde hat wiedersehen dürfen, erreichten die Heimat am 6. Mai 1914 und gingen auf die Danziger Werft. Die notwendigen Bauten schritten schnell voran, und am 17. Juli sollten wir wieder auslaufen. Da bekamen wir unerwartet ein offenes Telegramm: „Nicht auslaufen." Wir blieben also liegen.

Und nun kam der Krieg.

Krieg und Seeschlacht

Am 2. August Mobilmachung. Das war eine Begeisterung für die Marine! Wir selber waren zuerst recht enttäuscht, daß wir keinen rechten Gegner zur See hätten, zumal unsere Regierung bei den ersten Verhandlungen mit England garantieren mußte, den englischen Kanal nicht als Kriegsschauplatz gegen Frankreich zu benützen. „Die große Armee nimmt uns wieder alle Aussicht" war das allgemeine Thema in der Marine. Aber es war doch ein wundervolles Bild, als das dritte Geschwader in Kiel von der Boje wegging. Acht Tage vorher war die „Kaiserin" als erstes Schiff durch den erweiterten Kanal gegangen. Welcher Schwung lebte auf den großen Schiffen! Auf dem „Panther" dagegen herrschte etwas gedrückte Stimmung. Was blieb uns zu tun übrig mit unserer schwachen Armierung, unseren zwei kleinen Kanonen, auf dem Fahrzeug, das zur Hälfte aus Holz bestand? Unsere erste Aufgabe war, die bei Langeland ausgelegte Minensperre zu verteidigen. Es war doch wenigstens eine Aufgabe, und man gab sich zufrieden. Man hoffte auch, gelegentlich etwas zu tun zu bekommen. Man erwartete, daß der Russe einen Vorstoß gegen Kiel machen würde und wir ein kleines Gefechtsbild erleben dürften.

Von Langeland kamen wir später zur Verteidigung von Aroe im Kleinen Belt, der damaligen Nordgrenze des schleswigschen Ostseegebietes. Vormittags und nachmittags fuhren wir je dreimal um die Insel, also Karussellfahrten. Ich setzte mich schließlich mit dem Doktor in Verbindung. Meine eigentliche Krankheit konnte er allerdings nicht heilen, denn die bestand in der heißen Sehnsucht, auf ein großes Kriegsschiff zu kommen. Ich erkundigte mich aber nach entbehrlichen Körperteilen. Die Wahl fiel auf den Blinddarm. Die Symptome einer Blinddarmentzündung begannen sich bald zu melden, so daß der Arzt mich nach Kiel schickte zur Operation. Ich wurde ins Lazarett gesteckt, und selbst der Chirurg meinte, als er die Stelle befühlte, und ich meine Empfindlichkeit äußerte, es wäre Blinddarmreizung. Am nächstfolgenden Tag wurde ich operiert, und da nach der Operation ein längerer Erholungsurlaub nötig war, wurde ich abkommandiert von „Panther". Das Opfer des überflüssigen Eingeweidezipfels hatte sich gelohnt: ich war den Blinddarm und auch den „Panther" los und kam auf das neueste Schlachtschiff „Kronprinz". Mein heißester Wunsch war erfüllt.

„Kronprinz" war das zuletzt in Dienst gestellte Schiff der Königsklasse. Welch ungeheure Arbeit ist nötig, bis ein neues Schiff mit

seiner ganz frischen Besatzung gefechtsklar geworden und als gleichwertige Einheit dem Geschwaderverbande eingereiht werden kann. Es wird gleichsam als rohes Material von der Werft übernommen. Die Werft hat das Schiff aufgebaut, aber das lebende Element ist noch nicht darin. Es gilt, den rohen Stoff nun erst einzuspielen. Acht Wochen dauern die vorbereitenden Indienststellungsarbeiten. Kein Offizier, kein Mann findet sich zunächst auf einem solchen Schiff zurecht, das etwa achthundert wasserdichte Räume in sich birgt. Die Mannschaft muß mit ihm vertraut gemacht werden, daß sie sich heimisch fühlt; die Heizer und Maschinisten müssen die Maschinen kennenlernen und ausprobieren, die Mannschaften sind an den Geschützen und verschiedenen Gefechtsapparaten einzuexerzieren; die Flut- und Lenzvorrichtungen müssen aufs genaueste beherrscht werden. Später kommen die Artillerie- und Torpedoschießübungen sowie das Fahrtexerzieren hinzu. Wenn Mannschaft und Offiziere mit allen diesen Funktionen vertraut sind, ist das Schiff gefechtsbereit und wird dem Geschwaderverbande angegliedert. Das Kriegsschiff ist die stärkste Krafteinheit, die es gibt. Es birgt an Gefechtskraft soviel in sich wie die ganze Festung Metz. Die zum Betrieb des Schiffes erforderliche elektrische Energie ist so groß wie die einer größeren Stadtzentrale, etwa von Kiel.
Während meiner ersten eineinhalb Jahre auf „Kronprinz" bis zum Mai 1916 war unsere Haupttätigkeit in der Flotte: Verbandsübung, Kriegswache auf der Jade, Artillerie- und Torpedoschießübungen, sowie die üblichen Vorstöße nach der englischen Küste in die Nordsee. Wir hatten immer gehofft, daß der Feind einmal die deutsche Küste bombardieren würde als Revanche; wir hatten doch oft an seine Tore geklopft mit der Beschießung seiner Küste; sie war Herausforderung genug. Doch immer nur Kriegswache gehen unter den gewaltigen Gefechtsapparaten, den riesigen Kanonen! Wie oft fragt man sich auf einsamer Wache: Wann schießen sie? Wann kann man die Geschützmündung von der Scheibe reißen? Können wir unsere Kolosse nicht gegen den Feind probieren? Nicht sehen, wer es besser kann? Wir hatten doch geübt im Frieden, wir wußten, jeder einzelne Mann ist ein Kerl. Wenn auch unsere Flotte zahlenmäßig den Engländern unterlegen war und im Durchschnitt auch nicht so schwere Kaliber besaß, so wußten wir doch, daß wir viele andere Vorteile hatten; zunächst unsere Mittelartillerie und die Torpedowaffe, ferner die Unterwassereinteilung. Die höhere Geschwindigkeit seiner Schiffe hatte der Engländer auf Kosten ihrer Sicherheit ermöglicht durch die Ölfeuerung. Uns boten außer dem Panzer noch die 5 Meter

breiten Schutzbunker gegen etwaige den Panzer durchschlagende Geschosse Schutz. Tirpitz' Werk war gut. Und so hofften wir immer: Wann kommt der Gewaltmensch, der den wunderbaren Geist in der Flotte ausnützt und uns an den Feind bringt?

Wenn ich nun die Seeschlacht am Skagerrak schildere, so übernehme ich selbstverständlich manches aus den Berichten von Kameraden, die auf die verschiedenen Gefechtsabschnitte verteilt waren. Mir liegt vor allem daran, eine Darstellung der Seeschlacht zu bringen, die sich nicht als ein trockner Admiralstabsbericht gibt, sondern in dem Laien die lebendige Vorstellung erweckt von der großen historischen Tat unserer Flotte, wie wir Mitkämpfenden sie empfunden haben. Ich selbst habe aus dem Sehschlitz des von mir befehligten Geschützturmes auf S.M.S. „Kronprinz" die Kampfvorgänge beobachtet.

Es war am 30. Mai. Das Dritte Geschwader lag auf Kriegswache auf der Unterjade. Es war ein diesiger Nachmittag, als plötzlich auf dem Flottenflaggschiff das Signal hochgeht: „Sämtliche Kommandanten zur Besprechung auf das Flottenflaggschiff!"

„Das hat etwas zu bedeuten", hört man aus dem Mund der Kameraden und den Unterhaltungen der Matrosen. Von allen Schiffen werden die kleinen Dampf- und Motorbarkassen ausgesetzt; sie umwimmeln das Flottenflaggschiff. „Was ist los?", neugierig fragt einer den andern. Gerüchte tauchen bereits auf. Der eine hat gehört, das Geschwader solle nach Kiel zum Torpedoschießen; es ist so der Lieblingswunsch derjenigen, die zur Ostsee gehören. Dort tauchte wieder ein Gerücht auf, wir sollten von jetzt an nach der Unterelbe verlegt werden, kurz und gut, willkommene und unwillkommene Nachrichten fegen durch das Schiff. Jeder glaubt das, was er im stillen erhofft.

Nach etwa einer Stunde ist die Sitzung beendet. Jeder ist gespannt auf die Rückkehr des Kommandanten. Die Boote kommen längsseits, der wachhabende Offizier springt ans Fallreep, der Erste Offizier eilt ebenfalls heran in der Hoffnung, etwas über das Ergebnis der Sitzung zu erfahren. Ernst und schweigend kommt der Kommandant an Bord und geht in seine Kajüte. Nichts wird bekannt. Die Spannung legt sich allmählich, man denkt: „Es ist wieder nichts."

Die Schiffe liegen klar für halbe Fahrt, wie bei Kriegswache üblich. Die Backbordwache geht abends auf Kriegswachstation, die Steuerbordwache schläft auf Hängematten. Da plötzlich morgens um 2 Uhr Trommel und Horn: „Klar Schiff zum Gefecht!" Man fegt wie der Teufel aus der Koje: „Was ist los?" Halb angezogen stürmt man auf

Deck auf seine Gefechtsstation. Man mutmaßt den Feind dicht an unseren Küsten, fragt den ersten Matrosen oder Unteroffizier von der Backbordwache: „Was ist los?" Kopfschütteln, keiner hat eine Ahnung. Die Gefechtsstation wird klargemacht, die Munitionsaufzüge probiert, die hydraulischen Einrichtungen der Höhenrichtmaschinen untersucht, die elektrische Abfeuerung wird nachgesehen, die Bereitschaftsmunition, die schweren Granaten, werden in den Turm gefördert, und endlich geht die Meldung nach der Kommandozentrale: „Turm Dora klar zum Gefecht." Immer dabei die Frage: „Was ist los? Sind feindliche Streitkräfte gemeldet?" Niemand weiß etwas; so unvorbereitet war noch nie der Befehl „Klar Schiff zum Gefecht" gekommen. Nachdem die Gefechtsstation klargemeldet, geht man an Deck. Da bietet sich im Grau der Morgendämmerung ein überwältigendes Bild: die Zerstörer kommen flottillenweise aus der Reede von Wilhelmshaven hervor, die „Schwarzen Husaren", mächtig qualmend. Drei bis vier Flottillen, jede zu zehn Booten, haben uns schon passiert. Die kleinen Kreuzer setzen sich langsam in Bewegung; weit draußen auf Schilligreede sieht man die Schlachtkreuzer Anker lichten und sich entwickeln in breiter Formation, umschwärmt von den schnellen Torpedobooten. Langsam und bedächtig kurbelt das Schlachtschiffgeschwader an und mahlt sich in die Kiellinie wuchtig aus der Jade heraus: S. M. S. „König", „Kurfürst", „Markgraf" und „Kronprinz", die neuesten und stärksten Schlachtschiffe. Sie bilden den Kern der Flotte. Rechts und links gruppieren sich die Zerstörer als U-Boot-Sicherung; die kleinen Kreuzer, gleichsam die äußere Schale, geben seitliche und achterliche Deckung, damit der Kern der Flotte nicht überraschend angegriffen werden kann.

Auf der Höhe von Cuxhaven stößt das zweite Geschwader heraus und hängt sich dem Gros an. Mit großer Fahrt durchwühlt die Schlachtflotte die Nordsee gen Norden. Die Panzerkreuzer verschwinden fern am Horizont. Es sind die Einheiten, die zuerst an den Feind herankommen und die Aufgabe haben, sich vermöge ihrer Geschwindigkeit und schweren Artillerie an dem Feind festzubeißen und ihn auf das Gros zu ziehen. Sie gehen mit äußerster Kraft voran, um den Feind aufzustöbern, begleitet von den schnellsten kleinen Kreuzern. Niemand ahnt, wohin es geht. Diesig und grau ist die Nordseeluft, die verdickt wird durch die gewaltigen Rauchschwaden. Längs der deutschen, längs der jütländischen Küste geht es immer weiter gen Norden in 15 Kilometer langer Schlachtlinie. Niemals ist solch weiter Vorstoß unternommen worden. Es ist 4 Uhr nachmittags, da meldet ein kleiner Kreuzer feindliche kleine Streitkräfte. Endlich etwas vom Feind! Vor allem aber wartet man gespannt auf die drahtlosen Telegramme von den Panzerkreuzern, deren Meldung die maßgebendste ist. Nur ein kleiner Bruchteil von den eintausendzweihundert bis eintausenddreihundert Menschen der Besatzung des Schiffes, höchstens fünfundzwanzig bis dreißig, haben Gelegenheit, den Feind mit Augen zu schauen, die andern sind im Schiffsinnern auf ihren Gefechtsstationen und warten nur gespannt ihrer Aufgabe und der Nachrichten, die von oben kommen. Man muß sich vergegenwärtigen, was der einzelne Mann zu tun hat, z. B. der Mann in der Munitionskammer, die weit unter der Wasserlinie liegt; er hat nicht nur seine Munition zu fördern; wenn eine Granate einschlägt und Brand entsteht, hat er die Flut- und die Feuerlöscheinrichtungen in Tätigkeit zu setzen, die Schotten zu schließen und vor allem auch die Lüfter anzustellen gegen giftige Gase. Alle diese Gedanken bewegen den Mann in dem Augenblick, in dem die Meldung kommt: Kampf! Er überlegt sich: „Was hast du zu tun, wenn eine Störung kommt, wenn soundso viele von deinen Kameraden tot oder verwundet liegen? Dann gilt es zunächst für die Sicherheit des Schiffes zu sorgen. Erst das Schiff! Und dann die Krankenträger rufen, dem verwundeten Freund helfen, Wiederbelebungsversuche anstellen.“ Nicht Kommandos können ihm sein Handeln vorschreiben, sondern eigner Entschlußkraft bedarf es. Jeder Mann ist eine Persönlichkeit, wenn seine Station in Frage kommt. Der Gedanke an ihre Aufgabe durchzieht die Gemüter derjenigen, die den Feind nicht sehen, sondern nur die Begeisterung durchleben können. Sie sehen nicht das Kampfbild, auf das jeder doch am meisten begierig ist, und jeder weiß sich doch abhängig von der Sicherheit des Schiffes. Sie haben auszuhalten auf ihrer Gefechtsstation, in jedem Augenblick gewärtig, durch einen Treffer erledigt zu werden.

Um ½ 5 Uhr kommt der Funkspruch: „Deutsche Panzerkreuzer im Kampf mit englischen!“ Die Stimmung im Schiff wogt auf, und die Meldung geht von der Gefechtsstation hinunter bis zum Heizer und Trimmer im dunkelsten Bunker.

Jetzt kam's darauf an für die Flotte, ihr Äußerstes herzugeben, um den Panzerkreuzern zu Hilfe zu kommen. Der Heizer jagt die Schaufel bis an die Ellbogen in die Kohlen, schmeißt sie in die Feuer und schürt die Glut auf. Der Trimmer im Bunker schleift bergeweise das Brennmaterial heran. Alles geht auf äußerste Kraft. Feuersäulen steigen aus den Schornsteinen von den überhitzten Rauchkammern auf, die Sicherheitsventile der Kessel öffnen sich und blasen. Niemals haben die Maschinen auf Probefahrten das geleistet wie heute; das Schiff fängt an zu heben infolge der erhöhten Schraubenumdrehungen. Alles ist voller Begeisterung: „Jung, nu geit 't los, nu kamt wi an 'n Feind, ditmal krigt wi em to faten!" Die Ausguckleute spähen scharf aus, ob sie Rauchwolken sehen.

Unsere Schlachtkreuzer drehen nach Süden, um den Feind auf das deutsche Gros zu ziehen; Admiral Beatty dreht auf gleichen Kurs. Die Geschütze sind geladen, die Torpedos im Rohr, die Entfernungsmesser stehen an ihren Apparaten, der Artillerieoffizier im Kommandoturm wartet auf den Augenblick, wo er Entfernungen geben und die Geschütze auf den Gegner richten kann. Mit wilder Fahrt nähern sich die Kolosse, und es beginnt ein laufendes Gefecht. Mit höchster Feuergeschwindigkeit sucht einer den andern niederzukämpfen. Was an Eisen auf den Gegner geschleudert werden kann, wird aus den Geschützen herausgefeuert. Mit 50 000 bis 60 000 Kilogramm Stahl in der Minute behämmert sich Geschwader gegen Geschwader. Beide Kreuzergruppen sind durch die Geschoßeinschläge eingehüllt in 100 bis 120 Meter hohe Wassersäulen. „Lützow", auf dem die Flagge des Admirals Hipper weht, hat die Führung unserer Kreuzer. Nur der Steven und der schneeweiße Gischt der weit vorgeschobenen Bugwelle ist sichtbar, aufgewühlt durch fast 100 000-pferdige Maschinenkräfte. Das ganze übrige Schiff bleibt verdeckt durch den immer neu aufschießenden Fontänenwald. Stichflammenartige Mündungsfeuer, doppelt so lang wie die Geschütze, blitzen bei ihm auf; es sind die vollen Breitseiten, die er schleudert. Hinter ihm jagen „Derfflinger", „Seydlitz", „Moltke" und „Von der Tann". Auch die grauen englischen Kolosse „Lion", „Princess Royal", „Queen Mary", „Tiger", „New Zealand" und „Indefatigable" werfen an Eisen heraus, was mit höchster Feuergeschwindigkeit möglich ist. Stahl prallt auf Stahl; ein dumpfes Rollen dröhnt unaufhörlich über das Meer. Da, was ist das? Bei dem grauen Koloß vom Feind, dem „Indefatigable", dem letzten Schiff der feindlichen Schlacht-

kreuzerlinie? Zwei Salven von S.M.S. „Von der Tann" schlagen kurz hintereinander ein. Dann läuft eine Feuerschlange längs der Bordwand. Kurz darauf steigen zwei Feuerarme steil aus dem Schiffskörper, in eine schwarze Rauchmasse übergehend. Man begreift noch nicht, was es bedeutet, man hat ja noch keine Schlacht mitgemacht, noch kein Kriegsschiff untergehen sehen. Da erkennt man, wie dieser gepanzerte Körper stückweise auseinandergerissen wird, wie alles, was bisher von ihm über Wasser war, in der Luft wirbelt. 300 000 Kilogramm Pulver, die das Schiff in sich barg, haben die Explosion hervorgerufen. Alles, was an Menschen und Material an Bord ist, wird mit hochgeschleudert. Granaten, Maschinen, Kanonen. Die Geschütze, die noch geladen sind, ihre vollen Breitseiten auf uns abzufeuern, überschlagen sich in der Luft. Der gewaltige Ölinhalt des Schiffes bluwwert nach oben und breitet sich, in Brand gesetzt, über der Wasserfläche aus. In dieses brennende Meer schlagen die hochgeschleuderten, glühenden Eisenteile, die letzten Reste des Schiffes zischend hinein; die Nordsee brennt und kocht . . . Über der Trümmerstätte steht unbeweglich noch lange Zeit ein ungeheurer Rauchkegel wie nach dem Ausbruch eines Vulkans.
Im Anblick dieses Schaurigen wird der Kampf mit rücksichtsloser Heftigkeit fortgesetzt. Die noch eben gewesene Lücke füllt der Hintermann aus, und „Von der Tann" sucht neues Ziel. Salve auf Salve rollt, und eine zweite Katastrophe befällt die britische Linie. Mit einer gewaltigen Explosion, von einer deutschen Salve getroffen, fliegt die „Queen Mary" in die Luft. Als ihr Hintermann, der „Tiger", im Kielwasser aufschließt, regnet es Eisenteile auf sein Deck; das war alles, was nach dem Feuer von „Seydlitz" und „Derfflinger" von der „Queen Mary" übrig war.
In diesem schweren Artillerieduell setzen von beiden Seiten die Torpedoboote ein. Der kleine Kreuzer „Regensburg" bricht vor dem deutschen Flaggschiff mit zwei Flottillen mit äußerster Kraft durch, ein unbeschreibliches Bild von Kraft und Schneid. Ein neuer Kampf der Torpedoboote entwickelt sich zwischen den Linien der großen Kreuzer und tobt mit gleicher Heftigkeit..
Gegen 7 Uhr abends stoßen unsere Panzerkreuzer auf unsere Schlachtflotte und setzen sich vor deren Spitze. Auch die deutschen Linienschiffe sichten jetzt feindliche Panzerkreuzer an Backbord. Die englische Absicht, unsere Schlachtkreuzer vom Gros abzuschneiden, ist nicht gelungen, Hipper und Scheer vereinigen sich. „Alles klar auf Gefechtsstation!" Wie durchzuckt das die Gemüter! Alles rennt, stürzt, jeder gibt's von Mund zu Mund: „Habt ihr's gehört? Minsch,

Jung, dat givt hüt wat!" Alles wird noch einmal geprüft, jedem noch eine Warnung gegeben: „Ruhe behalten! Keine Störung an den Sachen! Die Fahrstühle der Geschosse nicht verfahren!" Beim Sichten der deutschen Flotte drehen die englischen Panzerkreuzer ab und Scheer gibt Befehl: „Alles zur Jagd nach Norden ansetzen." Schnell erfolgt die Zielverteilung und in wenigen Sekunden krachen die ersten Salven der „König"- und „Kaiser"-Schiffe. Ein furchtbares Kanonengebrüll dröhnt über das Meer. Da plötzlich schieben sich vier graue Kolosse an Backbordseite der bisher von uns beschossenen Schlachtkreuzer hervor, um ihren Rückzug zu decken. Es sind die stärksten und schnellsten Linienschiffe der feindlichen Flotte, die „Queen Elisabeth", die schnelle Division, dem Kreuzergeschwader Beatty zugeteilt. Jetzt gab's Feuer. Prasselnd und mit furchtbaren Explosionen schlugen ihre gewaltigen 38-Zentimeter-Geschosse von fast 1000 Kilogramm Gewicht bei uns ein. „Kurfürst", „Markgraf" und „König" bekommen Treffer; aber zu unserm Erstaunen büßen diese unsre anscheinend unbesiegbaren Schiffe dadurch nichts von ihrer Gefechtskraft ein. Vorne, hinten, rechts und links von uns standen die turmhohen Wassersäulen, es war, als wenn das Wasser gen Himmel gesogen würde und wir als Einzigstes zurückblieben. Sauste eine volle Salve dieser Stahlriesen über das Schiff, so entstand ein derartig ohrenbetäubendes Surren, als wenn Staffeln von Flugzeugen dicht über unsere Köpfe flögen. Zuweilen fuhr „Kronprinz" durch dicht vor dem Bug einschlagende Salven. Einem gigantischen Wasserfall gleich strömten die Wassermassen unter dröhnendem Getöse über das Schiff. Es bebte ununterbrochen durch die Explosionen der in das Wasser einschlagenden Granaten. Der Feind, begünstigt durch seine überlegene Geschwindigkeit, hält sich in Entfernungen außerhalb unserer Reichweiten und strebt die vorliche Stellung an; wir drängen mit allen Mitteln heran. „Warspite" läuft aus dem Ruder und wird mit Treffern überschüttet; man beobachtet, wie eine weiße Stichflamme aus dem Achterschiff hervorschießt: das Schiff muß die Linie verlassen. Die unserige schwenkt langsam auf Ostkurs. Der Artilleriekampf rast jetzt wie ein Orkan. Es ist kein Zweifel, weitere englische Geschwader müssen eingegriffen haben, denn auch von Osten her erhalten wir jetzt Feuer. Infolge der Unsichtigkeit der Luft hatten wir von der Stellung des Feindes kein genaues Bild hier. Rauchschwaden von Explosionen dort Qualm aus den unzähligen Schornsteinen aller Größen, gleich einer riesigen Fabrikstadt, da künstliche Nebelbänke von Zerstörern und kleinen Kreuzern, all dieses untermischt mit dem Wasser-

Mit äußerster Kraft 'ran an den Feind!

„. . . Die Nummer drei fliegt in die Luft"
(Vernichtung des engl. Schlachtkreuzers „Queen Mary"
in der Skagerrakschlacht)

„Hurra! — drauf, Seydlitz!"
(„Seydlitz" brennend während der Seeschlacht)

„Einige Tage später lief der zerschossene ‚Seydlitz' durch eigene Kraft in Wilhelmshaven ein"

staub von ununterbrochenen Geschoßeinschlägen verhüllte die Bewegungen der Geschwader mit dichten Schleiern. Nur für Augenblicke taucht aus dem Dunst das Wrack der „Invincible" auf. Unsere Spitze liegt unter schwerstem Geschützfeuer. „Lützow" hat starke Schlagseite, sein Bug ist tief eingetaucht. Zerstörer umgeben ihn, die Rauchfahnen entwickeln, um ihn jetzt den Augen des Feindes zu entziehen. Weitab ist „Wiesbaden" sichtbar, manöverierunfähig auf der Seite liegend, stark in Rauch gehüllt; nur das Hinterschiff ist zu erkennen, von wo ein Geschütz feuert, das einzige, das unbeschädigt war. Ununterbrochen wird sie vom Feind unter konzentrisches Feuer genommen. Man sieht, wie von den vielen einschlagenden Geschossen ganze Teile aus der „Wiesbaden" gerissen werden, aber trotz alledem, ihr Geschütz schweigt nicht.

An Backbord tauchen plötzlich mehrere englische alte Panzerkreuzer auf. Mit höchster Salvenfolge werden sie unter Feuer genommen. In wenigen Minuten sind zwei der Gegner vernichtet. Es war kein Untergehen, sondern ein in Atome Zerreißen gepanzerter Körper. Dicke Rauchwolken sind das einzige Überbleibsel von Menschen und Schiff. Plötzlich, was ist das? Vor uns am Horizont taucht ein halbkreisförmiges Feuermeer auf wie ein Gasrohr, an dem der Reihe nach die kleinen Flämmchen entlanglaufen. Jetzt erst wird uns klar, daß das Gros der englischen Flotte eingegriffen hat. Um aus dieser taktisch ungünstigen Stellung herauszukommen, gab es nur ein Mittel: Herumwerfen der Linie. Während 100 000 Kilogramm Stahl alle dreißig Sekunden auf unsere Spitze saust, das Meer wie ein kochender Kessel brodelt und die Schiffe in der aufgepeitschten See zu rollen beginnen, wird das unendlich schwierige Manöver wie auf dem Exerzierplatz ausgeführt. Um es zu decken, weht an allen Masten das Signal: „Torpedoboote 'ran an den Feind!" Die Flagge „Schwarz-Weiß-Rot" um die Brücke gewunden, 6 Meter lange Wimpel an den Rahen, preschen sie mit äußerster Kraft, 30 Meilen Geschwindigkeit, den Bug hoch, das Heck tief im Wasser, hervor und verschwinden hinter den Fontänen. Welche prächtigen Kerle, wir sehen sie nie wieder! Eine der ersten Flottillen war die berühmte IX. („Steinbrinck"-) Flottille, deren Devise es war: „Es gibt nichts, was unklar geht." Im vollen Anlauf der Flottille an den Feind wird Steinbrincks Boot von einer schweren Granate getroffen. Es verschwindet in den Wellen, und das Rottenboot, das hinter ihm folgt, nimmt von den Überlebenden auf, was es bekommen kann, darunter den Kommandanten. Zum Zeichen, daß er weiter bei der Flottille ist, schwingt Steinbrinck seine Mütze heraus, auch hier getreu seiner Devise: „Es gibt nichts, was unklar geht." Die Flottille kommt zum Angriff. Sie feuert, und da ereilte ihn sein Schicksal. Zwei, drei, vier Granaten schlagen in Steinbrincks Boot und vernichten alles.

Während des Vorstoßes der Torpedoboote entsteht um uns Grabesstille: der Feind erkennt die größere Gefahr und hat das Feuer seiner Geschütze als Sperrfeuer gegen unsere Torpedoboote gelegt. Der Zweck ihres Einsatzes ist erfüllt, unsere Wendung konnte unbelästigt vom feindlichen Feuer ausgeführt werden.

Wir drehten also nach Süden in der Erwartung, daß sich der Feind am nächsten Morgen zum Gefecht stellen würde, und daß wir dabei günstigere Bedingungen erringen könnten, als es an diesem Abend noch möglich war. Aber auch Sir John Jellicoe zog es vor, den Kampf nicht mehr aufzunehmen; denn er fühlte das englische Weltreich auf seinen Schultern und wollte es durch keine zweite Begegnung mit der deutschen Flotte mehr aufs Spiel setzen. Bald nachdem er in den Kampf eingetreten war, hatte sein Siegesbewußtsein harte Stöße erlitten durch das, was er zu sehen und zu hören bekam. Er selbst erzählt, wie er beim Entwickeln der Flotte zur Gefechtslinie plötzlich ein Schiffswrack erblickt und natürlicherweise auf ein zerstörtes deutsches Schiff geraten habe; erst bei näherer Betrachtung mit dem Kieker wurde ihm und seinem Stabe zur größten Enttäuschung klar, daß dort alles lag, was von seinem „Invincible" übriggeblieben war.

Im Glauben, daß das ganze Deck von Sprengsplittern übersät wäre, schickt man einen Matrosen hinaus auf die Suche nach Sprengstücken, besorgt, daß vielleicht der schönste Briefbeschwerer verlorengehen könnte. Der Mann kommt zurück, den Arm mit Blumenkohl beladen und bemerkt: „Sprengsplitter hev ick nich funn, ick glöv, de Engländers hevt mit Blomenkohl schoten." Man meint, der Mann macht einen Scherz und geht selbst hinaus: Tatsächlich, das ganze Deck ist überall voll Blumenkohl. Infolge des Luftdrucks der schweren Geschütze war das Gemüsespind geplatzt, und der ganze Kohl lag über das Deck zerstreut. Aber kein Sprengstück ist zu finden. Man kann nicht verstehen, daß unser Schiff, das so furchtbar eingedeckt war von Granaten, keinen einzigen Treffer bekommen hat, während Vorder- und Hintermann, die das Schiff in seiner Längsrichtung übersehen konnten, überschüttet von den heransausenden „eisernen Koffern", geglaubt hatten: „Der arme ‚Kronprinz', da bleibt kein Stück auf dem andern."

Während der Gefechtspause gehen wir in die Messe, um uns durch ein Glas Portwein zu stärken. Man ist nicht in erhobener Stimmung, da wir nach der Heftigkeit des Kampfes unsere eigenen Verluste, die wir noch nicht übersehen konnten, größer schätzten, als es sich später herausstellte. In der Messe ist ein ziemliches Durcheinander; Scherben und Gläser liegen herum, alle Bilder sind von den Wänden gefallen durch den Luftdruck und die Erschütterungen. Doch sonderbar, ein Bild hängt, das Bild unserer Frau Kronprinzessin, und darauf steht: „Gott schütze S. M. S. Kronprinz." Unser Schutzengel! Jeder empfindet das gleiche; ehrfurchtsvoll blicken wir hinauf mit einem stillen Dank.

Die Nacht kommt, man steht auf Kriegswache. Das erste Geschwader ist vor uns, das zweite in der Mitte, am Schluß das dritte, so daß Spitze und Queue geschützt waren von den stärksten Schiffen.
Vor uns wird die dunkle Nacht plötzlich grell erleuchtet. Wir sind geblendet, als wenn der Himmel voller Blitze wäre. Lang anhaltendes gewaltiges Donnern durchdröhnt die Nacht. Die „Pommern" flog in die Luft. Auffallend weiße Feuerarme stoßen aus ihr hervor. Der Hintermann, der wenige Sekunden später an die Stelle kam, hat

nichts mehr gesehen. Niemand wurde gerettet, nur hier und dort sieht man Stücke ins Wasser schlagen. Der Rest des schönen deutschen Panzerschiffes! Nichts mehr als Atome von allem, was froh und freudig zurücksteuerte. Hier begriffen wir den Unterschied zwischen den älteren Schiffskonstruktionen und den ganz modernen. Die alte „Pommern" war durch einen einzigen Torpedotreffer erledigt worden, während die kleine aber moderne „Wiesbaden" stilliegend die ganze englische Flotte an sich vorbeipassieren und von jedem Feind sich befeuern lassen mußte und trotz allem noch bis morgens 3 Uhr geschwommen hat. Bei uns ist ernste, auf alles gefaßte Stimmung. Die Wachen stehen hinter geladenen Geschützen. Offiziere und Ausguckleute halten scharfen Ausguck. Alles lauscht gespannt auf die einlaufenden Funktelegramme. Vorn an der Spitze lebt das Gefecht mit äußerster Heftigkeit wieder auf. Feindliche Zerstörer, die an unserer ganzen Schiffslinie entlanggefahren waren und uns für das englische Gros hielten, werden von „Westfalen" erkannt und vom ersten Geschwader unter fürchterliches Feuer genommen. Im Nu gleichen sie brennenden Fackeln, aus den Ölbunkern schlagen Flammen heraus, die Hitze drückt das Öl durch die durchlöcherten Bordwände. Wasser und Boote brennen. Wirr laufen die Menschen durcheinander, einen Rettungsweg suchend, um den Flammen zu entkommen. Die schwersten Entladungen hört man in kurzen Intervallen, hervorgerufen durch die an Deck liegenden Torpedos, die sich entzünden. Das Ganze gleicht einer brennenden Allee. Ein Anblick wundervoll und schaurig zugleich. Die englische Massenüberlegenheit war hier durch einen deutschen Vorzug überwunden, der sich erst bei Nacht zeigt: der Engländer hat nämlich schlechtere Nachtaugen als der Deutsche. Ob das vom vielen Beefsteak kommt, wie man behauptet, weiß ich nicht. Aber die Tatsache hat der Krieg öfters bewiesen.

Der Morgen graut, die Spannung wächst, jeden Augenblick muß sich der Feind stellen. Ein feindlicher Panzerkreuzer wird gemeldet. Alles ist klar zum Kampf. Da voraus Scheinwerfer-Erkennungssignale. Als Antwort brüllt ihn „Thüringen" mit einer vollen Breitseite an. Diese Antwort war seine Vernichtung. Es war „Euryalus", die uns für das englische Gros hielt.

Wir erreichen die deutschen Gewässer, ohne irgend etwas vom Feinde gesehen zu haben. Zwar stand Jellicoe bei Hellwerden in der Nähe von Helgoland, aber eine Linienschiffsdivision, seine Schlachtkreuzer, die leichten Kreuzer und Zerstörer waren ihm abhanden gekommen; die berühmte Seemannschaft der Briten war der Auf-

gabe des Nachtmarsches unter ständigen Gefechten nicht Herr geworden. In diesem reduzierten Zustand seiner Streitkräfte wagte er keinen neuen Angriff.
Welch freudige Überraschung für uns, als die gegenseitigen Verluste bekannt wurden: auf englischer Seite drei Großkampfschiffe, auf deutscher nur eins; auf englischer Seite alle Großkampfschiffe im deutschen Feuer gesunken, dagegen „Lützow" in der Schlacht nur schwer beschädigt, aber noch schwimmfähig, erst auf der Rückfahrt mit zwei Torpedos von seiner eigenen Besatzung versenkt und diese gerettet. Auf englischer Seite außer den Großkampfschiffen drei Panzerkreuzer, zusammen sechs Schiffe, auf deutscher Seite außer „Lützow" nur das alte Linienschiff „Pommern", durch einen Torpedotreffer erledigt.
Die Verluste an kleineren Schiffen betrugen auf unserer Seite vier kleine Kreuzer und fünf Torpedoboote, auf englischer Seite acht Flottillenschiffe bzw. Zerstörer. Das einzige Schiff, das in der Schlacht durch Artilleriefeuer des Feindes verlorenging, ist „Wiesbaden"; und nur „Frauenlob" ist neben „Pommern" in der Nacht durch Torpedotreffer verlorengegangen.
Die Schlacht hat die Überlegenheit der deutschen Schiffe an Material und Feuerwirkung erwiesen, wie sich bei einem Vergleich der beiderseitigen Personalverluste ergibt: Auf unserer Seite hatten wir 2 586 Tote, die Engländer aber 6 446. 180 Mann haben wir als Gefangene zurückgebracht, während der Engländer nicht einen von uns gefangen hat.
Einige Tage später lief der zerschossene „Seydlitz" durch eigene Kraft in Wilhelmshaven ein. Ich besuchte den Kommandanten, Kapitän zur See v. Egidy, auf seinem Schiff, das tief überlag, aber in wenigen Monaten wieder dienstfähig gemacht worden ist, und bat ihn, mir den Untergang der „Queen Mary" zu erzählen. Egidy berichtete:
„Nie werde ich den Augenblick vergessen: wir waren um 6.20 Uhr nachmittags in einem Übergang begriffen von der Staffel zur Kiellinie. Meine Augen waren auf das Schiffsmanöver gerichtet, mein Ohr gehörte dem, was im Artillerieturm, halb über, halb hinter mir vorging. Das Schiff ist ja, wenn man's recht betrachtet, eine große Lafette für seine schweren Geschütze; und das Manöver muß sich, wenn man treffen will, soweit das irgend angeht, dem Schießen anpassen. Also: ‚Recht so. — Schumann' (so hieß mein Gefechtsrudergänger), weil eben eine Salve fallen und dazu die Drehung des Schiffes aufgehalten werden soll. Immer wird mir die näselnde Hupe

der Aufschlag-Melde-Uhr im Ohr klingen, nach dieser Salve. Ich sehe nach vorn, aufs Flaggschiff und den Vordermann — die Ohren weiter gespannt nach hinten-oben. Ein Augenblick Stille, als ob alles im Schiff den Atem anhielte, dann von irgendeinem Artilleriebeobachter, der als Erster die Stimme wiedergefunden hatte, im halb singenden, eintönigen Melde-Stakkato: ,Die Nummer drei fliegt in die Luft' — und als einzige Reaktion auf das Ungeheure, das diese Meldung in sich barg, die ruhige, klare Stimme meines braven Artilleristen, Kapitän Richard Förster: ,Zielwechsel rechts!' — genau wie bei einer Schießübung. Wäre der dicke Panzer nicht zwischen uns gewesen, ich hätte den Mann umarmt für dieses Zielwechsel rechts. Vielleicht hat's der zweite Artillerist, der Axel Löwe getan, ich hörte aber nur ein Zwiegespräch von vier Worten: ,Richard, sauber!' und ,Was! Axel!' — Dann waren sie beide wieder nur der stumme Geist, der seine Instrumente meisterte zur Vernichtung des Feindes."

„Und wie sah es aus, als die ,Queen Mary' in die Luft flog?"

„Ja, bester Luckner, ich sagte Ihnen ja schon, ich war beim Manövrieren, sah also aufs Flaggschiff und auf den Vordermann; jetzt kam es erst einmal darauf an, sauber ins Kielwasser des BdA. einzuscheren.

Als ich dann aber durchs Torpedozielfernrohr, das sie mir solange eingerichtet hielten, zum Feind hinübersah, da hat mir wohl einen Moment das Herz im Halse geschlagen.

Da stand auf eine Entfernung von 13 ½ Kilometern gegen den mattblauen Himmel eine riesige, unbewegliche graue Säule. Im unteren Teil wirbelten schwarze Massen herum. Am oberen Rande schwelte dicker schwarzer Qualm. Darüber standen wie eine Aureole glutrote Strahlenbündel von Stichflammen. Und an der Basis vorbei schob sich etwas wie ein Torpedoboot. Ein Torpedoboot? Nein, das war ja die Nr. 4 der Schlachtkreuzerlinie, der ,Tiger'. Unverkennbar an seiner Silhouette! Über 200 Meter lang, und erscheint doch winzig im Verhältnis zu der Riesensäule dort am Horizont, deren Basis muß danach 600 bis 800 Meter und die Höhe wenigstens 3000 Meter gemessen haben. Fabelhafte Dimensionen! ,Tiger' aber fuhr sozusagen unter seinem unglücklichen Schwesterschiff durch; denn während er die Stelle überfuhr, auf der vorher ,Queen Mary' geschwommen hatte, prasselten um ihn aus der Luft deren Reste nieder. —

Und der zweite Höhepunkt der Schlacht, das war am Abend, nach 9 Uhr, als Scheer uns zum zweiten Stoß mitten auf die englische Linie zu ansetzte. Wir waren umbraust von einem wahren Feuer-

orkan. Treffer auf Treffer hagelte ins Schiff. Meldung auf Meldung kam von schweren Havarien, von Feuer, von Wassereinbrüchen. Dazwischen immer wieder die gespannte Frage in den Artillerieturm: ‚Förster, hat die Artillerie k e i n Ziel?' — ‚Kein Ziel, Herr Kapitän.' — Vor uns stand von Nordwesten über Norden bis gegen Osten hin eine ununterbrochen feuernde Linie, aber kein Schiff war auszumachen, nur aufblitzende Salven, an denen man die Lage des Horizontes wenigstens erkennen konnte, alles übrige in ein schwefliges, giftiges Gelbgrau getaucht — ein schauerlich gewaltiger Eindruck. Der Feind war in einer graugelben Himmelswand verschwunden, wir dagegen fuhren vor dem klaren Osthorizont für ihn Scheibe. Ungleicher konnte das Glück seine Gaben nicht verteilen.
Da, Meldung von der Funkenbude: ‚FT vom Flottenchef: Die Panzerkreuzer 'ran an den Feind.' Das bedeutet aus der Signalsprache übersetzt: Der Verband ist selbständig, die Schiffe sind zur Entscheidung voll einzusetzen. ‚Donnerwetter', dachte ich, ‚noch mehr 'ran an den Feind?? — nun geht's nach Walhalla!' Gleich daneben drängte sich der Gedanke: ‚Wie kannst du deinen braven 1300 Seeleuten unten im Schiff noch eine letzte Freude machen, ihnen noch eine letzte Begeisterung in die Knochen gießen — daß sie hochgestimmt, mit innerem Schwung auf die große Reise gehen?' — Mir fiel nichts Besseres ein als: ‚Vom Kommandanten an alle im Schiff: Signal vom Flottenchef, die Panzerkreuzer 'ran an den Feind.' — Gleichmütig gaben's die Befehlsübermittler weiter durch Sprechrohre, Schallrohre, Telephone. Die Wiederholung durch die Empfänger unten im Schiff tönte ebenso seelenruhig zurück. Dann einige Sekunden Stille, wieder hielt das Schiff den Atem an — und nun kam ein Echo zurück ans Ohr des Kommandanten, in seiner Allgewalt das gewaltige Tosen der Schlacht übertönend: ein einziger Freuden- und Jubelschrei: ‚Hurrah! — drauf Seydlitz' (der Ruf, mit dem die Seydlitz-Kürassiere vor 170 Jahren attackierten, und den auch wir uns als Schlachtruf gewählt) — die ‚Wacht am Rhein' — ‚Haltet aus' — eine Handharmonika setzte ein — mit den Kohlenschaufeln machten die Heizer einen Höllenlärm gegen die Bunkerwände — das ganze Schiff e i n Jubel! Wahrhaftig, mir würgte es heiß die Gurgel herauf. In einem einzigen beseligenden Augenblick kam mir so die soldatische Arbeit von Jahren als Dank und Quittung meiner Besatzung zurück. Ja, d i e s Schiff, d i e s e Besatzung war in meiner Hand! — Herrliches Deutschland! Ein einziger Impuls umfing und trug uns alle. —
Und kurz darauf ein plötzliches Nachlassen, dann bald Aufhören des englischen Feuers! Es war der Augenblick, da unter dem Eindruck

unseres gesammelten Stoßes Jellicoes Nerven zusammengebrochen und mit ihnen die englische Linie auseinandergebrochen war, vor dem überlegenen Willen und Können Scheers. Es war der Augenblick, da unsere angreifenden Torpedoboote keinen Gegner mehr fanden!

Luckner, da hab' ich's gefühlt — und wir wollen's unseren Kindern und Kindeskindern übermachen als stolzes Erbe: Wir sind den Engländern überlegen gewesen."

Das ist der Tag vom Skagerrak, da deutscher Seemannsgeist dem großen Gegner solche Wunden geschlagen hat. Wie bedauerten wir, daß dieser Geist und Tirpitz' Werk erst nach jahrelanger erzwungener Zurückhaltung der Schiffe sich betätigen durften, als es zur Auswirkung solcher Erfolge in weiteren Kämpfen bereits zu spät geworden war.

ZWEITER TEIL

Das Segelschiff als Kreuzer?

Bald nach der Seeschlacht wurde ich zur besonderen Verwendung abkommandiert, kam nach einiger Zeit wieder zurück und wurde Artillerieoffizier auf dem Hilfskreuzer „Möwe".
Was hat man nicht alles versucht, ausgedacht und ausgeführt, um die Übermacht des Feindes da und dort zu durchlöchern und den eisernen Ring, mit dem die ganze Welt unser Deutschland umschnürte, ein wenig zu lüften!
In Hamburg sollte wieder einmal mein Leben eine neue Wendung nehmen.
Wir lagen mit der „Möwe" auf der Vulkanwerft und bereiteten uns zu neuen Reisen vor. Eines Abends war ich an Land gegangen zu meinem Freund, dem Reeder Dalström. Wir unterhielten uns bei einer Flasche Schwedenpunsch im bequemen Ledersessel behaglich

über meinen Lieblingsplan, nach Kriegsende mal ein paar Monate ein Segelschiff als Kapitän zu fahren, was mir noch nie zuteil geworden war. Da meldet das Dienstmädchen den Adjutanten der „Möwe". Ärgerlich brumme ich: „Kaum ist man einmal in seinem Element, gleich wird man mit Dienst belämmert." Es wäre ein dringendes Telegramm vom Admiralstab an mich da. „Was, Admiralstab? Wo de Kloken sitten? Was habe ich mit dem Admiralstab zu tun?"

Ich hätte mich morgen nachmittag im Admiralstab zu melden.

In gespannter Erwartung geht es nach Berlin. Nirgends hat mein Herz mehr gepuppert, als damals im Vorzimmer des Kapitäns Toussaint in Erwartung der Antwort auf die Frage: Was sollst du im Admiralstab?

Endlich werde ich vorgelassen. „Trauen Sie sich zu, . . ." (Was sollte ich mir zutrauen?) . . . „ein Segelschiff als Hilfskreuzer durch die englische Blockade zu bringen?"

„Darf ich Ihnen um den Hals fallen?" Das Schiff, das man vor dem Mast als Schiffsjunge und Matrose gefahren, das Schiff, das mein einziges Musloch gewesen war, jetzt als Kapitän fahren und dazu als selbständiges Kriegsschiff! Wie schnell war mein Herzenswunsch erfüllt.

„Was halten Sie für die Hauptsache?"

„Die Hauptsache ist Glück."

„Na, dann sind Sie Kommandant der Pass of Balmaha."

Die „Pass of Balmaha" war seinerzeit unter amerikanischer Flagge mit Baumwolle nach Archangelsk unterwegs gewesen, von einem englischen Kreuzer aufgegriffen und mit Prisenbesatzung nach Kirkwall zur Untersuchung geschickt, unterwegs aber von einem deutschen Unterseeboot angehalten worden. Der amerikanische Kapitän hoffte, als er das Unterseeboot sieht, sein Schiff als neutrales freizubekommen, verschließt die englische Prisenbesatzung in den Luken und läßt die Waffen über Bord werfen. Unsere U-Bootleute kommen an Bord. „Wo fahren Sie hin?" „Nach Archangelsk." „Aber das ist doch nicht der Kurs nach Archangelsk. Was habt Ihr an Bord?" „Baumwolle." „Die können wir auch gebrauchen." Der deutsche Steuermann wird an Bord geschickt; er soll das Schiff nach Deutschland segeln. Die englische Prisenbesatzung macht unerkannt und unfreiwillig die Reise nach Cuxhaven statt nach Kirkwall mit und steigt nach viertägiger Hungerkur blaßwangig aus den Luken hervor, zur größten Verblüffung des deutschen Steuermanns — Lamm heißt er —, der ganz allein die deutsche Kriegsmacht an Bord verkörpert hat. So war die „Pass of Balmaha" ein deutsches Schiff geworden, und nun war sie seit heute mein Schiff!

Am schwierigsten war es, meinen Jubel geheimzuhalten, was doch durchaus nötig war. Ich trank eine halbe Pulle Portwein ganz allein und hätte mich am liebsten selber umarmt, weil ich keinen anderen hatte. Dann fuhr ich nach Geestemünde, wo unter Leitung von Leutnant Kling das Schiff bereits auf der Tecklenborgschen Werft umgebaut wurde. Dort erfuhr ich Näheres über die Vorgeschichte des Gedankens. In mehreren Eingaben hatte Kling auf den Vorzug des Segelschiffs für Kaperfahrten infolge seiner Unabhängigkeit von Kohlen hingewiesen. Nachdem dieser Vorschlag im Admiralstab gutgeheißen war, hatte man im Hamburger Hafen jenes Dreimastvollschiff ausgewählt, das sozusagen schon an gefangene Engländer gewöhnt war.

Vor allem mußte nun vor den Werftarbeitern verschleiert werden, daß das Schiff ein Hilfskreuzer würde. Es wurde gesagt, wir bauten das Schiff zum Schulschiff um; wir ließen durchsickern, das wäre doch eine wunderbare Idee, ein Segelschiff mit einem Motor auszurüsten, um darauf gleichzeitig Motorschüler auszubilden; im übrigen hätte der Krieg gelehrt, daß die Ausbildung der Schiffsjungen ohne Takelage mangelhaft wäre, und so käme man infolge der Erfahrungen immer mehr zum Segelschiff zurück. Das leuchtete den Leuten ein. Die Räume, die für unsere zukünftigen Gefangenen bestimmt waren, erhielten in dicken Buchstaben die Aufschrift: Raum für soundsoviel Schiffsjungen.

Ich selbst durfte nicht als Offizier erscheinen, sondern trat in Geestemünde als Baurat von Eckmann aus dem Reichsmarineamt auf. Ich kam nur gelegentlich hin, um dem Fortgang des Schulschiffes „Walter" zuzusehen. Die Herren von der Tecklenborgschen Werft verwandten auf den Bau außerordentliche Liebe, so daß ich es ihnen vor allem verdanke, daß uns ein so massives Schiff unter die Füße gegeben wurde. Die Komplikationen, die sich beim Einbau des tausendpferdigen Motors ergaben, wurden glänzend überwunden. Eine Öltonnage für 480 Tonnen wurde im Unterraum eingebaut, gleichzeitig Wassertanks für 360 Tonnen frisches Wasser. Das Schiff hatte 1 852 Registertonnen, das sind über 5 000 Ladungstonnen. Proviant sollte ich für zwei Jahre mitnehmen. Das ganze Zwischendeck stand für die Gefangenen bereit; deswegen war erstaunlich viel Platz für etwa 400 Gefangene da. Für die gefangenen Mannschaften wurden die Räume, wie in der Marine üblich, mit Backregalen, die unter Deck aufgefangen werden konnten, und mit Hängematten ausgestattet.

Besondere Sorgfalt wurde darauf verwandt, den gefangenen Kapitänen und Offizieren würdige Räume einzubauen. Unter dem Salon wurden Kabinen geschaffen, jede für zwei bis drei Bewohner, eingerichtet mit Waschtischen und allem Zubehör. Außerdem hatten die Kapitäne eine große Pantry für sich und eine geräumige Messe. Für englischen und französischen Lesestoff für die Gefangenen wurde gesorgt, ein Grammophon mitgenommen und Gesellschaftsspiele Ein besonderer Raum war vorgesehen für die Bedienung der Kapitäne, die aus ihrem eigenen Personal zu ergänzen war. — Gleichzeitig galt es, unter kundiger Beihilfe die nötigen Papiere herzustellen. Von der Schwierigkeit der Arbeit macht man sich nicht leicht einen Begriff. Zunächst kam es darauf an, ein Schiff zu finden, das unserem künftigen Kreuzer im Alter und Schnitt ungefähr glich. Vor allem sollte es ein Schiff sein, das mit Holzladung fuhr, da diese infolge ihrer Leichtigkeit eine Deckslast gestattet, welche, mit Ketten befestigt, bei einer feindlichen Untersuchung nicht weggeräumt werden kann, den Zutritt zu den Luken verhindert und so das Verstecken eines geheimen Schiffsinhaltes erleichtert. Nach langem Suchen fanden wir den gewünschten Doppelgänger in dem norwegischen Vollschiff „Maletta", welches zur Zeit in Kopenhagen lag und den Feinden unverdächtig war, weil es nach Melbourne gehen sollte. Unsere ganzen Schiffspapiere mußten jetzt nach der „Maletta" gestaltet werden, und nicht nur die Papiere, sondern auch unser Schiff selbst. Barometer und Thermometer wurden aus Norwegen besorgt, ebenso Photographien von Männern und jungen Mädchen, die den Matrosen in die Kojen gehängt wurden. Unser Vorbild, die „Maletta", hatte in Kopenhagen einen neuen Ankerlichtmotor bekommen; da wir infolgedessen einen ebensolchen auf Deck stellen mußten, schrieben wir ins Logbuch: „In Kopenhagen heute bei Knudsen eine Ankerlichtmaschine bekommen und eingebaut" und setzten auf den Motor ein Schildchen mit dem echt dänischen Namen Knudsen. Nun stimmte alles wieder, wir konnten Rede und Antwort stehen. Viel Hilfe fanden diese Vorarbeiten durch Kapitän Kirchheim, während ich es selbst übernahm, die Leute auszusuchen. Es waren zwei Besatzungen zu unterscheiden, eine wirkliche Gesamtbesatzung, für die uns der Admiralstab vierundsechzig Mann genehmigt hatte, und eine für die Maletta-Komödie; diese bestand aus dreiundzwanzig Mann, d. h. aus denjenigen Mitgliedern der Gesamtbesatzung, welche norwegisch sprachen. Jeden Offizier und Mann habe ich persönlich ausgewählt und darf sagen, daß ich mich in keinem geirrt habe. Die Motorbesatzung, die ausgebildet werden mußte, ohne daß sie es ahnte wofür, wurde von der U-Boot-Abteilung gestellt. Als Mannschaft holte ich lauter gute Seeleute, die auf Segelschiffen gefahren haben. Ich ging zuerst zu der Matrosendivision und sah mir die Leute an, fragte, wo sie gefahren hätten. Wenn einer lange auf Segelschiffen gewesen war, dann horchte ich auf, überging aber den Mann mit gleichgültiger Miene. Kam ich an einen, der nur auf Dampfern gefahren hatte, dann forschte ich ihn gründlich aus und setzte scheinbar ein Kreuz in die Liste hinter seinen Namen.

Auf diese Weise konnte niemand ahnen, für welches Sonderkommando ich den allmächtigen Befehl vom Admiralstab hatte, daß mir jeder Mann zu bewilligen wäre, den ich für geeignet hielt. Auch ließ ich mir nicht merken, daß ich nach solchen angelte, die auf Schweden und Norwegern gefahren hatten. Frühere Steuerleute nahm ich besonders gern. So wurde den Männern durchs Auge ins Herz geschaut und sie genau angesehen.

Alle Ausgewählten wurden sofort auf Urlaub nach Hause geschickt. Dann sind die Leute außer Verbindung mit Kameraden, können nicht fragen und kombinieren. Inzwischen wurde für die 23 Maletta-Leute das Zeug aus Norwegen beschafft, norwegische Landschaftsbilder für die Kajüten, Lexika, Sextanten, Karten, Inventarlisten, Töpfe und Tassen mit norwegischen Stempeln, Bleistifte und Federhalter, norwegisches Geld, Proviant wie Butter und Fleisch, Schuhzeug, kurz alles, worauf das Auge fallen könnte, war „Original". Es durfte nichts Deutsches da sein. Im Salon hängt der norwegische König und „or Dronning", die Königin, auch der Schwiegervater vons Ganze, King Edward, lächelt milde von der Wand herab. Norwegische Kissen lagen da, mit der Landesflagge drauf, Hardanger Arbeiten, Briefe, die aus Norwegen an mich und meine Leute geschrieben waren, wurden besorgt, weil jeder Seemann die Zigarrenkiste voll Briefe stets mit sich herumschleppt. Ich brauchte Geschäftsbriefe und die Leute Liebesbriefe. Wir mußten damit rechnen, daß unser Schiff dem untersuchenden Feind verdächtig erschien, und er infolgedessen nicht allein die Schiffspapiere, sondern auch die Mannschaft gründlich prüfte. Angenommen, der untersuchende Offizier läßt sich vom Kapitän die Papiere irgendeines Mannes geben und stellt an diesen dann persönlich allerlei Fragen über das Aussehen seines Heimatortes, wie die größeren Nachbarorte heißen, welche Bahnverbindungen bestehen, wie der Bürgermeister oder Ortsvorsteher heißt, wo sein Bruder, Onkel oder Tante wohnt, auf welchem Schiff er vor drei Jahren war, welche Reise er mit diesem Schiff gemacht hat, oder er läßt sich einen Brief von seinen Angehörigen aus der Zeit geben:

Auf jede solche Stichprobe mußten wir vorbereitet und jede verfängliche Möglichkeit aus dem Wege geräumt werden. Auch die Photographien der Leute mußten echte Firmennamen tragen, denn jeder Photograph macht sich auf seinen Werken breit. Wieviel Originalphotos waren zu beschaffen! Ob die Braut schön, war ja egal, denn das ist Geschmacksache; wenn sie nur echt war.
Die schwierigste Arbeit waren die Briefe, da, wie gesagt, ein Seemann das Wenige an Post, was er bekommt, jahrelang aufbewahrt. Die Briefmarken mußten mit Abgangs- und Ankunftsstempeln versehen sein, für Hongkonk, Honolulu, Jokohama, wo der Betreffende eben früher gewesen war und Briefe hinbekommen hatte. Kurz und gut, Stempel aus allen Weltteilen waren erforderlich und machten raffinierte Mühe. Dann mußten die Briefe in verschiedenen Graden „alt" gemacht werden. In den norwegischen Papieren und Seefahrtsbüchern, die wir schufen, stand nicht nur, daß jeder von uns jetzt auf „Maletta" fuhr, sondern auch die anderen Schiffe, auf denen er früher gewesen war. Solch alter Seemann, der fährt seine fünfzehn oder zwanzig Jahre, da muß doch alles stimmen. Einer war mal im Lazarett gewesen, einer hatte sich das Bein gebrochen usw. Man mußte in allem sehr gewissenhaft sein. Wenn z. B. Henrik Ohlsens Vater nach dem Buche tot sein soll, so müssen seine Briefe von der Mutter und den zwei Schwestern kommen, die Daten müssen stimmen, und aus den Orten, wo er abgemustert war, muß er auch ein paar Andenken haben. Mit deutscher Gründlichkeit konnte man sich nicht genugtun, „Maletta Nr. 2" hieb- und stichfest zu machen.
In Geestemünde wohnte neben mir in Beermanns Hotel ein alter Kapitän von der Schiffsbesichtigungskommission, der interessierte sich für mich, der ich, wie gesagt, als Baurat von Eckmann dort auftrat, und fragte den Baumeister seiner Kommission, ob er mich kenne. Der antwortete, es gäbe keinen Baurat von Eckmann im Reichsmarineamt. „Habe ich das nicht gleich gedacht?" platzt mein Kapitän heraus. „Habe ich ihn nicht immer für einen Spion gehalten? Der Kerl hat ein ganz englisches Gesicht." Ihm schwillt der Kamm. Nun will es das Unglück, daß ein unaufmerksamer Beamter aus Berlin zwei Briefe, die ich dringend haben muß, statt unter Deckadresse, wie üblich, unter meinem vollen Namen nach Geestemünde ins Hotel nachschickt. Ich verhandle mit dem Oberkellner, ob er mir die Briefe für meinen Bekannten, den Grafen Luckner, herausgeben will. Er lehnt es ab, der alte Kapitän aber hat alles von ferne gesehen und geht zum Kellner: „Was wollte der Kerl?" „Er wollte die Briefe haben für den Kapitänleutnant Luckner." — „Ha!"

Ich ahnte von nichts und fahre um 7 Uhr mit dem Zuge nach Bremen als kaiserlicher Kurier im Abteil erster Klasse. Da kommt ein Herr in mein Abteil und fragt nach meinem Ausweis. Ich zeige ihn, er ist ganz verdutzt: „Entschuldigen Sie, wir suchen aber einen Spion aus Geestemünde."

Ein Todesschreck um mein Schiff durchzuckt mich; sollte der Feind schon durch Agenten den Kreuzer beobachten lassen?

„Hoffentlich kriegen Sie ihn auch."

„Ja, wir hoffen es. Es ist schon alles besetzt in Richtung Bremen, Hamburg und jenseits.

„Wo war denn der Kerl?"

„Er ist öfter in Beermans Hotel gesehen worden."

„Zum Donnerwetter, fangen Sie ihn ja. Leider hat man bei uns öfter den falschen gekriegt."

Ich komme nach Bremen in Hillmanns Hotel. Dort tritt schon wieder ein Herr auf mich zu und fragt nach meinem Ausweis. Ich dachte: „Donnerwetter, was ist denn das mit mir?" und zeige meinen Ausweis. Er erzählt von dem Spion, die Beschreibung sähe mir ähnlich, aber es sähen sich ja so viele Menschen gleich. „Haben Sie Hoffnung, den Kerl zu fassen?" „Wir wissen nur, daß er in Richtung Bremen ist."

Ich denke, das ist eine ganz verfluchte Sache, gehe ins Trokadero und bestelle mir eine Pulle Wein. Kaum sitze ich hier, kommt ein Offizier mit zwei Mann in Uniform:

„Folgen Sie mir, Sie sind verhaftet."

Jetzt werde ich wütend: „Wollen Sie Ihre eigenen Offiziere verhaften?"

„Kommen Sie nur mit, Sie können sich nachher ausweisen."

Allgemeine Aufregung im Lokal; Man wollte mit Stühlen auf mich los. „Haut den Spion!"

Wir kommen zum Hotel. Dort hole ich meinen Ausweis vor. Er zeigt mir den Steckbrief: „Englisches Aussehen, kaffeebrauner Mantel, Mütze, Pfeife." Ich sage: „Unter welchem Namen geht denn der Gesuchte?"

„Unter dem Namen Baurat von Eckmann."

„Aber das bin ja ich!"

„Na, Sie haben doch eben gesagt, Sie wären Graf Luckner?"
Die Reihe wütend zu werden, war an ihm, während ich mich sehr erleichtert fühlte und ihn auf die Möglichkeit hinwies, an den Admiralstab zu telephonieren.
Nun galt es, für unsere „Maletta" auch einen Namen zu finden, unter dem sie als Kriegsschiff fahren sollte. Mir wurde die Gnade zuteil, dem Schiff selbst den Namen zu geben. Der machte das meiste Kopfzerbrechen! Ich wollte es erst „Albatros" nennen, weil die Albatrosse mich gerettet hatten, damals, als ich in den Wellen lag. Aber es gab schon einen Minenleger dieses Namens, der an der schwedischen Küste aufgelaufen war. Dann war ich für „Seeteufel", aber meine Offiziere meinten, es müßte etwas von den weißen rauschenden Segeln hinein, und so wurde unser Kreuzer „Seeadler" getauft.
Das Schulschiff war gebaut, die Papiere in Ordnung, die Probefahrt auf der Weser gelungen. Nun wurde die Mannschaft vom Urlaub zurückgerufen. Was hatte ich für eine prächtige Besatzung! Der erste Offizier Kling hatte die Filchner-Expedition mitgemacht und verfügte über reiche Erfahrungen. Der Prisenoffizier war ein früherer Mit-Einjähriger von 1,92 Meter Höhe, dem ich zufällig auf einem Dock begegnete. Auf meine Frage: „Willst du mit?" meinte er: „Ist es ein Himmelfahrtskommando?" „Ja!" „Da mache ich mit. Pries heiße ich, und Prisen brauchst du, da bin ich doch der Richtige." Mein Artillerie- und Navigationsoffizier war Leutnant d. R. Kircheiß, ein kluger Kopf und Navigateur ersten Ranges; mein Steuermann Lüdemann, ebenso der Bootsmann, der Zimmermann und der Koch, die drei Pole des Segelschiffes, alterfahrene Leute. Der leitende Ingenieur Krause und sein Personal waren selten hervorragende Menschen. Mit der Mannschaft konnte man, was Tüchtigkeit und Zuverlässigkeit betrifft, gegen zehnfache Übermacht kämpfen. Es waren alles brave, biedere Seeleute, die ihr Leben jederzeit in die Schanze schlugen, wenn es ihr geliebtes Vaterland galt.
Das Schiff war fertig. Da verschwindet es in einer stockdunklen Novembernacht von der Weser und legt sich still draußen in der Nordsee vor Anker. Zu gleicher Zeit sammle ich meine Leute in Wilhelmshaven in dem entlegensten Punkt des Hafens selbst. Bei dem Schein einer spärlich brennenden Laterne prüfe ich an Hand der Papiere, ob alle meine Leute da sind. Alle sind sie zur Stelle. In den kleinen Dampfer, der am Kai liegt, steigen wir ein, und hinaus geht's, die Jade abwärts. Keiner von meinen Jungs wußte, wohin und wofür. Anfangs vermuten sie, daß es nach Helgoland geht. Wir

„. . . Wir hatten vollkommenen Zivilbetrieb eingeführt, behaglich und ein wenig schmuddlig." (Die norwegisch sprechende Besatzung).

„. . . Wir hatten Jeanette nicht zum erstenmal aufgetakelt"

„. . . und gingen zwischen den Färöer und Island in den Atlantik"
(Aufnahme des unerkannten „Seeadlers" von Bord eines feindlichen
Schiffes aus, das wir gleich darauf versenkten)

„. . . Unter der Flagge, auf ‚Seeadler' wollen wir feiern!"

passieren Helgoland. Die Dünung der Nordsee rollt uns entgegen. Der kleine Dampfer stampft. Die Jungs fragen sich untereinander. „Wo geit dat hen, wo seilt wi hen?" Keine Antwort.
„Hallo, wat för 'n Schip?"
Da plötzlich taucht aus der Dunkelheit ein Segelschiff vor Anker auf. An den fachmännischen Bezeichnungen der Takelage erkennen sie, daß sie alle segelschiffsbefahrene Leute sind. Die Sache scheint ihnen rätselhaft. Als der Dampfer Kurs auf den Segler nimmt, erraten sie, daß sie die Besatzung dafür sind. Schnell entern sie auf, und auf allen Mienen sieht man die neugierige Frage: „Wat sall dat?"
Sie kommen an Deck. Keine Geschütze sind zu sehen, statt dessen aber ein großer Motor unter dem Schiff.
„Wat is denn hier los?"
Ein Teil der Mannschaft geht nach unten. Dort entdecken sie ihre schönen Wohnräume. Für die Unterbringung der Leute war besonders gesorgt, da man ihnen auf Jahre hinaus die Heimat ersetzen mußte. Keine Hängematten, sondern Kojen, besondere Meßräume für die seemännischen und technischen Unteroffiziere. Der andere Teil der Ankömmlinge ging nach vorn, wo ihnen ihre Wohnräume angewiesen waren. Fix und fertig finden sie ihre Kojen. Erstaunt bleibt jeder vor der seinigen stehen und wird nicht klug, was das alles zu bedeuten hat. Norwegische Landschaften, norwegische Mädchen, die Wände mit norwegischen Flaggen bemalt. Außerdem findet jeder eine volle Seekiste mit Zivilzeug, was bisher wohl noch keinem Seemann begegnet war.
„Mensch, alles norwegisch. Taler du norsk??"
„Ja!"
„Du auch?"
„Ja!"
„Und du?"
„Ja!"
„Da ward wi nich klog ut."
Auf dem Tisch steht das Leibgericht des Seemannes, Snuten und Poten, und außerdem für jeden Tabak und Pip.
„Dat geiht hier wohl al ganz von sülwst?"
Der gesunde Appetit unterbricht erst mal das Fragen, und nach dem Essen findet ein allgemeines Beschnuppern statt.
Neugierig gehen sie zu den anderen, die in den unteren Räumen ebenso gemütlich wie die oben wohnen, nur hängt unten nichts Norwegisches, dagegen Hindenburg und Ludendorff.
„Kannst du norsk?"

„Nee!" — „Und du?" — „Nee!"
„Dat is ja puppenlustig! Wat is denn hier bloß los?"
Jetzt beginnt das Kombinieren.
Sonderbar, wenn man in die unteren Räume will, muß man erst durch einen Schrank kriechen, denn der Zugang zu den Räumen der nur deutsch sprechenden Mannschaft besteht aus geheimnisvollen Luken, die auch einer gewissenhaften Untersuchung des Schiffes verborgen blieben. Um diese Luken für die Augen des Feindes noch mehr zu verschleiern, hatten wir sie in den Fußboden des Ölzeugschrankes, des Besenschrankes usw. geschnitten. Die Schränke wurden groß gewählt, damit im Notfall sich sechs bis sieben Menschen darin sammeln konnten, um gleichzeitig aus dem Schiffsraum hinauszutreten. Alles, was verdächtig war, die zwei alten Kanonen (mehr hatte man uns nicht zubilligen mögen) und das Kriegsmaterial waren im Schiffsraum verstaut.
Die Neugierigsten gingen, als sie diese ersten Eindrücke von dem merkwürdigen Schiff gesammelt hatten, nach hinten zur Kajüte, um in Erfahrung zu bringen, für welchen Zweck das Schiff bestimmt wäre. Da wird ihnen zunächst der Befehl mitgeteilt: Anker lichten! Und hinaus geht's durch die Nordsee in unser Versteck, hinter Amrum, hinter Sylt, die Norderaue 'rauf, wo uns kein Mensch sehen konnte und die Verbindung mit der Heimat gelöst war. Hier werden die letzten Vorbereitungen getroffen und den Leuten endlich mitgeteilt, welche Aufgabe unser Schiff hat. Die Holzladung wurde an Deck gestaut. Kunstgerecht schichteten wir sie in achttägiger Arbeit so, daß kein Einblick in das Schiffsinnere möglich war.

Im Mast oben waren geheimnisvolle Türen, dahinter lagen im Hohlraum des Mastes Pistolen, Handgranaten und Gewehre, ebenso deutsche Marinemützen und -jacken. Die Türen gingen nach innen auf, hatten nach außen keine Angeln und konnten nur durch einen verborgenen Magnetdrücker geöffnet werden.

Nun wurde die Verschleierungsrolle mit der norwegischen Besatzung eingeübt. Jeder bekam seinen norwegischen Namen. Auch mußte jeder genau im Bilde sein über seinen neuen Heimatsort; aus Baedeker und anderen Reisebeschreibungen wurden Erkundigungen eingeholt. Die Photographien wurden ausgehändigt und die vielen Briefe.

Mit allem war man fertig, wir warteten nur auf günstigen Wind zum Auslaufen. Da wird uns auf einmal ein roter Strich durch alles gemacht. Ein drahtloses Telegramm befiehlt uns: „Nicht auslaufen, warten, bis U-Deutschland zurück ist." Die Sperren der englischen Blockade waren augenblicklich des Handels-U-Bootes wegen doppelt stark besetzt.

Wir warten Tage, Wochen, die „Maletta", mit der wir unter Aufbietung aller Kräfte bisher hinsichtlich des Aufbaues Schritt gehalten haben, läuft aus Kopenhagen aus, läuft uns davon! Was nun? Der ganze Plan war zerstört. Wir hatten einen Tag vor der „Maletta" abfahren wollen, damit, wenn die englische Blockadebewachung drahtlos in Kopenhagen anfragt, die Antwort kommen mußte: „Stimmt, Schiff ist abgefahren."

Die drahtlose Rückfrage war ja die gefährlichste Klippe, die zu umgehen war, und dieses technische Hilfsmittel der Neuzeit komplizierte unsere Kriegslist am allermeisten.

Der einzige Behelf, den wir nun noch hatten, war Lloyds Register, worin alle Schiffe nach Größe und Eigentümer angegeben sind. Wir konnten danach ein beliebiges Schiff nehmen, aber wir wußten nicht, wo sich dieses Schiff befand. Nach den Vermessungen stimmte mit uns die „Carmoe" überein. Wir mußten sie also nehmen. Was das heißt, die Schiffspapiere ändern! Name des Reeders, Baudaten, Werft, Länge, Tiefgang und Breite, die verschiedenen Eigentümerangaben, Versicherungsklassen, alle diese Zahlen mußten in zehn verschiedenen Papieren geändert werden, ohne die Druckschrift der Vordrucke zu schädigen. Jetzt ging es mit Tintentod 'ran an die Arbeit. Dem Leutnant Pries gelang es mit großer Sorgfalt und Liebe. Man konnte ungefähr sagen, es ging an, wenn die Beleuchtung nicht sehr hell war, und dafür konnte man durch Segeltuchbezüge vor den Lichtern sorgen.

Aber was wollte das alles sagen, wenn uns die drahtlose Telegraphie

dazwischen kam? Wir wußten ja nicht, wo sich das Schiff befände. Da brachte uns ein Zufall darauf, die neuesten norwegischen Handelsblätter durchzusehen, die wir aus Echtheitsgründen mitgenommen hatten, und wir lasen unter den Schiffsrouten: „Carmoe nach Kirkwall zur Untersuchung eingeschleppt."!!!
Welches Pech. Nun scheint alles vorbei. Pessimismus will sich regen. Neue Papiere können wir nicht herstellen, da die Verbindung mit der Heimat fehlt. Einerlei! Ich bin ein krasser Optimist. Weg mit dem Lloydsregister, es gibt noch ein anderes Register, und das ist besser und versagt nicht, das Liebesregister! Irma hieß mein Sonnenschein, „Irma" soll das Schiff heißen! Das muß gehen!
„Carmoe" wird ausradiert, alle anderen Angaben stehengelassen. Das zweimalige Wegradieren des Namens blieb aber mächtig augenfällig; die Buchstaben liefen aus. Der Adjutant sagte: „Wir dürfen den Feind nicht für dumm verkaufen." Aber was tun? Hier kann nur eine Hand helfen, die gröbste Hand an Bord.

„Schiffszimmermann, bring die Axt her und hau die ganzen Bullaugen in der Kajüte ein!"
Der Zimmermann stutzt, er sieht den Zusammenhang nicht. Es tut ihm weh, er weiß nicht, was es bedeuten soll, aber dann schlägt er los. Nachdem die Bullaugen eingeschlagen, wurden grobe Holzverschläge eingesetzt, wie sie der Seemann nach einem Sturmschaden zum notdürftigen Ersatz einbaut. Nasses Unterzeug wird in der Kajüte aufgehängt und alles durchfeuchtet, selbst die Schiebladen und Matratzen mit Eimern voll Seewasser. Man mußte gründlich sein, es durfte nichts trockenbleiben. Die Schiffspapiere selbst wurden nun sämtlich in nasses Löschpapier gepackt, damit die ganze Tinte gut durchsog bis zur etwaigen feindlichen Untersuchung. Man braucht ja dann dem Engländer nichts zu erklären, dafür waren die zerschlagenen Bullaugen und die Nässe in der Kajüte da. Ausgelaufen war die Tinte nun mal an den radierten Stellen; so sollte sie denn nun vollständig auslaufen. Für diesen zwar kleinen, aber erhabenen Zweck stellte uns der Ozean unbegrenzte und unverdächtige Mengen feuchten Stoffes zur Verfügung.
Wir liegen nun und warten auf Befehl zum Auslaufen. Da, am 19. Dezember, kommt ein Torpedoboot nach Norderau, wo wir lagen. Was will denn das? Es kommt heran, geht in der Nähe vor Anker. Wir lagen unter norwegischer Flagge mit dem Neutralitätsabzeichen außenbords.

Das Torpedoboot setzt ein Boot aus, ein Offizier kommt an Bord der „Irma", in Uniform und Pelz, tiptop. „Wo ist der Kapitän? Ich habe einen Befehl für ihn."
Wir hatten vollkommenen Zivilbetrieb eingeführt, behaglich und ein wenig schnuddlig, für die norwegische Gruppe war nur norwegisches Kommando, und ich hieß der „Gubben" (Kapitän). Die drei Wochen, die wir da gelegen hatten, waren insofern günstig, als unsere Bärte an Größe und Gestalt zugenommen hatten. Ich gewöhnte mir ordentlich das olle Seemännische wieder an, hatte ein paar große Holzschuhe, dicke, wollne Strümpfe, eine alte norwegische Hose und eine Mütze mit zwei oben zusammengebundenen Ohrenklappen.
Phlegmatisch antwortete also der Steuermann dem patenten Offizier: „Der Gubben ist achter."
Der Offizier mit dem Pelzkragen, tadellos, kommt zu mir. „Sind Sie der Kapitän?" Er starrt mich an und schreit: „Luckner . . .!!"
„Wat heet hier Luckner, wat is los?"
„Halten Sie mich nicht zum Narren!"
„Herr, können Sie nicht meine Flagge sehen? Ich bin Norweger."
„Luckner, was haben Sie denn für eine Aufgabe?"
„Ik fohr nimehr bi de Marin, ik fohr Holt for Norwegen, mit de Marin is 't doch nix mehr."
„Sie waren doch im Admiralstab? Und um mit Holz zu segeln, dazu braucht man doch nicht beim Admiralstab gewesen zu sein."
„Na, durch die Minenfelder zu fahren, scheint doch wohl eine Admiralstabsaufgabe geworden zu sein."
„Ich bitte Sie, haben Sie Vertrauen zu Ihrem Kameraden."
„Wat heet hier Vertrauen, ik fohr jetzt Holt. Hollen Se dat för en anner Schip?"
Da sagt er: „Machen Sie mich nicht konfus, bereiten Sie mir keine schlaflosen Nächte! Was soll ich mir daraus machen? Wenn mir das Vertrauen geschenkt wird, Ihr Schiff zu sehen, dann können auch Sie mir sagen, was Sie für eine Aufgabe haben."
„Ik fohr Holt no Norwegen . . ."
„Ich habe hier einen Brief abzugeben."
Ich lade ihn in meine Kajüte und er schaut umher.
„Dat is min neu Landesherr, und dat min Keunigin, de Keunig Edward is ok dor, dat is de Verwandte von min'n Keunig."
„Luckner", sagt er, „ich bitte Sie, was soll ich denken, wenn ich von Ihrem Schiff komme! Ich gehe hier weg und soll mir das zusammensetzen, was mir unmöglich ist. Sie können mir glauben, ich halte es geheim."

„Sollen Sie direkt nach Hause fahren?"
„Nein, ich soll warten in Helgoland."
Da war also vorgesorgt; gut, daß er warten sollte.
„Setzen Sie sich mal hin, ich werde es Ihnen sagen, ich bin ein deutscher Hilfskreuzer."
Da sagt er kühl, indem er aufsteht: „Wollen Sie mich für einen Narren halten? Dann danke ich Ihnen und wünsche Ihnen alles Gute."
Damit geht er kurz zur Tür und läßt mich stehen.
Das war ihm zuviel, als ich ihm das erzählte. Die Wahrheit konnte er nicht vertragen. Ein Segelschiff als Kreuzer? —!
Wie ich den Befehl aufmache, da steht zu lesen: „Auslaufen nach eigenem Ermessen."
Das war der schönste Augenblick, als ich dies den Leuten bekanntgab.

Blockadebrecher

Jetzt hatten wir uns selbst in der Hand. Freude brauste durch das Schiff. Die bösen Ahnungen, die uns schon durchzogen hatten, wichen, und der sehnsüchtigste Wunsch aller war: „Südwestwind komme nur."
Am 20. Dezember wurden nochmals alle Vorkehrungen getroffen, die Schottenketten und Brassen überholt und die Verschleierungsrolle noch einmal geübt. Wir untersuchten jeden Raum des Oberschiffes bis in den Kohlenkasten, ob nirgends etwas Deutsches vorlugte, und spielten uns gegenseitig den englischen Untersuchungsoffizier vor. Da haben mich die Jungens gehörig ausgequetscht: „Wo haben Sie den Bleistift gekauft?" „Davon habe ich mir ein

halbes Dutzend in Christiana besorgt." „Haben Sie Geschwister?" Die mußte ich alle hersagen. Wir hatten ja alle Möglichkeiten in Betracht zu ziehen. „Wolf" und „Möwe" hatten so etwas nicht nötig, sie führten an Stelle der Verschleierung Torpedos und Geschütze. Wenn ein feindlicher Hilfskreuzer nahte, während sie unter neutraler Flagge fuhren, dann ließen sie ihn herankommen, hißten die Kriegsflagge, pfefferten ihm einen Torpedo in den Leib oder pengten ihn mit Kanonen hinunter. Wir hatten nichts dergleichen und mußten damit rechnen, bei schlechtem Winde wochenlang in der Blockade zwischen England und Norwegen hin- und herzufahren. Am 21. Dezember kam leichter Südwestwind auf. Die Anker wurden gelichtet, das Ruder probiert, der Motor angewärmt, und nochmals alles überholt. Der Motor zündete krachend, und wir verließen das enge Fahrwasser der Norderaue. Das Schiff haute auf eine Sandbank auf, denn es war dort bei Hochwasser nur ein Fuß Wasser mehr, als das Schiff Tiefgang hatte. Die Masten zitterten, bewiesen aber beim Auflaufen ihre Stärke. Denn die Werft hatte gewußt, was es heißt, einen tüchtigen „Seeadler" zu bauen.

Die Norderaue hatten wir glücklich passiert, draußen vor der Boje setzten wir Segel. Es war schmuddlige Dezemberluft, naßkalt und unfreundlich; die griesgraue Nordsee frischte langsam auf. Voll standen die Segel, 2600 Quadratmeter Segelfläche, an den 50 Meter hohen Masten. Mit voller Fahrt ging es längs der deutschen Küste unter den Klängen von „Deutschland, Deutschland über alles" und des alten Seemannsliedes „La Paloma" dahin.

Von hinten wurde die deutsche Vorpostenkette durchbrochen, die auf Wache lag gegen plötzliche feindliche Angriffe. Wie waren sie überrascht, als sie plötzlich ein Schiff des Friedens durch die graue Wand des Nebels hervortreten sahen.

„Ein Segelschiff? Wo sall dat hen, wo geit de hen?" Sie vermuteten daß wir ein deutsches Schiff waren und aus der Heimat kamen. Die Vorpostenboote waren gerade verstärkt, weil die Ablösung für die Weihnachtszeit angekommen war; so standen viele Boote draußen, und trotzdem sie nach Hause wollten und Weihnachten feiern, machten sie sich in ihrer Begeisterung auf und folgten dem vollen Segler. Sie begleiteten uns ein Stück, aber wir gingen mit Segel- und Motorkraft so schnell, daß sie nicht mitkamen. Mancher von den Kameraden, den man gefragt hätte, ob er mitkommen wollte, hätte doch wohl das Weihnachtsfest vorgezogen, statt auf dem alten Windjammer ins Ungewisse zu fahren, in den Himmel oder in die Gefangenschaft. Mensch, sei froh, daß du nach Hause darfst, fühl dich doppelt mollig bei dem Gedanken! Was lauerten da für Gefahren in dem trüben Morgen! Minen, feindliche und eigene U-Boote, die einen abschießen konnten, Blockade und feindliche Kreuzer. An alles das dachten wir nicht, sondern Durch!! war unsere Devise. Wohin, war einerlei für uns.

Abends gegen 10 Uhr hatten wir schon Hornsriff. Dann kamen wir längs der dänischen Küste. Um 8 Uhr morgens sollten wir vor dem Skagerrak stehen, um für den Feind den Eindruck zu erwecken, daß wir tatsächlich aus einem neutralen Hafen kämen. Da plötzlich springt der Wind um nach Norden. Was tun? Wir können nicht weiter nach Norden. Es bleiben uns nur noch drei Wege offen. Zurück wollten wir nicht, rechts war Land, links lagen die Minenfelder. Land hat keine Lücken. Minen haben Lücken! So war der einzige Weg nach links. Der resolute Entschluß ist die beste Weisheit. Hart backbord! Alle Mann in Schwimmwesten an Deck! Und das Glück ließ uns die Lücken treffen. Wir haben den Minengürtel durchfahren und kamen unversehrt in die freie Nordsee. Der Wind frischte immer mehr auf. Wir fuhren nicht etwa an der norwegischen Küste, auch nicht in der Mitte, sondern, wer das reinste Gewissen hat, geht dem Feind am nächsten! In Sicht der englischen Küste sausten wir längs.

Wir hatten Glück, und der Seemann ist abergläubisch. In jenen Tagen, als ich den „Seeadler" bekam, war ich in Erinnerung an die wunderbare Erhaltung und Unverletzlichkeit von S. M. S. „Kronprinz" und seiner Mannschaft in der Skagerrakschlacht zu unserer Frau Kronprinzessin gegangen mit der Bitte, ob sie nicht auch unser Schutzengel sein wollte auf der weiten, gefahrvollen Fahrt. Während der vielen Vorbereitungsarbeiten hatte man nicht mehr Zeit, an dieses und jenes zu denken. In der Nacht aber, als ich an Bord ging und man der Heimat „Lebewohl" sagen sollte und von ernsten Gedanken bewegt war: Die Leute ahnen nicht, wohin es gehen soll, man ist der einzig Verantwortliche, und man kämpft mit der Frage: „Wird auch alles gelingen?" Dort draußen liegen die Minenfelder und Sperrfahrzeuge, die man durchbrechen soll . . ., da, kurz vor der Abfahrt, eilen plötzlich in der dunklen Nacht zwei Ordonnanzen heran mit dem Ruf: „Hofpost." „Hofpost?" Ein Paket „Eingeschrieben" und „Eilt", „Potsdam, Marmorpalais." Der Schlepper hat schon losgeworfen und riß uns von der Heimat ab. In der Kajüte erbrach ich mit aufgeregter Hand das Paket; wie ich das Siegel löste, da hielt ich das Bild unserer Frau Kronprinzessin mit meinem Patenkind, der Prinzessin Alexandrine, in Händen. Darunter las ich im trüben Licht der Laterne: „Gott schütze S. M. S. Seeadler!“ Wie wohl das tat! Ich empfand eine wundervolle Freude: „Jetzt kann kommen, was da will, wir hatten Vertrauen zu allem! Das Bild unserer Frau Kronprinzessin war das einzige, das in der Kajüte hing neben dem dicken Eduard und König Haakon, so, daß wir es jederzeit herabnehmen konnten, wenn uns die Kriegslist zwang, unsern Stolz als Deutsche zu verhüllen. Sie war unser Schutzengel in Sturm und Krieg, nicht nur für uns, sondern auch für die Feinde: Es gab keinen Toten, keinen Verwundeten, auch nicht beim Feind. Als unser Schiff später verlorenging, wurden alle meine Jungs gerettet, und sie haben aus den Trümmern das Bild mit in die Heimat zurückgebracht.

Am 23. Dezember kam der Tag, an den sich noch mancher erinnern dürfte, der im Norden Deutschlands lebt, der Tag, an welchem einer der schwersten Stürme unsere Küsten heimsuchte. Auch wir haben die Gewalt dieses Orkans zu spüren bekommen. Der südliche Wind hatte uns bisher ein gutes Stück von der Heimat vorwärtsgebracht, als er unter starkem Fallen des Barometers plötzlich auf Südwest umsprang. Von Stunde zu Stunde frischte er stärker auf und wuchs allmählich zum Sturm. Alle Leinwand war gesetzt bis auf Roils-, Oberbram- und die kleineren Stagsegel. Der Sturm bot die günstige Gelegenheit, um alles aus dem Schiff herauszuholen. Gerade in dieser Nacht, wo es darauf ankam, die Hauptblockaden zu durchbrechen, mußten wir ihn als ein günstiges Geschick ansehen. Mit Sturmsegeln sausten wir längs. Das Schiff lag so schwer über, daß die ganze Leebordwand unter Wasser war. Der Verkehr über Deck war nicht mehr möglich, sondern die Leute mußten an der Außenbordwand an Strecktauen laufen. Alles stand zum Biegen und Brechen. Die Masten zitterten, das Schiff bebte; Preventerketten wurden zur Verstärkung an die Vor- und Großschoten aufgesetzt. Wir mußten alles wagen, wir konnten es auch, denn wir waren vor keinem Handelsherrn verantwortlich, sondern nur vor unserem obersten Kriegsherrn. Wir mußten den Wind ausnützen, er war ein Geschenk des Himmels. Auch wenn Topp und Takel von oben kam, so war die Gefahr nicht so groß wie eine Untersuchung mit unsern schmierigen Papieren. Der Sturm pfeift und heult durch die Takelage. Hier und da brechen Schotenketten von den oberen Segeln; in wenigen Minuten ist die Leinwand aus den Liken gerissen, und ehe man die Segel festmachen kann, sieht man sie als zerfetzte Lappen hoch in der Luft über das Meer hinwegflattern. Wir laufen 15 Meilen Fahrt.

Abends elf Uhr passieren wir die erste Blockade. Alles stiert mit

den Gläsern in der Hand durch die Dunkelheit, um ein Blockadeschiff ausfindig zu machen. Die Augenblicke höchster Spannung setzen ein. Kein Schiff zu sehen. Dem Feind war das Fallen des Barometers eine Warnung gewesen, und er hatte es vorgezogen, sich in Lee der Inseln von England in Sicherheit zu bringen. Aber ein Schiff war da, das kühn die Gelegenheit ausnützte, der „Seeadler". Stampfend durchbrach er die Wogen, ein weißes Kielwasser hinter sich lassend, der Gischt wurde mit aller Kraft auseinandergepeitscht, Motor, Segel und der gute Geist, alles half und schob am Schiff; es war ein wundervolles Gefühl. Immer schwerer wird der Sturm, immer mehr Kraft liegt auf allem, was die Takelage hält und trägt, Pardunen, Wanten und Brassen, alles knarrt und zittert, angespannt wie zu straff gezogene Saiten. Viel kann man nicht mehr geben, aber man wagt!
Auch das Schiff legt sich immer mehr über. Man konnte nicht an Deck stehen, sondern saß auf der Reling oder gegen die Lichtschächte gelehnt. Die zwei kleinen Hunde, die ich mit an Bord hatte, Piperle und Schnäuzchen, lagen, als ich einmal hinunterkam, auf der Seitenwand der Kajüte, auf einem norwegischen Kissen zusammengepfercht; der Fußboden war ihnen zu schräg. Das starke Überliegen

bedeutet aber für ein Segelschiff nicht viel, da es wie ein Stehauf ist, der wieder auf die Füße kommt. Es kann über ein gewisses Maß hinaus nicht gedrückt werden. Der Sturm ist nicht das Gefährlichste, sondern die See, und diese konnte uns nicht viel schaden, da wir unter Lee von England fuhren. „Durch" blieb unsere Devise.
Wir fuhren mit brennenden Positionslampen, steuerbord grün und backbord rot: Denn hier ist reines Gewissen, wir wollen ja nur durch. Gewaltig rollt und tobt die See von achtern auf. Hier und da schla-

gen schwere Brechseen über Deck, die aber infolge des Überliegens des Schiffes wie ein Wasserfall darüber hinwegbrausen und auf der anderen Seite ins Meer hinabstürzen. Die beiden Rudermänner sind am Steuer festgeschnallt, alles schüttert von dem Druck, der auf der Takelage liegt. Von vier zu vier Stunden durchmessen wir einen Breitengrad. Mit der Uhr in der Hand rechnen wir: Jetzt ist die Sperre passiert, jetzt jene und heute nacht 12 Uhr kriegen wir Hauptsperre zwischen Shetland und Bergen. Noch eine Stunde, wenn wir die erst hinter uns hätten! Sooft Wachablösung war, hieß es: Wir haben keinen Engländer gesehen, ½ 12 Uhr nichts, ¾ 12 Uhr nichts, Mitternacht nichts. Jetzt passieren wir die Hauptsperre, aber was heißt Sperre, wenn niemand da ist? Wir geben noch eine viertel, noch eine halbe Stunde zu: Kein Feind weit und breit! Der Wind war unser Freund. Wir dachten: Der gerade Weg ist der kürzeste; wenn wir den Orkan ausnutzen, durch die Orkneys und Shetlands hindurchgehen, dann haben wir ein paar Meilen gespart. Fahren wir also direkt hindurch!

Im Begriff, den Kurs zu ändern, springt der Wind um acht Strich nach Westnordwest. Das war uns wie ein Finger Gottes: Hier gehst du nicht durch, Seeadler! Und so wurden wir hinaufgeworfen bis Island.

Wir konnten nichts tun, als uns treiben lassen, immer höher hinauf. Lieber in Eis und Schnee steckenbleiben, als zur Shetlandsperre zurück oder in die Nähe von Kirkwall! Naturgewalt ist weniger schlimm als Feindesgewalt, insonderheit seine drahtlosen Rückfragen. Am nächsten Tage fingen wir einen Funkspruch auf, der mitteilte, daß der Orkan daheim Häuser abgedeckt und besonders in Emden und Wilhelmshaven viele Schiffe losgerissen hätte.

Jetzt begann die bittere Kälte. Wir gerieten aus dem Golfstrom heraus in die Gegend, wo nur eine halbe Stunde Tag war und die Sonne, die um 11 Uhr aufging, um ½ 12 Uhr schon wieder verschwand. Die See wurde immer schwerer, weil sie weiter ausholen konnte, und die Wellen, die über Deck gingen und durch die Ritzen der Ladung liefen, erstarrten in dem grimmigen Frost; das ganze Vorschiff war bald vereist. Das

schlimmste war, daß die Taue vom Eis so verdickten, daß sie nicht mehr durch die Blöcke gingen. Wir versuchten sie mit Sauerstoffapparaten aufzutauen, aber es half nichts. Die unteren Segel, auf welche das Wasser gespritzt war, standen wie Bretter. Die geheimnisvollen Luken waren zugefroren und die vierzig Menschen unten eingepfercht, die vierundzwanzig oben aber ohne genügend Decken, der Möglichkeit beraubt, zu ihren Kojen zu gehen.

Viereinhalb Tage stand man an Deck. Die Spannung erlaubte nicht, ins Bett zu gehen, nur im Kartenhaus habe ich ein bißchen gegessen und geruht. Die Finger konnten wir nicht mehr aufkriegen, der Mund war steif von Kälte. Man rutschte auf dem spiegelblanken Deck umher, das so glatt war, daß man sich nirgends auf den Füßen halten konnte. Wohin man griff, war Eis. Aber eines war noch warm, eines dampfte, vorn und achtern, der Grogkessel. Das surrte und das schnurrte; der Deckel snakkerte so mit. Ordentlich Rum hinein, und dann mal her, das tut gut! Wenn einer von draußen hereinkam, konnte er nichts mehr fassen, er preßte das Grogglas zwischen die Hände, ließ sich nichts von dem Duft entgehen, die Dämpfe mußten den Mund erst beweglich machen. Man taute sich tatsächlich daran auf.

Wie dankte man dem, der den Grog erfunden hatte! Wenn ich an die Hamburger Bezeichnung des Grogs als Eisbrecher denke, dort oben habe ich erst die wahre Bedeutung des Wortes empfunden. Denn dort fror alles zusammen, der Dampf der Nase und des Mundes. Es federte alles um das Gesicht umher, wie um ein Walroßmaul. Leute, die daheim mit Grog renomieren, haben ja keine Ahnung davon. So richtig schmeckt er erst, wo die Sonne nicht aufgeht.

Wir mußten das Schiff sich selbst überlassen, konnten kein Tauwerk bedienen. Ein seltsames Gefühl, auf dem erstarrten Fahrzeug nicht mehr Seemann zu sein, sondern als ohnmächtiger Passagier in der Gnade des Himmels zu fahren! Wir überließen uns dem arktischen Klabautermann und durften nur damit rechnen, daß der

Wind endlich nördlich umsprang. Er tat uns auch schließlich den Gefallen, und nun kamen wir südlich und wurden mit Axt und Picke der Eislast Herr, um das Schiff wieder zum Manövrieren zu bringen. Wir setzten nun alle Segel und gingen zwischen den Färöer und Island in den Atlantik.

Eine peinliche Untersuchung

Der 25. Dezember brach an. Wir fühlten schon alles überstanden, die Blockade durchbrochen, die Eiszeit hinter uns, das freie Meer um uns, Kriegshandwerk vor uns. Da ruft morgens um 1/2 10 Uhr, während wir nichts Böses ahnten, der Ausguck von oben: „Dampfer achteraus!"

Was, hier ein Dampfer? Das kann in dieser Gegend nur ein Kreuzer sein. Ich kletterte etwas höher hinauf und gewahre einen großen Hilfskreuzer. Welches Pech nach so viel Glück. Nun kam die Ernstprobe; nun konnten wir uns fürchterlich blamieren.

„Klar zur Verschleierung!" war jetzt das Kommando.

Das bedeutete: Die nicht norwegisch sprechende Besatzung in Uniform klar bei Handwaffen unter Deck, wer nicht Gewehre oder Handgranaten hatte, legte Sprengpatronen an in der Geschoßkammer vorn, mittschiffs im Motorraum und achtern in der Sprengkammer. Dann wurden die Leute unter ihren geheimnisvollen Luken in Gruppen verteilt.

Aber zunächst sollte nicht die Waffe, sondern die Maske sprechen. Noch einmal werden die Jungs versammelt. „Wir haben uns geprüft, als wir durch die Minen gingen, im Sturm, in Eis und Schnee. Jetzt gilt es noch einmal eine Prüfung. Habt ihr Vertrauen zu euch? Bloß nicht aufgeregt scheinen! Backbordwache zur Koje, Steuerbordwache an Deck, denn je weniger wir sind, desto besser. Jeder soll etwas Beschäftigung haben, keiner sich umgucken. Daß mir keiner durchdreht! Selbstbeherrschung und echt norwegischen Benimm!"

Der Kreuzer signalisiert. „Daß ihr mir das Signal nicht etwa zu rasch erkennt, Jungs! So ein Norweger hat bloß alte unscharfe Gläser."

Unterdessen wird die Kajüte in Empfangszustand gesetzt, Matratzen 'raus, Schiebladen 'raus, alle nochmals tüchtig voll Wasser, die Unterbüxen ausgehängt, die Papiere aus dem nassen Löschpapier in der Kajüte „zum Trocknen“ ausgelegt: kurz, die „nasse Rolle“ wird gespielt.

„Un nu, Jeanette, mak di kloar!“

Unsere Hauptstärke nämlich, wodurch wir den Feind in besonderem Maße entwaffnen wollten, war die verschleierte Frau. Gegen Damen ist man artig, besonders der englische Offizier. Und wenn man als Kapitän seine Frau mitnimmt, dann tut man es nur unter Umständen, wo die Hände rein sind, man keine Bannware führt und sicher ist, der Frau keine unangenehmen Lagen zu bereiten. Dazu kam die Seemannssitte; in Norwegen und anderen Ländern ist es im Gegensatz zu Deutschland ganz gebräuchlich, daß der Kapitän auch sin Olsch an Bord hat. Da war ein Matrose von achtzehn Jahren, der das geeignete Gesicht besaß. Keine Ahnung hatte der Mann vor seiner Einschiffung gehabt, daß er diesem Umstand das Kommando auf „Seeadler“ zu verdanken hatte. Aber heimlich waren an Land schon für ihn Frauenkostüme und eine blonde Perücke gekauft worden. Alles paßte dem Mann, nichts fehlte an den zugehörigen Formen und Umrissen, nur einen schicklichen Schuh konnten wir nicht kriegen. Schmidt hatte eine solche Nummer von Fuß . . . Das war unsere Sorge. Das Kleid mußte also möglichst lang sein, nicht im modernen fußfreien Stil.

„Nu also antrekken!“

Jeanette wurde rasch aufgetakelt, ganz leicht und zart war sie geschminkt, auf die Chaiselongue gepackt, eine Decke über die großen Füße gelegt, darauf wurde Schnäuzchen gelegt. Der bellte wenigstens nicht und lag hübsch ruhig, wenn er einen so weichen Platz hatte, während Piperle losgefahren wäre, wenn Fremde kamen.

Die Frau sah recht gut aus. Nun kann man alles verschleiern, nur die Stimme nicht. Aber auch hier wurde Rat gefunden. Bei Zahnschmerzen nämlich kann der Mensch nicht reden. Einen Schal um die Backen, zwischen Zahn- und Backenwand Watte hineingestopft, naß gemacht, und die Geschwulst war da. Der arme Karl hat was ausgehalten, die Backe stand infolge der Spannung ganz prall, und es entstand ein wirklich leidendes Gesicht.

Wir hatten Jeanette heute nicht zum erstenmal aufgetakelt und von ihrer Schönheit früher schon eine Photographie genommen. Die hing jetzt vergrößert an der Kajütenwand, damit, wenn der untersuchende feindliche Offizier die Dame vor jeder Indiskretion behüten wollte, er nur zur Wand zu blicken brauchte, wo sie mit der Unterschrift hing: Mange hilsner (viele Grüße) — Din Dagmar, 1914.

Soweit war alles gut. Nun bemerkten wir aber, daß es fürchterlich nach dem Motor roch. Wir hatten ihn ja die ganze Zeit laufen lassen, und der Geruch, welcher infolge der aufgestapelten Holzladung nicht abziehen konnte, lag schwer in der Kajüte. Da konnten wir keine Räucherkerzen gebrauchen oder Kölnischwasser, sondern wir haben den Petroleumofen tüchtig schmökern lassen und die Lampe hochgeschraubt, daß sie mit kräftiger Dosis gegen den Motordunst anarbeitete bis die richtige Mischung entstand. Leider wurde Jeanette dabei ein bißchen verrußt.
Als wir wieder an Deck kamen, war das Signal deutlich zu sehen. Der Engländer hatte auch nicht länger Geduld, sondern schoß uns eine Granate vor den Bug. Das mußten wir verstehen. Wir drehen in aller Gemütlichkeit den Großtopp back, dann kommt der Kreuzer auf. Es ist der 18 000 Tonnen große britische Kreuzer „Avenge". Alle Geschütze stellten ihre Feuermündungen auf uns ein, alle Gläser sind auf uns gerichtet. Was soll das? Gegen ein Segelschiff, einen friedlichen kleinen Kauffahrer? (Ein deutscher Kreuzer würde seine Geschütze nicht gegen einen Segler gerichtet haben, der dazu noch neutrale Flagge und Neutralitätsabzeichen führte.) Ist das nicht verdächtig? Sind wir verraten? Der Atem stockt. Als der Ozeanriese quer ab von uns ist, wird mit Sprachrohr herübergerufen: „Sie werden untersucht." Hu, wie durchschauert es einen, wie kalt lief es einem den Buckel hinunter! Schnell ging ich in die Kajüte, um mich noch einmal von allem zu überzeugen. Die Unruhe, daß wir möglicherweise doch verraten sein könnten, tobte schwer in mir. In der Kajüte stand Kognak, den mir mein Freund Conrad Jäger, der große Hamburger Weinhändler, mitgegeben hatte für den Fall, daß ich noch einmal ins Examen müßte. Der Fall lag vor. Der Kognak war hundertjährig, es war noch ein Napoleon mit seinem „N" darauf. „De Alkohol, de den ollen Napoleon good dohn hett, wenn he mit de Engländers anbunn, de kannst du ok bruken." Ich korke den Napoleon auf, setze ihn an den Mund. Schon wirkt der Gegenschrecker. Noch einmal gluck gluck, und alles, was das Herzt bepackt hat, ist fest unterdrückt. Dann den Priem in den Mund . . . ich bin kein Gewohnheitspriemer, aber ein alter Kapitän muß Tabak kauen, in dem Vollbart soll ein wenig Priemsauce stehen . . . und nun wieder auf Deck. Meinen Jungs dort schenkte ich auch einen ordentlichen Kognak ein zur Beruhigung. „Jungs, jetzt kommt's drauf an, die Nerven zusammenreißen! Sich nicht verblüffen lassen! Den Feind, den wir bekämpfen wollen, auf unsern Planken als wohlwollend Neutrale zu begrüßen, ihm mit deutschen Augen unter norwegischer

Maske furchtlos ins Gesicht zu sehen. Einer für alle, alle für einen! Spielt ihr eure Rolle, ik spiel de oll Kaptein."

Auch unsere Messe hat inzwischen ihre Vorbereitung vollendet. Dort stand ein Grammophon: „It is a long way to Tipperary" . . . Wir wollten den Feind gleich sympathisch stimmen. Das reine Gewissen guckte ja jetzt aus allen Ecken hervor, aber auch wo man nicht hinsah, mußte man es wenigstens hören. Vor der Messe stand eine Ordonnanz mit einer Pulle Whisky und einem Bierglas. Wir ahnten, daß die Tommys gleich nach der Pantry streben würden. Da konnten sie sofort das Zielwasser nehmen und ihnen die Sehschärfe genommen werden. Wir waren freundliche Leute.

Ein Boot ruderte vom Kreuzer herüber. Unsere Jungs taten vollkommen gleichgültig und machten die Vorleine klar, um das Boot wahrzunehmen. Es kam längsseit mit zwei Offizieren und fünfzehn Mann. Ich schimpfte, als wenn meine Jungs nicht flink genug funktionierten, tüchtig, wie so ein oller Kaptein schimpft, damit sie gleich die norwegische Sprache hörten. Der Offizier, der zuerst an Bord kam, begrüßte mich:

„Happy christmas, captain."

„I am the captain, mister officer." (Diese Anrede paßte besser zu mir einfachen Mann, als wenn ich „Sir" gesagt hätte.)

„Happy christmas, captain?"

„O, happy christmas, mister officer! Wenn Sie in meine Kajüte herunterkommen, dann werden Sie sehen, was für ein glückliches Weihnachten wir gehabt haben!"

„Haben Sie den Sturm gehabt?"

„Jawohl, den haben wir gehabt."

„Poor captain. Wir haben hinter den Inseln gelegen."

Da dachte ich bei mir: Ja, das haben wir auch gemerkt, wir haben keinen von euch gesehen.

„Ich möchte gern Ihre Papiere sehen, captain."

Wie wir hinuntergehen (auch der zweite Offizier hatte mir ein „Frohes Weihnachten" in die Hand gedrückt), schnarrt die Platte los: „It is a long way to Tipperary." Sie freuten sich und summten mit, denn Sympathieluft wehte ihnen entgegen. Es konnte jeder fühlen: Das Schiff ist gut.

Als sie in die Kajüte eintreten, müssen sie gebückt unter dem nassen Unterzeug hindurch, die „Mischung" macht sie hüsteln. Da stutzt der erste Offizier und sieht Jeanette.

„Your wife?"

„My wife, mister officer."

Er ist ritterlich, geht auf sie zu mit den Worten: „Verzeihen Sie, daß ich Sie störe, aber wir haben unsere Pflicht zu tun", worauf Jeanette das eingeübte hohe „All right" flötete. Darauf fallen seine Blicke auf die zerschlagenen Bullaugen und auf all die Nässe in der Kajüte, und er äußert: „Weiß der Himmel, Kapitän, was haben Sie für ein Wetter gehabt!" Worauf ich zu ihm sage: „Ach, gucken Sie nicht dahin, mister officer, das kann mein Zimmermann wieder machen. Was mir aber Sorge macht, das sind meine nassen Papiere."
„Na, na, captain, daß Ihre Papiere nicht trocken sein können, wo hier das ganze Schiff eingeschlagen ist, das ist doch selbstverständlich!"
„Ja, für Sie vielleicht, aber wenn ein anderer kommt, der macht mich womöglich verantwortlich. Die Papiere sollen doch schließlich ebensolange halten wie das Schiff."
„Dann haben Sie ja meine Bescheinigung", beruhigte er mich, „seien Sie doch froh, daß Ihnen Ihr Schiff nicht ganz und gar zerschlagen ist."
„Für die Bescheinigung wäre ich allerdings dankbar", erwiderte ich.
Er nimmt ein Buch aus der Tasche, worin all die Papiere vorgedruckt sind, die er nachzusehen hat. Er hat schon viele Schiffe untersucht und alles Verdächtige eingetragen. S. M. S. „Seeadler" bekommt jetzt auch eine Seite im Buch, hoffentlich mit guten Nummern. Und so, wie er die Papiere aufruft, lege ich sie ihm vor, worauf er immer verständnisvoll nickt. Währenddessen sah sich der andere Offizier den König Eduard an und die schönen Landschaften und verglich respektvoll das Bild meiner Frau mit dem Original. Draußen kicherten die Matrosen und kriegten ihr Zielwasser, der Mann am Grammophon zog immer wieder die Tipperarywalze auf, daß bloß keine Pause dareinkam, ich hörte meine Leute lachen und sprechen, währenddessen schob ich dem Offizier einen Beleg nach dem andern hin: er schaute kaum mehr darauf und schrieb: „All right, that's all right, captain." Zwischendurch spuckte ich einmal kräftig in den Salon und reichte weiter: „Here, please, mister officer, please here." Die Stimmung war überall vorzüglich, es funktionierte buten und binnen.
Wenn der Mann ahnte, daß er auf Bajonettspitzen stand! Denn unten warteten ja meine deutschen Jungs in voller Uniform mit aufgepflanztem Seitengewehr.
Neben mir stand mein Adjutant Pries, der den ersten Steuermann darstellte, eine kolossale norwegische Gestalt. Mit ernstem Gesicht stand er da und spielte seine Rolle hervorragend.
„Where are your cargo papers?" fragte der Engländer. Der Steuer-

mann ging langsam hin und holte sie. Denn dazu ist er da. Der Kapitän darf nicht alles selber tun. Pries brachte also unsere einzigen Papiere, in welchen nicht mit Tintentod gearbeitet worden war; darin stand die Ladung genau spezifiziert. Es war bescheinigt, daß sie für die englische Regierung in Australien bestimmt wäre. Unterschrift: „Jack Johnson, british vice-consul."
„Captain, your papers are all right."
„Ich freue mich so, daß meine Papiere in Ordnung sind, das sollen sie ja wohl auch!" Und da erlebe ich den ersten Versager. In der Freude rutscht mir der Priem weg, ich will ihn stoppen, kann aber nur die Geschwindigkeit abbremsen und fühle, wie er langsam die Speiseröhre hinunterläuft. Ich muß ihn niederkämpfen, damit der Engländer nicht merkt: dem Kapitän wird übel. Wie kann ein alter Norweger seekrank werden! Nun will er das Logbuch sehen, mein Steuermann Lüdemann bringt es heran. Der Engländer sieht es genau durch. Verflixt, daß wir drei Wochen stillgelegen haben! Hiervon hängt dein Schiff ab. Der Mann muß mit Vertrauen erfüllt werden, und nun dieser innere Kampf. Immer 'rauf und 'runter in der Speiseröhre. Lieber in Nacht und Eis, als dies erleben. Um mich abzulenken, bemerke ich zu Lüdemann: „Solch einen Kamelhaarüberhang mit Kapuze, wie der Offizier hat, müßten wir auch haben gegen die Kälte."
„Nein", sagt der Offizier, „gegen die Nässe."
Der Engländer beschäftigt sich lange mit dem Logbuch, mit der Vorreise, mit dem Ankerlichtmotor, den wir bekommen haben und fragte: „Was ist denn hier, warum haben Sie drei Wochen da gelegen?"
Ich, der ich mit dem Priem herumarbeite, fühle das Entsetzen über diese Frage, und denke: Nun ist alles zu Ende. Da fällt Lüdemann trocken ein: „Jawohl, wir sind vom Reeder gewarnt worden, nicht auszulaufen wegen der deutschen Hilfskreuzer." Wie wohl wird mir über die Unerschrockenheit dieses einfachen Mannes. Der Offizier stutzt, wendet sich nach mir um mit der Frage: „Deutsche Hilfskreuzer? Wissen Sie etwas über deutsche Streitkräfte?"
„Jawohl", sag' ich, und zu mir selbst: „Jetzt wirst du dem Kerl mal was einschenken." (Ich fühle mich im Magen etwas beruhigt, seit mein Lüdemann in die Bresche sprang.) „Wissen Sie gar nichts von ‚Möwe' und ‚Seeadler'? Fünfzehn deutsche Unterseeboote sind außerdem unterwegs, so haben wir vom Reeder gehört. Wir waren doch selber besorgt, weil wir englische Ladung haben. Deshalb sind wir unterrichtet."

Der andere Offizier hatte es mit einem Male eilig. Er sah auf die Uhr und sagte zu seinem Kameraden: „Well, we are in a hurry (wir haben Eile)." Der untersuchende Offizier erhob sich, klappte die Bücher zu und bemerkte: „Well, captain, your papers are all right. Aber Sie haben ein bis anderthalb Stunden zu warten, bis Sie das Signal zum Weitersegeln bekommen."

Wie der Offizier hinausgehen will, zeigt er auf Schnäuzchen: „Looks like a german dachshound!" (Der sieht aus wie ein deutscher Dachshund.)

Ich denke: Ach Gott, laß den nur auf Jeanettes Füßen liegen. Wenn du nicht mehr Deutsche gefunden hast als den Dachshund, dann ist ja alles gut. Wir kommen auf Deck, die Engländer gehen zu ihrem Boot, ich jage rasch den Priem über die abgelegene Bordwand und fühle mich in jeder Hinsicht erleichtert. Aber die ernstesten Augenblicke standen erst bevor.

„Sie müssen anderthalb Stunden warten!" Während ich die Offiziere nach dem Boot hinbringe, hat ein Pessimist die Worte aufgefangen und sagt vor sich hin: „Na, dann ist alles verloren!" Meine Leute unten im Schiff sitzen unter Kommando von Leutnant Kircheiß in größter Spannung, wie die Untersuchung abläuft, und lauschen auf alles, was sich oben abspielt. Sie fangen das Wort auf: „Alles verloren!" und geben es weiter; von achtern, mittschiffs nach vorn pflanzt sich der Ruf von Mund zu Mund fort. Die sieben Minuten brennende Zündschnur wird angeschlagen, um das Schiff in die Luft zu sprengen. An Deck ahnt man nicht, daß unten im Schiff die Zündschnur glimmt. Im Gegenteil, man ist so befriedigt, daß alles glücklich abgelaufen ist. Mit einem Händedruck verabschiedet sich der feindliche Offizier, nochmals mit der Bemerkung: „Also, Sie warten, bis Signal vom Kreuzer kommt zur Weiterreise."

Mein erster Offizier Kling mit seiner viereckigen Polarfigur und seinen achtzehn Wörtern Norwegisch, die er mit Kunst anbrachte, drehte dem Feind den Rücken und gab den Matrosen Anweisung für die Takelage. Als die Offiziere im Boot sitzen, entsteht eine peinliche Situation: man kann ein Segelschiff nicht so auf der Stelle halten wie einen Dampfer, der einfach seine Schraube stoppt, sondern es wird immer mit langsamer Fahrt vorausgehen. Das Boot der Engländer, das dicht an unserer Schiffswand liegt, kommt nicht frei, es wird vom Schiff angesogen und treibt nach achtern heraus. Welche ungeahnte Gefahr erhob sich in diesem Augenblick! Wenn der Feind nach hinten ans Heck kam, mußte er die Schraube des Schiffes sehen. Ein Segelschiff mit Propeller, das mußte uns verraten!

Davon war nichts vermerkt in unseren Papieren, daß wir einen tausendpferdigen Motor im Leibe hatten!
Jeden Glauben meiner Leser an Geistesgegenwart bei meinem jetzigen Handeln weise ich zurück; Verzweiflung war alles. Ich laufe nach hinten, ergreife ein x-beliebiges Tau und lasse es möglichst ungeschickt über den Köpfen der Feinde hin und her baumeln, damit sie besser von der Bordwand freikommen sollten: „Take that rope, mister officer, nehmen Sie dieses Tau!" Die Folge war, daß die Feinde nach oben schauten, um vom Tauende nicht getroffen zu werden, und dadurch wurden ihre Blicke von unten weggerissen, von der Schraube abgelenkt. Das Boot kommt frei. Der Offizier dankt mir noch einmal für meine Hilfsbereitschaft, und ärgerlich, daß seine Leute im Boot nicht schneller von der Bordseite absetzten, ruft er: „I only got fools in my boat." (Ich hatte nur Narren in meinem Boot.) Ich dachte: „Ja, da hast du recht und bist selbst nicht schlecht zum Narren gehalten." Aber der Mann hatte nur seine Pflicht erfüllt, und ich wäre wohl an seiner Stelle ebenso hereingefallen. Eine britische Akademie hat freilich hinterher in einer Sitzung über Sprachstudien erklärt, daß der Hereinfall nur möglich gewesen sei infolge der bemerkenswerten britischen Unkenntnis fremder Sprachen.
Wie atmet man auf, daß die Gefahr abgewendet war. Man läuft schnell nach unten, um den Kameraden, die im Heldenkeller, abhängig von unserem Spiel, auf das Gespannteste warten, mitzuteilen, wie befriedigt der Feind abgezogen ist. Als ich mit dem Stiefelabsatz auf die geheimnisvolle Luke trete und rufe: „Macht auf!" erhalte ich keine Antwort. Ich rufe noch einmal: „Macht auf!" Plötzlich höre ich den Ruf: „Flutventile auf, Schieber auf!" Was ist das? Was ist da los? Sind die verrückt geworden? Ich rufe noch einmal, auf die Luke tretend: „Macht auf, alles klar!" Da öffnet einer die Luke und ein verstörtes Gesicht sieht mich an, der Mann läuf weg, und ein Rennen beginnt von achtern, mittschiffs nach vorn. Was ist los? Ich kann nicht verstehen. Endlich erfahre ich: Sie laufen, um die Flutventile zu schließen und die Zündschnur abzuschneiden, die das Schiff in drei Minuten in die Luft sprengen sollte. Wie ist einem da zumute! Die Zündschnur? Angeschlagen? Das Vorkommnis zeigte, wie auch die besten Vorkehrungen im Kriege durch plötzliche Verwirrung zunichte gemacht werden können. Aus dem Schreckensruf „Alles verloren!" hatten die Leute geglaubt, schließen zu müssen, daß wir verraten wären, und im Gedanken an die gefechtsmäßige Haltung des Hilfskreuzers hatten sie zu der Maßnahme gegriffen,

die ein Kriegsschiff trifft, um dem Feind nicht in die Hände zu fallen. Endlich erfahre ich aus dem Wirrwarr heraus diesen Zusammenhang. Man forscht nach, von wem der Ruf gekommen ist: „Alles verloren!" Man findet den Betreffenden, macht ihm Vorwürfe, wie er dazu komme: „Jawohl, ich habe nichts nach unten gerufen, ich habe nur vor mich hin geäußert: Anderthalb Stunden warten, dann ist alles verloren, das bedeutet Anfrage nach Kirkwall, ob ‚Irma' ausgelaufen ist. ‚Irma' gibt's ja nicht."

Der Mann hatte recht! Die Papiere waren doch in Ordnung gefunden worden, weshalb also anderthalb Stunden warten? Man eilt an Deck; es ist, als wenn einem das Herz zusammengepreßt würde. Man eilt zum Steuermann; auch der vermutet dasselbe. Wir stellen unsere drahtlose Telegraphie ein, deren Antennen unsichtbar in unsere Taue verkleidet waren. Im Geist hört man schon die Telefunken sausen: „Ist ‚Irma' ausgelaufen?" Man hat das Signalbuch und das Glas in der Hand, um sofort das Signal, wenn es hochgeht, zu erkennen. Man bedauert, nicht fünfundzwanzig Finger zu haben, um bei jedem Buchstaben einen Finger hineinzukrallen; der Schweiß der Hand drückt sich in die Seiten des Buches. Man stiert auf den Kreuzer, hängt förmlich an der Bordwand: Retten wir unsere Planken? Man spürt jetzt die schlaflosen Nächte, die Kräfte versagen. Die Minuten werden zu Viertelstunden. Da plötzlich geht ein Signal hoch. Man reißt das Glas an die Augen, aber die Hand tattert, man sieht kein Signal, sondern drei, vier Kreuzer flimmern. Mein Adjutant nimmt das Glas; auch er kann nichts sehen. Da nimmt der alte ruhige Lüdemann das Glas, legt es bedächtig auf die Reling und hält das Signalbuch in der Hand. Man hängt förmlich an seinen Augen. Was sieht er, was wird er sprechen? Die Nerven können nicht mehr, man hat sich zusammengerissen, jetzt ist's, als wenn alles auseinanderfliegt. Endlich hat er das Signal erkannt.

„T M B"

Nachblättern! Was heißt das? Was kann das sein?

„Steuermann, das kann nicht stimmen! Hier steht? P l a n e t. Unsinn! Lesen Sie das Signal noch einmal ab."

Wieder wird die Geduld auf die Probe gestellt. Man versucht den Atem anzuhalten, um die Sehschärfe zu erhöhen.

„T X B"

Noch einmal nachgeblättert! Ich hole Atem, einen kurzen Zug. Dann: „Fortsätte reisen!"

Die Erlösung! Es ist, als wenn alles stehenbleibt im Körper . . . ein unbeschreibliches Gefühl, wie die F r e u d e einströmt und die

A u f r e g u n g aus dem Körper wegdrückt, zwei Faktoren, die mit so krassem Gegensatz gegeneinandertoben. Man fühlte förmlich, wie das Herz zwei Klappen hat. Nun 'runter, wo die Jungs sind, wo Kircheiß mit seinen Leuten brave Wache ging, schnell, damit sie aufgefrischt werden, und daß keine Zündschnur wieder anbrennt.
„Leute, gerettet, R e i s e f o r t s e t z e n !"

Wie drückten sich die Hände! Sie mußten sich meistern, sie durften noch nicht herauf, damit nicht durch eine Unvorsichtigkeit alles wieder aufs Spiel gesetzt wurde. Da ging der Kreuzer an uns vorbei, keine Gläser, keine Kanonen mehr auf uns gerichtet. Da, wieder ein Signal, geheißt in der Gaffel, das Signal, das jeder Seemann dem andern wünscht; da brauchten wir kein Signalbuch mehr, das Signal: „G l ü c k l i c h e R e i s e." Konnten wir mehr verlangen vom Feind, als „Glückliche Reise"? Wir dippten unsere norwegische Flagge dreimal so recht vertrauensbestätigend, und dann ging von uns das Signal auf „D a n k e".
Der Kreuzer kam außer Sicht. Meine Jungs, die ihn noch einmal sehen wollten, kamen herauf und schauten sich durch die Bullaugen den Feind an.
„John Bull, wat hest du di verkeken! Du hest den Richtigen ‚Glückliche Reis' wünscht, di könn wi bruken."

Ein Glückwünschen! Jeder drückt seine Hand fest in die des andern: „Glückliche Reise, Kapitän!"
„Jungs, jetzt lat uns Wihnachten fiern! Jetzt hevt wi de Berechtigung."
Ich stelle es ihnen frei: „Feiern wir auf ‚Irma' oder unter deutscher Flagge auf ‚Seeadler', in Maske oder in kaiserlicher Uniform?"
„Unter der Flagge, op Seeodler, wüllt wi fiern!"
„Jungs, wißt ihr, was dann noch zu tun ist vorher? Die ganze Deckladung über Bord zu werfen."
Sie waren ja müde, aber wie die Heinzelmänner gingen sie an die Arbeit; die Laschings werden gesprengt und die Deckladung fliegt über Bord. In drei Stunden war das Deck rein, an dem wir acht Tage gebaut hatten. Unser Geschütz wurde aufgestellt, ein Probeschuß abgefeuert, ob de „olle Kanon" auch ging.
Meine Aufgabe war es inzwischen, den Weihnachtsbaum, den wir aus der Heimat mitgenommen hatten, zu schmücken. Wenn je ein Weihnachtsbaum aufgeputzt worden ist mit Liebe und aller Herzlichkeit, so tat ich es da für meine Jungs. Liebesgaben aus der Heimat

hatten wir die Menge. Da wurde aufgebaut! Und als ich fertig bin, wird gemeldet: „Die Flagge weht, die Kanone steht, S. M. S. ‚Seeadler' ist klar." Schmuck in blauen Uniformen wurde Weihnachten gefeiert. Dichtgedrängt saßen wir im Salon, in dem engen Raum; es war kaum Platz, man setzte sich auf den Tisch, damit man ja mit allen Jungs zusammensitzen konnte. Die Bilder, die da nun nicht mehr hingehörten, wurden von der Wand genommen und diejenigen aufgemacht, die hingehörten. Um unsern Schutzengel kam ein Weihnachtskranz und ein zweiter um unsern obersten Kriegsherrn. Nun ruhten aller Gedanken daheim bei den Angehörigen aus. Keiner von ihnen wußte, wo wir waren. Jede Meile brachte uns weiter weg, umringt von Feinden, keine Hilfe von der Heimat konnte uns mehr kommen. Aber, wo ein Wille ist, da ist auch ein Weg, und wir wollten dem deutschen Namen Ehre machen und den Feinden zeigen, was deutsch ist, wenn wir auch nur eine kleine Schar von vierundsechzig waren. — Und dann kam der Tag nach Weihnachten, an dem uns der Wind nach Süden brachte.

Welche Vorkehrungen hätten wir gehabt, für den Fall, daß das Schiff als verdächtig gegolten hätte? Wir waren darauf vorbereitet; denn wir kannten die Art und Weise, wie die Engländer verdächtige Fahrzeuge handhaben. Der englische Kreuzer würde uns ein Prisenkommando an Bord geschickt haben, unter dessen Befehl ich das Schiff nach dem Untersuchungshafen hätte navigieren sollen. Um in diesem Falle das Schiff möglichst ohne Blutvergießen dem Prisenkommando wieder abzunehmen, hatte Dr. Claußen von der Tecklenborgwerft folgende Vorbereitungen vorgesehen.

Der Salon sollte aus dem Schiffskörper ausgeschnitten und fahrstuhlartig in einer hydraulischen Presse aufgehängt werden. Sein Fußboden war unter Deck diagonal durch eiserne Träger unterstützt, damit er Halt hätte. War das Schiff in Feindeshand, so würden die feindlichen Offiziere und die Besatzung in diesem Salon wohnen. An Deck wären sechs oder sieben Engländer zur Bewachung meiner Zivilbesatzung.

Wenn nun der britische Kreuzer außer Sicht kam, dann wäre Alarm gegeben worden, um das Schiff wieder in unsere Hand zu bringen. In einem Waschraum war ein kleines Schränkchen, worin meine Uniform mit Orden und Ehrenzeichen hing. Ich hätte meinen Zivilmantel darübergezogen und an Deck laut das Stichwort gerufen: „Mars fallen, durchholen." Im selben Augenblick sollte die Freiwache (unsere „norwegische" Besatzung) in die Takelage gehen zu den geheimnisvollen Türen, wo ihre Waffen und Uniformen hingen.

Die Mannschaft unter Deck erhält durch ein leichtes Klingelzeichen Bescheid. Dann wäre durch das einfache Drücken auf einen Knopf der Salon in die Tiefe gesaust, mit Sofa, Tisch und Stühlen, und drunten wären die englischen Offiziere plötzlich fünfzehn Mann gegenüber gesessen, die sie mit aufgepflanztem Bajonett, Gewehr angelegt, empfangen hätten. Im gleichen Augenblick ging die deutsche Kriegsflagge hoch, die in einem Sack eingenäht war. Oben auf Deck wären meine Leute unter Trommelklang aus allen Räumen hervorgetreten, die Gewehre auf die britische Wache angelegt. Ein Maschinengewehr stand vorn, auch oben im Mast eines. Was hätten die Armen machen sollen? Es wäre glimpflich abgegangen.
Dieser Claußensche Plan war glänzend, aber es war doch gut, daß die Verschleierungsrolle gelang, denn infolge der verfrühten Abfahrt der „Maletta" war diese „Saloneinrichtung" nicht mehr ganz fertig geworden.

Kaperfahrt

Wir gingen gen Süden und steuerten mit vollen Segeln ohne Motor auf Madeira zu. Der Motor hatte trotz unserem tüchtigen Personal viele Pannen. Da ein Segelschiff durch den Druck der Segel stets nach einer Seite überliegt, wurden die Kolbenringe des Kompressors stark einseitig abgenutzt, und die Gebrauchsfähigkeit des Motors wurde besonders dadurch sehr herabgesetzt, daß das uns mitgegebene Schmieröl bereits schon einmal gebraucht war. Im Vaterlande war das Schmieröl, wie so vieles andere knapp geworden, und da unser Unternehmen nur bei wenigen, wie Kapitän zur See Graßhoff und Toussaint, Vertrauen fand, und fast von jedermann sonst als ein verlorenes angesehen wurde, so wollte man nicht viel an uns wenden. So liefen wir meist mit ausgekuppeltem Motor.
Jetzt durfte man den Salon und alle Kammern wohnlich herrichten, die schönen Teppiche, Bilder, Sessel wurden ans Licht gebracht. Was hatte die Werft brav vorgesorgt; alles hatten wir an Bord bis zu Meyers Konversationslexikon, das uns besonders wertvoll war, denn es sagte uns jeden Fisch und war Schiedsrichter in den gelehrten Streitfragen, die menschlicher Fürwitz bei so langem Bordleben aufwirft. An Deck und in den Räumen wurde überall gemalt, das Teakholz außen gescheuert, damit man sich wieder auf einem deutschen Kriegsschiff fühlte. Das Schmuddlige verschwand. Jetzt fühlte man

sich, wenn die „Plumböm", so nannten wir die Masten, sich unter den Segeln bogen. Alles war froh und frei und ohne Sorgen auf unserm Schiff. Wir hatten Weisung, nur Segelschiffe anzugreifen. Segler gegen Dampfer, das geht doch nicht! Vielleicht war auch dies der Grund, weshalb man uns so schlechte Armierung mitgegeben hatte. Von unseren zwei Kanonen konnte natürlich immer nur eine in Aktion gegen den Feind treten; mit einer Kanone konnte man kein Trommelfeuer machen. Über das Wenige, was wir hatten, wollten wir aber vollkommen Herr sein. Die Geschützmannschaft exerzierte aus eigener Lust an der Sache und war so eingeschult, daß kein Schiff eine bessere hatte. Durch Drill und Präzision waren wir ein nicht zu verachtender Gegner. Unsere Armierung war und blieb freilich schwach, und strategische Regeln und normale Kriegskunst zur See konnten ein Segelschiff nicht zu erfolgreichem Krieg befähigen, so daß das geringe Vertrauen in unsere noch nie erprobte Sache am Ende nicht so unbegreiflich war. Aber wir verließen uns auf Treue, Willen und deutschen Geist, der, wenn er frisch ist, allen über ist. Dazu die Kriegslist. Bluff und Schneid sollten unsere eigentliche, aber unsichtbare Armierung sein.

Wir hatten zwei Ausguckposten. Eine Ausgucktonne mit einem bequemen Sitz darin befand sich hoch oben im Mast. Nur ein Mann, der gemütlich und geschützt sitzt, paßt gut auf. Zweitens saß im Vormast einer von den Unteroffizieren. Derjenige, der zuerst ein Schiff meldete, bekam eine Flasche Champagner. So war da stets ein Wettgucken, denn einer gönnte dem andern die Meldung nicht. Überall arbeiteten die Augen umher, jeder hatte das Bedürfnis, die Pulle Schum zu sehen.

Es erwies sich, daß wir ein vorzügliches seemännisches Personal an Bord hatten, biedere Leute, denen keine seemännische Arbeit zuviel war und die Hand anlegen konnten, wo es galt.

In der Höhe der Straße von Gibraltar wurde am 11. Januar ein Dampfer an Backbord gemeldet. Das Jungfernschiff! Welche Aufregung. Einen Dampfer sollten wir doch nicht angreifen. Ja, man kann vieles versprechen, aber wenn vom Schiffjungen bis zum Kommandanten ein frischer Geist weht, dann hält man es nicht.

Wir heißen das Signal: „Bitte um Chronometerzeit!" Ein Segelschiff ist meist knapp mit Uhrzeit, wenn es lange von Land fern war.

Wir zeigten uns zunächst als Norweger; der Zivilmantel, der immer im Kartenhaus hing, wurde angezogen. Der Teil der Besatzung, die Waffen trug, lag hinter der Reling an Deck.

Der Dampfer kam auf uns zu, zeigte das Verstanden-Signal, den Antwortwimpel. Er kam von luvwärts, da konnten wir nicht hin. Ist es ein Engländer? Er hat keinen Namen. Dann ist es aber sicher einer, denn die sind namenlos geworden im Krieg! Auch der Bau sah nach England aus.
Er kommt näher heran und will dem alten verschlafenen Norweger die erbetene Chronometerzeit geben. „Wollen wir ihn angreifen?" fragte ich die Mannschaft, die sich durch die Speigatten den Feind anguckt. „Jo, sicher, wi gripen em, he is 'n Engländer." „Klar Schiff zum Gefecht!" Die Trommel rührt an, die Pforte fällt herunter, denn das Geschütz stand so, daß ein Teil der Reling heruntergepklappt werden konnte. Kriegsflagge hoch, Signal herunter, und dann: Schuß vor den Bug! Endlich der erste Schuß auf den Feind.
Was ist denn das? Er reagiert gar nicht, heißt aber die englische Flagge. Noch ein Schuß, bumsssssss . . . da auf einmal dreht er ab. Hallo, jetzt will er ausreißen. Noch ein Schuß über den Schornstein hinweg, dann noch einen über den Bug, und nun dreht er bei. Ehe wir's uns versehen, hatte er sein Boot zu Wasser, und Kapitän Chewn von der „Gladys Royal", der mit 5 000 Tonnen Kohle von Cardiff nach Buenos Aires unterwegs war, kam herüber, was eigentlich unsere Aufgabe war.
Der alte, schneeweiße Mann bittet mich: „Lassen Sie doch mein altes Schiff, ich fahre nach einem neutralen Hafen, ich habe Frau und Kinder daheim."
„Glauben Sie, Mister Chewn, daß ein deutsches Schiff, das hier gefunden würde, Schonung erführe?" fragte ich ihn.
Es erklärte sich jetzt, warum er auf den ersten Schuß nicht reagiert hatte. Er war der Meinung gewesen, wir schössen mit einem Böller, um nach altmodischer Art Uhrvergleich zu machen. Deswegen hatte er die britische Flagge geheißt; diese und nicht der Böllerschuß sollte die Uhrzeit angeben, wenn sie wieder herabgeholt würde. Beim zweiten Schuß hatte sein Koch eine Granate einschlagen sehen und ein U-Boot gemeldet, daher die Flucht. Erst beim dritten Schuß hatten sie unser Mündungsfeuer gesehen und dann auch die Kriegsflagge beachtet. „By jove, that's the best catch I ever saw." (Beim Himmel, das ist die beste Falle, die ich je sah.)
Ich schickte den Kapitän wieder an Bord seines Schiffes. Dann wurde von ihm, seinen Leuten und unserer Prisenbesatzung unter Leutnant Pries alles Wünschenswerte zusammengepackt und herübergeholt, insbesondere der feine Proviant, den ich ja für unsere neuen Gäste brauchte. Dann wurden die sechsundzwanzig Engländer und

Farbigen bei uns einlogiert; der Dampfer, der unserem „Admiralsschiff" Seeadler im Kielwasser gefolgt war, rasch noch photographiert. Der war ja mehr wert, als der ganze „Seeadler", und unsere Fahrt begann sich zu lohnen. Als der Abend heraufdunkelte, wurde die Sprengbombe angelegt, denn wir mußten damit rechnen, daß Kreuzer in der Nähe wären.

Nach zehn Minuten ging der Bug unter Wasser. Das Heck trotzte eine ziemliche Weile. Während es noch herausschaut, nähert sich ein Dampfer, den wir nach seinen Seitenlichtern für einen neutralen hielten, der „Unfallstelle". Es war ein Zeitraum höchster Spannung. Aber gerade noch zur rechten Zeit gibt es eine zweite Explosion, der Luftdruck reißt das Heck auseinander, eine Wasserfontäne springt auf, das Schiff verschwindet in der Tiefe und steuert seinen letzten Kurs. Eine Menge Hölzer und Bretter zeigt die Versenkstelle an, und wir fahren als harmloses Segelschiff weiter und wissen von nichts. Neutrale oder für neutral zu haltende Schiffe bedeuten für uns eine große Ungelegenheit. Hielten wir sie an und untersuchten sie, dann konnten sie uns nachher, nachdem wir sie freigegeben hatten, verraten; denn unsere Stärke bestand ja vor allem darin, daß der Feind keine Ahnung von einem Segelschiff als Hilfskreuzer hatte.

Mister Chewn war sehr erstaunt, daß ihm eine so nette Kajüte vorgesetzt wurde, noch mehr aber darüber, daß er darin der erste war. „Only me?", fragte er recht unglücklich. Wir versprachen ihm, möglichst bald für Gesellschaft zu sorgen. Bootsmann Dreyer freute sich am meisten, Feinde an Bord zu haben; endlich waren Arbeitshände genug da, um das Zwischendeck und die große Mannschaftsküche einzurichten.

Wir vermuteten in einer „guten" Gegend zu sein und steuerten weiter auf Madeira zu. Am nächsten Mittag wurde ein Dampfer gesichtet, der quer zu unserem Kurse fuhr. Auf unsere Signale reagiert er nicht. Der Motor wird klargemacht, die Schraube eingekuppelt. Wir fahren auf den Dampfer zu, bis unsere Kurse sich beinahe kreuzen. Ausweichen konnten wir nicht mehr, nur das Schiff durchdrehen und im Winde schießen lassen. Wir werden dazu gezwungen, da der Dampfer seinerseits nichts veranlaßte, um einen Zusammenstoß zu vermeiden, obwohl nach dem Straßenrecht auf See ein Dampfer jedem Segelschiff ausweichen muß. Wir erkennen in ihm einen Engländer; er passiert dicht bei 300 Meter Entfernung. Alle Segel werden aufgegeit, Kriegsflagge geheißt und sofort geschossen. Er geht mit äußerster Kraft weiter. Wieder ein Schuß.

Er dreht sein Schiff in den Wind, weil er ganz richtig glaubt, ein Segelschiff kann gegen den Wind nicht folgen. Wir fangen an rücksichtslos zu schießen, um zu treffen, sehen auch wiederholt Einschläge am Schiff, bis endlich ein Treffer an Deck einschlägt. Man sieht die Menschen an Bord hin und her laufen, hört die Dampfpfeife heulen. Die Schraube stoppt. Wir fahren näher, und weil der Kapitän das Leben seiner Mannschaft so kalt gefährdet hatte, setzten wir kein Boot aus, sondern ließen sie zur Strafe selbst herüberkommen.

Es war die „Lundy Island", ein schöner großer Dampfer, offenkundig auf der Heimreise, denn die Deckmalerei war schon überall fertig.

Die Ruderkette des Dampfers war von der Granate getroffen, er gehorchte dem Steuer nicht mehr. Schon nach dem ersten Schuß war der schneidige Kapitän gezwungen gewesen, selbst ans Ruder zu gehen, weil alles davonlief. Nachdem denn alle seine Leute planlos ihre Boote zu Wasser gelassen hatten, war er allein an Bord zurückgeblieben und lief mit seiner Handtasche auf der Brücke hin und her.

Die feindliche Mannschaft ruderte so schlecht, daß wir Erbarmen fühlten und schließlich ein eigenes Boot aussetzten.

Im letzten Boot kommt der Kapitän an, ich lasse ihn nach Achterdeck bitten und halte ihm seinen Leichtsinn vor. Weshalb er sich nur so benommen hätte?

In diesem Augenblick kommt unser Schiffsarzt, Dr. Pietsch, der schon auf „Möwe" eine Kaperfahrt mitgemacht hatte.

Die beiden stutzen und sehen sich an.

„Hallo, Kapitän!"

„Hallo, Doktor!"

Kapitän Barton hatte schon einmal durch die „Möwe" sein Schiff verloren und befand sich nun wieder auf seiner ersten Ausfahrt nach der Freilassung von der „Möwe". Er hatte sich eingebildet, wir würden ihn hängen, weil er bei seiner ersten Gefangennahme einen Revers unterschrieben hatte, sich nicht mehr im Kriege zu betätigen Aus diesem Grund hatte er alles daran gesetzt, zu entkommen. Er fühlte sich erleichtert, als ich ihm sagte, der Revers bezöge sich nur auf kriegerische Handlungen, auf einem Dampfer könnte er ruhig fahren. Sein tapferes Verhalten fand überall Anerkennung.

Die „Lundy Island" hatte 4 500 Tonnen Zucker aus Madagaskar. Da sehr rauhes Wetter war, wurde das Schiff nicht durch Sprengbomben, sondern durch Granatfeuer versenkt. Wer sich außer uns

am meisten über den Gästezuwachs freute, war Kapitän Chewn. Auch die Mannschaften fanden Bekannte untereinander. Wir hatten nun schon verschiedene Rassen an Bord, Weiße, Schwarze und Malaien. Die Leute äußerten weit weniger Kummer über die Versenkung der Schiffe, als vermutlich die französische Regierung empfand, für welche der Zucker bestimmt gewesen war.
Eines Morgens tauchte im Nordostpassat ein Schiff mit vollen Segeln auf und kam schnell näher. Wir erkannten eine große Bark, die, als sie uns sah, stolz die Trikolore heißte, dann das Signal: „Was gibt es Neues vom Krieg?" Wir steuern dicht heran, heißen Kriegsflagge und das Signal: „Drehen Sie bei." Er gehorcht sofort. Das Prisenboot setzt hinüber; nachdem die feindliche Besatzung all ihr Hab und Gut gepackt, wird sie zu uns herübergenommen.
Man muß den Franzosen kennen: Es ist ihm stets besonders schmerzlich, sein Schiff zu verlassen, mit dem ihn eine besondere Heimatliebe verbindet. Kein französischer Matrose fährt auf einem fremden Schiff und kein Nichtfranzose auf einem französischen, während bei den andern Nationen die Schiffsmannschaft bunt durcheinandergeht. Auch hat der Franzose ein anderes Seemannsgesetz; das Desertieren ist bei ihm ein außerordentlich schweres Vergehen, während es auf manchem anderen Schiff höchstens mit 20 Mark gebüßt wird.
Es war die „Charles Gounod", die mit Mais von Durban kam. Ich habe ein sehr bescheidenes Musikverständnis, aber mein Lieblingslied ist Gounods „Liebchen komm' mit in das duftige Grün". Nun muß ich also gerade meinen Lieblingskomponisten versenken! Der Kapitän imponierte mir außerordentlich, nicht nur durch seine hohe Bildung, sondern vor allem durch die Aufrichtigkeit, mit welcher er zu verstehen gab, daß er unser Feind sei. Er verhielt sich peinlich korrekt, respektvoll gegen den Feind, aber vermied den leisesten Hauch einer Annäherung.
Es erfolgte nun die Übernahme des Proviantes. Viel Rotwein und drei große fette Schweine wurden herübergebracht. „Piperle" war wieder der erste mit im Boot gewesen. Sobald ein Schiff in Sicht kam, wich er nicht von der Stelle, wo das Boot ins Wasser gelassen wurde. Kläffend raste er dann an Bord des gekaperten Schiffes umher, ob nicht ein Kollege zu finden wäre. Piperle war ein Original von Tier, der Liebling von Freund und Feind an Bord. Es war ein Hund, der nie das Gefühl hatte, „das ist mein Herr", sondern „alle sind meine Freunde". Er kannte jeden einzelnen. Morgens war sein erster Weg durch das Schiff, um jeden zu begrüßen und wieder von

jedem begrüßt zu werden. Selbst an die Uhrzeiten hatte er sich gewöhnt. Besonders, wenn Proviantausgabe ist, wird er nie fehlen, um mit dem Proviantmeister in den Proviantraum zu gehen, wo allerlei Leckerbissen für ihn abfallen. Von hier hat er's bereits wieder eilig, dem „Schnäuzchen" guten Tag zu sagen; trotzdem sie ihn immer, sowie er die Kajüte betritt, als neidischer Teckel anknurrt, bleibt er stets der alte, brave, entgegenkommende Kerl. Lange hält er sich nicht auf; eine kurze Visitenkartenabgabe an der Portiere, zum Zeichen ,daß er da war, und er verschwindet wieder, ob sich nicht mittlerweile an Deck etwas ereignet hat, wo er dabei sein muß. Da steht er dann, hier und dort mal über Bord und mit der Nase in der Luft schnüffelnd, ob er nicht auch einmal ein Schiff entdecken und melden kann.

Unser Kurs führte uns zunächst nach unserem Piratenrevier, das sich auf fünf Grad nördlich vom Äquator und dreißig Grad westlicher Länge befand. Es war insofern hier unser günstigstes Gebiet, als alle Segelschiffe, die aus dem Südostpassat kommen und nach Norden steuern, die Gegend dieser Längen- und Breitengrade schneiden müssen. Da hier ein steter gleichmäßiger Passat weht, kein schlechtes Wetter vorkommt und die Luft weithin sichtig ist, so hatten wir die Möglichkeit, von unseren hohen Masten 30 Seemeilen nach jeder Seite zu übersehen.

Auch ein Kapitän, der sich gerade auf der Hochzeitsreise befand, lief dem gemütlich zwinkernden Seeadler in die Arme. Wir sahen einen Dreimastschoner und glaubten zunächst, es sei ein Amerikaner, weil die Yankees diesen Schonertyp bevorzugen. Es konnte möglicherweise aber auch ein kanadischer Schoner sein. Da wir uns damals noch nicht mit Amerika im Krieg befanden, hielten wir es für richtig, um unerkannt zu bleiben, ihn nicht anzugreifen, sondern heißten nur die norwegische Flagge, um ihn zu veranlassen, auch die seinige zu zeigen. Der Kapitän auf dem Schoner antwortete nicht mit derselben Höflichkeit, sondern mochte bei sich denken: „Was geht mich der Norweger an?" Wir holten die Flagge zum Gruß herunter und heißten sie wieder auf. Seine junge Frau, die das sah, warf ihrem Manne vor, daß er doch reichlich unhöflich sei, und forderte ihn auf, wenigstens seine Flagge zu zeigen. Wir selbst dachten schon bei uns: „Laß den Flegel laufen", da ruft plötzlich der Ausguck: „Das ist kein Amerikaner, die englische Flagge geht hoch!" Hart Steuerbord! Er war ziemlich weit ab. Kriegsflagge hoch, Schuß vor'n Bug! Es erfolgt nichts: noch einen Schuß! Der Schoner dreht bei. Es war der kanadische Schoner „Percé".

Der Kapitän hatte anfangs geglaubt, als die Granate auf 500 bis 600 Meter vor ihm einschlug, es sei ein Walfisch, und hatte deshalb keine Notiz genommen. Durch unsere Gläser erkennen wir, daß ein weibliches Wesen sehr nervös an Deck hin und her läuft. Das Prisenboot wird ausgesetzt, und unser höflicher Prisenoffizier, der es außerordentlich versteht, durch sein korrektes Verhalten, seine riesige, imposante Erscheinung und sein ruhiges Wesen aufgeregte Gemüter zu beruhigen, tröstet ritterlich die junge Frau. Obwohl wir anfangs nicht sehr angenehm berührt waren, bei unserem rauhen Handwerk zartes Geschlecht an Bord zu bekommen, so hat uns doch diese junge Frau mit ihrem sonnigen Wesen manche Abwechslung gebracht. Sie wurde auch sehr verwöhnt und genoß jede Bequemlichkeit, und sie selbst war in keiner Weise verzagt, sondern betrachtete auch dieses Flitterwochenereignis vom sportlichen Standpunkt. Den „Percé" zu versenken, war schwierig, da er Klippfisch geladen hatte; wir schossen ihn leck und ließen ihn treiben; er muß dann durch Vollsaugen mit Wasser schließlich weggesunken sein. Schiff auf Schiff wurde so versenkt, viele Tausend Tonnen lagen bereits auf dem Meeresboden, als der Ausguck eines Morgens wieder einmal „Dampfer achteraus" ruft. Man erkennt ein großes Schiff, das mit äußerster Kraft das Meer durchfurcht. Wir bleiben zunächst Segelschiff und bitten wie üblich um Chronometerzeit. Der Dampfer reagiert nicht darauf, er denkt sich erst, „laßt diesen Windjammer anderswo seine Uhrzeit herholen". Aber wir hatten andere Mittel, unser Rauchapparat tritt in Tätigkeit. Schwarze Rauchwolken mit rotem Magnesiumfeuer steigen aus dem Schiff, so daß es den Eindruck erweckt: „Das Schiff brennt." Der Dampfer reagiert, er kommt auf uns zu, wir vermindern den Rauch. Vorbereitung zu „Klarschiff", d. h. dreißig meiner Jungs liegen mit Gewehren hinter der Bordwand, so daß sie von außen nicht zu sehen sind. Vier weitere stehen in Zivil an Deck. „Jeanette, mak di kloar!" In weissem Kleid und blonder Perücke, die hell in der Tropensonne leuchtet, wandelt sie an Deck. Oben, 50 Meter hoch auf der obersten Rahe, im Vor-, Groß- und Kreuzmast stehen diejenigen meiner Jungs, welche die kräftigste Stimme im Leibe haben, ein Megaphon, ein weittönendes Sprachrohr, zur Hand. Wir verhielten uns zunächst als neutrales Schiff, um den Dampfer nahe herankommen zu lassen, und auch festzustellen, ob es nicht unter Umständen ein feindlicher Hilfskreuzer wäre. Die alte Kanone war maskiert durch den Schweinestall. — Als der Dampfer querab ist, ruft der dicke Kapitän ganz nah herüber: „Was ist los mit euch?"

Keine Antwort. Wir drehen den Rauchaugust zu.
Die Offiziere und Mannschaften werfen Stielaugen auf die schöne Frau des Segelschiffskapitäns und denken bei sich: „Der hat einen feinen Geschmack." Der Dampfer liegt günstig und dicht heran. Jetzt ist der Moment ihn zu fangen.

„Klarschiff zum Gefecht." Kriegsflagge und Kommandozeichen gehen hoch, der rotweiße Freibeuter wird geheißt. Wir waren das einzige Schiff des Weltkrieges, das unter Piratenwimpel fuhr. Es ist dies ein meterlanger, roter, schmaler Wimpel, der am Ende einen weißen Totenkopf führt. Fürchterlich! Jeanette reißt die Druckknöfe ihres Kleides auf, steht im Nu als blauer Junge da und winkt mit der Perücke.
Ein Entsetzen! Auf dem Dampfer ruft alles: „Germans, Germans!" Die Heizer aus dem Heizraum und die Maschinisten aus dem Maschinenraum stürzen an Deck, alles rennt an die Rettungsboote, es entsteht ein Wirrwarr, denn wer hätte geahnt, daß dieser harmlose Segler ein Hilfskreuzer sei? Da plötzlich fällt ein Schuß. Unsere alte

Kanone schießt und trifft die drahtlose Station; der Dampfer ist nicht mehr in der Lage, Notsignale zu geben. Der Kapitän arbeitet am Maschinentelegraph hin und her, um mit äußerster Kraft vorauszugehen, aber vergeblich, das Maschinenpersonal ist an Deck. Zu bewundern ist doch der Kapitän, der mit gewaltiger Kommandostimme seine Befehle durchdrückt. Wir sehen Leute nach hinten laufen und vermuten, daß es Geschützmannschaften sind, welche die Geschütze klarmachen wollen. Die Gelegenheit durfte man ihnen nicht geben. Im selben Augenblick brüllen aus dem Mast drei kräftige Stimmen durchs Megaphon diesen Bullen von Dampfer an, daß der Schall wie ein lautes Echo zurückprallt: „Klar bei Torpedos!!" Vielstimmig ruft es zurück vom Dampfer: „No torpedos, no torpedos!", und jeder fühlt, daß im nächsten Moment drei Torpedos in den Schiffsbauch gejagt werden. Alles, was weiß an Bord ist, wird geschwenkt, Tischtücher, Handtücher, und der Koch wedelt mit seiner weißen Schürze.
„Bleibt so liegen, sonst bekommt ihr Torpedos!"
Keiner muckste mehr, und schnell war unser Boot mit Prisenoffizier und fünfzehn Mann zu Wasser und ruderte nach dem Dampfer. Nun war er in unserer Gewalt. Der Kapitän und die Mannschaften werden herübergeholt. Welch ein herrliches Schiff! Die eleganten Saloneinrichtungen, die wunderbaren Teppiche, die Klubsessel, alles 'rüber auf den Piraten. Ein Steinway-Flügel, ein Harmonium, warum sollten die Instrumente versenkt werden, da sie doch in unserer Abgeschlossenheit Freund und Feind erquicken konnten? Hatten wir nicht an Bord unter der Mannschaft einen der besten Violinspieler Bayerns?
Als wir die Ladungspapiere nachsahen, fanden wir, daß der Dampfer eine Ladung von vielen Millionen beherbergte, unter anderm auch zweitausend Kisten Champagner „Veuve Cliquot", fünfhundert Kisten Kognak „Meukow". „An die Arbeit!" Auch dieser Riese wurde durch Sprengbomben versenkt, und er steuerte seinen letzten Kurs rückwärts, den Bug aus dem Wasser, in die Tiefe. Der Kapitän der mittlerweise sich umgesehen hatte, tritt auf mich zu und fragt: „Kommandant, ist das alles, was Sie an Bord haben, die alte Kanone?"
„Jawohl!"
„Wo sind Ihre Torpedos?"
„Torpedos? Wir haben keine Torpedos, für euch genügten Lufttorpedos, die wir mit der Stimme 'rüberschießen."
„No Torpedos?"

Sein Gesicht war zu rot, um blaß zu werden, es wurde blau, und seine Augen schauen mich entsetzt an: „By Jove, Commander, don't report that, please." (Melden Sie das, bitte, nicht.)
Es ist eine wundervolle Tropennacht. Die lustige Piratenschar sitzt infolge der herrlichen Beute froh zusammen. Vorn alles bei Sekt, hinten alles bei Sekt. Die Sternlein blinken uns an. Der Mond, das olle Gesicht, schmunzelt uns zufrieden zu, die Wellen murmeln um den Bug. Voll stehen die Segel. Mittschiffs spielt die Kapelle auf Cello, Violine, Harmonium und Steinway-Flügel das Lied „Ach lieber Südwind, blas", während uns der Südwind anhaucht. Obwohl wir umringt sind von Feinden, ist die Natur um uns so versöhnt. Die Gefangenen stehen vor Ehrfurcht still, als von den Planken des Piratenschiffes die wunderbaren Melodien aufsteigen. Dazu um sie die zauberhafte Stimmung der Tropennacht. Hier hören sie die Instrumente, die bei ihnen nur zur Zierde standen, wie sie von Künstlerhand gerührt werden. Wir genossen die Nacht, denn wir wußten nicht, was uns die nächsten Tage bringen würden, ob wir

nicht dann schon ein paar 1000 Meter tiefer lägen, denn unsere Verteidigungswaffen waren so gering. Wir waren guter Dinge, denn unser Gewissen war frei. Zwar ist der Mensch dazu auf der Welt, andern wohlzutun, und wir raubten Schiffe. Wir waren Piraten gegen die Nationen, mit denen das Vaterland in schwerem Kampfe lag. Welch menschlicher Krieg aber war es, den wir führten, verglichen mit dem Hungerkrieg der Engländer gegen unsere Frauen und Kinder daheim! In diesem rauhen Zeitalter hielten wir die deutsche Ehre rein. Aus dieser frohen Daseinsstimmung werden wir plötzlich herausgerissen, als der Ausguck ruft: „Licht an Steuerbord."

Hallo! ein Licht! Weg die Trinkgläser, das Augenglas in die Hand! Tatsächlich, man sieht in dem hell erleuchteten Mondhorizont einen stolzen Dreimaster. Hart Steuerbord! Wir drehen auf ihn zu. Wir selbst können nicht erkannt werden, da wir an der dunklen Seite des Horizontes sind. Durch Lichtsignal fordern wir auf:

„Drehen Sie bei, großer deutscher Kreuzer."

Wir warten auf die Dinge, die da kommen sollen. Plötzlich hören wir ein Rucksen und aus der Dunkelheit kommt ein Boot, von dem eine Stimme ruft:

„Hallo, Kapitän, ich glaubte einen Hunnenkreuzer vor mir zu haben und sehe jetzt einen Kameraden, einen Mitsegler. Warum habt ihr mir einen solchen Schreck eingejagt? Ihr wollt mir wohl was vom Krieg erzählen?"

„Natürlich, kommen Sie 'rauf, wir haben viele Neuigkeiten!"

Unsere weißen Uniformjacken ziehen wir aus, damit dem Kapitän nicht die Abzeichen auffallen, und begrüßen ihn in Hemdsärmeln. Der Kapitän kommt die Treppe herauf, begrüßt uns und sagt: „Ich bin Franzose."

„Oh, großartig! Was macht Frankreich?"

„Es geht ihm gut. Ravi de vous voir."

Wir laden ihn zu einer Flasche Sekt ein, die er begeistert annimmt. Er hat Appetit auf alles, denn er ist auf der Heimreise. Als wir die Treppe hinuntersteigen, schlägt er mich auf den Rücken mit den Worten:

„Kapitän, Ihr seid doch ein gräßlicher Kerl, daß Ihr mich so zum Narren gehalten habt. Aber mir ist jetzt zumute, als wenn mir ein Felsblock vom Herzen gefallen wäre."

„Na", denk' ich, „laß ihn dir mal nicht doppelt schwer zurückfallen", denn nur noch eine Wand trennte ihn ja von dem Raum, wo ihm alles offenbar würde.

Er tritt in die Tür der Kajüte und prallt vor Schreck zurück, als er Hindenburgs Bild an der Wand sieht; er knickt in sich zusammen und ruft stöhnend aus: „Des Allemands!"
Man muntert ihn auf, indem man sagt:
„Mensch, sei kein Frosch, du bist doch nicht der einzige, der sein Schiff verliert in diesem Kriege. Wissen wir, ob wir morgen noch schwimmen?"
Darauf erwidert er:
„Nein, daß ich mein Schiff verliere, geht mir nicht so nah wie die Vorwürfe, die ich mir zu machen habe. Ich komme von Valparaiso und habe dort mit zweien meiner Landsleute zusammengelegen, die mich gewarnt haben auszulaufen, ohne die Antwort auf ihre Telegramme abgewartet zu haben, worin ihnen mitgeteilt werden sollte, ob sie besondere Kurse wegen der Hilfskreuzer- und U-Boots-Gefahr steuern sollten. Statt dessen hielt ich es für richtiger, den günstigen Wind auszunutzen, um schnelle Reise zu machen. Und was ist nun mein Erfolg? Ich bin in Ihre Arme gelaufen, bin Ihr Gefangener. Wenn meine Kameraden nach Hause zurückkehren und mein Reeder davon erfährt, daß ich ihren Rat nicht befolgt habe, werde ich nie wieder ein Schiff bekommen. Das ist es, worunter ich leide."
Auf meine Frage, mit welchen Schiffen er denn da zusammengelegen hätte, antwortete er:
„Mit der ‚Antonin'."
„Mit der ‚Antonin'? Mit dem Kapitän Lecoque?"
„Jawohl!"
„Und mit welchem Schiff noch?"
„Mit der ‚Larochefoucauld'."
„Mit der ‚Larochefoucauld'?"
„Jawohl."
„Ordonnanz, bringen Sie mal Kapitän fünf und neun 'rauf!"
Indessen bietet man dem Kapitän den versprochenen Champagner an, welchen er aber jetzt verweigert.
Es klopft.
„Herein!"
„Voilà, der Kapitän von der ‚Antonin' und hier der Kapitän von der ‚Larochefoucauld'. Sie sind bereits seit zehn und drei Tagen an Bord." Begeistert greift der Kapitän der „Dupleix" jetzt nach dem Sektglas, prostet seinen Kameraden zu, und mit herzlichem Händedrücken bekunden sie die Freude ihres Wiedersehens. Es ist schwer zu sagen, was größer war, diese Freude oder die angenehme Über

raschung, daß die Kapitäne, deren Rat ihm auf dem Magen lag, dasselbe Schicksal getroffen hatte wie ihn selbst. Freilich hatten die französischen Pulverfabriken über 10 000 Tonnen Chilesalpeter eingebüßt, als toute la France sich auf deutschen Planken wiederfand. Eines Sonntagsmorgens taucht eine große englische Viermastbark auf, die zuerst ein Wettlaufen mit uns versuchte, dann aber, als wir mit dem Motor nachhalfen und zu ihrem Erstaunen immer näher kamen, auf Befragen auch ihren Namen signalisiert:

„Pinmore."

„Pinmore?" — —

Das Schiff, auf welchem ich als Leichtmatrose gefahren habe?! Im Augenblick, als ich dies hörte, ging es mir so nahe, daß ich zu meinem Offizier nichts äußern konnte. Dann dachte ich: Es hilft nichts, das Schiff muß versenkt werden. Es war für uns überhaupt immer ein Stich durchs Herz, ein Segelschiff zu versenken. Die Poesie des Meeres! Jeder Segler, der untergeht, kommt ja nicht wieder, da keine mehr gebaut werden.

Eindreiviertel Jahr Erinnerung arbeitet sich durch meinen Geist hindurch in diesem seltsamen Augenblick. Das Schiff drehte bei, das Prisenboot ging an Bord, das Schiff wurde ausgepackt, die Leute kamen an Bord, und der Kapitän, Mister Mullen, betrat den „Seeadler" mit gutem Humor: „Wir haben Pech, ihr habt Glück!" Er war ein alter, unerschrockener Seemann und wurde die gute Laune für unseren ganzen Kapitänsverein. Als alle die „Pinmore" verlassen hatten, ließ ich mich hinüberfahren und das Boot wieder absetzen. Meine Leute staunten: Was will der Kommandant dort allein an Bord?

Zuerst ging ich in das Logis, wo meine Koje war. Da befand sich noch ein Kojenbrett, das ich selbst angebracht hatte. So manche Nacht hatte ich hier geschlafen, war manche Nacht dort herausgeschlüpft, wenn es hieß: Alle Mann an Deck. Ich schritt die Planken ab, wo ich so oft gegangen war. Es tat weh, das Knacken der Rahen zu hören, denn das Schiff lag herrenlos und rollte hin und her, da es nicht mehr im Steuer lag. Es war, als wenn mich alles von oben anrief: Was hast du mit uns vor? Wo bist du so lange gewesen? Wo sind die Leute? Was willst du hier?

Dann ging es in die Kajüte. Ich erinnerte mich einer netten kleinen Katze, die ich damals an Bord gehabt hatte, und welche die Frau des Kapitäns sich einmal durch den Steward hatte bringen lassen. Ich war auf den Steward wütend geworden und drohte ihm, wenn er mir das Tier nicht wiederbrächte, würde ich dem Kapitän der

Sachverhalt berichten. Der Steward tat nichts, und so machte ich mich auf den Weg zur Kajüte. Aber ich kam nicht weiter. Der Respekt vor dem Salon hielt mich zurück, als ich die Tür geöffnet fand und gerade hineinsehen konnte. Ich fügte mich in das Geschehene und grollte dumpf dem Steward, dem ich die Schuld zuschob. Aber jener Blick in den Salon war mir in Erinnerung geblieben. Jetzt öffnete ich die Tür halb, um einen Blick hineinzuwerfen. Ich sah die bunten Decklichtfenster und sagte zu mir selbst: Jetzt darfst du hineingehen. Hast du damals in deinem Respekt geträumt, einmal die Macht zu haben, dies Schiff zu vernichten?
Dann ging ich auf das Halbdeck, die Pupp, stellte mich ans Ruder und fand halbverwischt meinen Namen wieder, den ich dort einstmals eingegraben hatte. Ich blickte auf den Kompaß, vor dem man manchmal stundenlang gestanden hatte. Dies Schiff hatte mich sicher getragen in Sturm und Wetter, und mein Dank war nun . . . So zog die Erinnerung vorbei. Dann ließ ich mich wieder an Bord meines Kreuzers zurücksetzen und blieb in meiner Kajüte, während drüben die alte Heimat in den Wellen verschwand . . .
Ich pflegte mir öfters die Zeit damit zu vertreiben, daß ich mit dem wachhabenden Offizier auf die Bramrahe des hinteren Mastes kletterte und mit Ausguck hielt. Wir hatten uns dort Sitzbacken vom Zimmermann anfertigen lassen und sahen mit guten Gläsern bewaffnet über das Meer hinweg. Eines Tages (es war nicht sehr sichtig) klarte es im Westen durch Zufall etwas auf und Pries glaubte ein Schiff zu sehen. Ich bemerkte nichts. Wir gaben aber dem Rudermann an, er sollte in dieser Richtung zusteuern. Als wir eine Viertelstunde gesegelt sind, zeigt sich wirklich eine große Bark. Wir halten darauf zu, kommen ihr von hinten auf und fahren dicht vor-

über. Alle unsere Gefangenen sind an Deck und gucken mit der ganzen Spannung, womit man auf hoher See jedes vorüberkommende Stück Leben mustert. Da drüben steht der Kapitän mit seiner Frau und schaut zu uns herüber. „Hallo", fragt er durchs Sprachrohr, „wißt ihr etwas Neues vom Krieg?"
„Jawohl", antworten wir.
„Ich möchte doch 'rüberkommen zu einer Tasse Kaffee!" rief von drüben seine Stimme, worauf von uns geantwortet wurde, daß wir ihn selber zum Whisky einlüden.
Als er das Farben- und Rassengemisch der vielen Gefangenen sah fragte er, ob wir Kriegsfreiwillige von den Atlantischen Inseln zusammensuchten? Es war auch alles so fidel bei uns, die Musik spielte den Tipperary, alles winkte und schien zu rufen. Und noch einmal ruft er 'rüber: „Was gibt es Neues vom Krieg?"
„Wir werden es signalisieren" kam von uns die Antwort, und wir heißen das Signal: I D (Drehen Sie bei oder ich schieße).
Der Kapitän und seine Frau sehen durch die Gläser, dann schlägt er das Signalbuch nach. Als er hineingeblickt hat, kommt er schnell wieder mit dem Glas hoch und gewahrt jetzt die deutsche Kriegsflagge.
Er läßt das Glas fallen. „By Jesus Christ! Such a catch!"
Eine schöne Neuigkeit vom Krieg. Wir hatten die Geschützpforten bereits heruntergerissen und die Mündung der Kanone schwankte hin und her. Die Frau, entsetzt, läuft in die Kajüte, der Rudersmann nimmt Reißaus und die vielen neugierigen Gesichter an Deck sind wie weggepustet. Nur der Kapitän wahrt seine Selbstbeherrschung, ließ sein Schiff beidrehen und machte alles andere von uns abhängig. In Erwartung, wieder neue Gäste zu bekommen, herrschte unter unseren Gefangenen große Freude. Besonders die kleine Frau von dem kanadischen Schoner freute sich, daß sie nun außer unserer Jeanette nicht mehr die einzige Frau an Bord sein sollte. Sie kleidete sich besonders nett, ein Bukett aus Kunstblumen aus der Kajüte, um das sie bat, wurde gegeben. Wie überrascht war die Frau des neuen Kapitäns, als sie von einer Dame begrüßt wurde, die ihr einen Blumenstrauß überreichte, und wie angenehm berührt, eine solch lustige Gesellschaft vorzufinden.
Das Schiff hieß „British Yeoman"; sie kam von Amerika, hatte wundervolle Proviantausrüstung und sehr viel lebendes Viehzeug an Bord, Schweine, Hühner, ein Kaninchen und eine Taube. Diese hieß bei uns die Friedenstaube, war außerordentlich zahm und ist auch später bei uns geblieben. Zwischen Taube und Kaninchen be-

stand ein merkwürdiges Freundschaftsverhältnis. Die Taube ging nicht von dem Kaninchen weg, und wenn es sich einmal zu weit entfernte, trommelte sie es stets zurück, worauf es auch sofort gehorchte. Als Quartier hatten sie sich Piperles Hundehütte ausgesucht. Dieses Sonnentierchen schien am glücklichsten über die neuen Bordgäste, besonders als es sah, daß sie ihr Heim in seiner Hütte aufgeschlagen hatten. Er leckte das Kaninchen, wodurch er anfangs allerdings die Eifersucht der Taube erregte. Aber der Freundschaftsbund der drei war bald geschlossen. Man hat kaum je im Leben etwas gesehen, das einen so herzlich berührt hätte als das Zusammen-

leben der drei Tiere: wie sie, Piperle, das Kaninchen zwischen seinen Schenkeln, die Taube auf seinem Rücken, zu dritt in der Hütte schliefen. Schnäuzchen als verschmitzter Teckel machte ständig Versuche, Kaninchen oder Taube heimlich zu verspeisen oder wenigstens anzuknappern. Trotz der Warnungen, die sie erhielt, versucht sie nachts, blutige Abenteuer zu erleben, und es wäre ihr einmal tatsächlich gelungen, wenn nicht Piperle ihr knurrend den Eintritt in die Hütte verwehrt hätte. Mit der Zeit aber hat auch sie sich an die beiden neuen Bordgäste gewöhnt, und wenn sie sich auch nicht gerade mit ihnen anfreundete, so waren sie doch wenigstens vor ihr sicher. In acht Wochen hatten wir 40 000 Tonnen Schiffsladungen versenkt. Unser Schiff war voll: 263 Gefangene an Bord. Es war ein rasch heranblühendes Gemeinwesen. Alles fühlte sich wohl, Unterschiede wurden nicht gemacht, es gab gleiche Kost auf dem ganzen Schiff

für Gefangene, Mannschaften und Offiziere. An Bord ist nicht das geringste vorgefallen. Keiner der Gefangenen muckte auf, obwohl wir uns stets ohne Waffen bewegten. Ich hätte für 260 Deutsche von der Art meiner Jungs in solcher Lage nicht bürgen mögen, daß sie nie etwas gegen den Feind versuchen würden. Aber die Achtung vor meinen Jungs verlieh uns unbedingte Sicherheit.
Da wir indes abhängig vom Proviant waren, mußten wir daran denken, die Bevölkerungszunahme zu stoppen, denn die Masse zehrte sehr an unsern Wasserbeständen, von denen unsere weitere Kreuzerfahrt abhing. Das nächste Schiff, die französische Bark „Cambronne", benutzten wir also, um unsere Gefangenen darauf in Freiheit zu setzen. Wir hatten die „Cambronne" überholt und zunächst geprüft, ob sie geeignet wäre, so viele Gefangene an Bord zu nehmen. Der Entschluß wurde gefaßt, daß sie als Freiheitsschiff Verwendung finden sollte. Als wir dies dem Kapitän mitteilten, der schon alles verlorengegeben hatte, war er so erstaunt, daß er kaum wagte, seine Freude zu äußern.
Eine schwierige Frage war, wer von den zwölf Kapitänen, die wir an Bord hatten, das Kommando auf der „Cambronne" übernehmen sollte. Auf Vorschlag meiner Offiziere wählte ich den ältesten, Kapitän Mullen von der „Pinmore", entschieden auch den tüchtigsten. Da es nun ein englischer Kapitän war, wurde die Trikolore heruntergeholt und die englische Flagge gehißt, was eine ziemliche Verbitterung unter den Franzosen gab, denn wir hatten ja mehr Franzosen als Engländer an Bord. Alle Gefangenen wurden abgelohnt, und zwar erhielten sie in deutscher Währung dasselbe Gehalt weiter, das sie in der ihrigen bekommen hatten. Schiffsweise wurden sie nach der „Cambronne" hinübergesetzt, nachdem sie herzlichst von meinen Leuten Abschied genommen hatten. Jedes Boot, das abgesetzt worden war, brachte drei Hurras auf den „Seeadler" aus. In der Kajüte gaben wir den jetzt in die Freiheit steuernden Kapitänen eine Abschiedsfeier, und mit herzlichem Händedruck schieden sie dann, nochmals versichernd, daß sie der Welt mitteilen würden, wie gut sie's gehabt und welch ganz anderen Eindruck sie von uns mitnähmen, als sie bisher durch Pressemitteilungen erhalten hätten.
Jetzt kamen auch für uns die größeren Gefahren, denn mit dem Augenblick, in dem die Gefangenen landeten, würde der Feind erfahren, daß ein deutsches Segelschiff als Hilfskreuzer auf der See tätig wäre. Da wir nun im Großen Ozean unser Revier suchen wollten, kam es darauf an, einen weiten Vorsprung zu gewinnen und die „Cambronne" nicht zu früh in Rio de Janeiro eintreffen zu lassen.

Deshalb kappten wir die oberen Masten, so daß das Schiff nur Untersegel führen und somit unter günstigen Bedingungen erst in etwa zehn bis vierzehn Tagen Rio de Janeiro erreichen konnte. Mit allen Segeln im Topp steuerten wir unter frischer Brise nach Süden.

Wir Deutschen waren wieder unter uns auf dem geräumigen Schiff. Der nicht seemännische Leser kann sich wohl kaum vorstellen, wie lange sich der Seemann auf der Fahrt beglückt und zufrieden fühlt, ohne Land zu sehen. Er entbehrt nichts, weil das Meer ihn unterhält und mit ihm spricht. Darum ist er selbst auch so wortkarg. Er sieht das Meer vor sich in seinem ewig neuen, niemals eintönigen Ausdruck, jede Windstärke gibt ein neues Bild. Selbst die Windstille, die vielleicht dem Seemann, der nach Hause steuert, das Unangenehmste ist, hat ihre Reize, wenn der gewaltige Ozean wie flüssiges Blei leicht dünt. Stundenlang kann man, an die Bordwand gelehnt diesem Spiel der Wellen zusehen, die verschiedenen Reflexe beobachten, wenn das Meer jetzt in wundervollem Sonnenschein leuchtet, dann wieder durch eine Wolke verdunkelt wird. Es hat etwas Träumerisches an sich, es vertieft den Menschen und ist ihm die schönste Unterhaltung.

Wundervoll ist die Nacht auf dem Meere. Ringsum kühles Dämmern und das Meer weithin als weiße, leuchtende Fläche, lebendig, leicht aufgepeitscht, bald verdunkelt und bald vom Mond, der durch die Wolken bricht, wieder erhellt. Wenn ein Schiff stark überliegt, gleißen die Segel in schneeweißem Licht, die ganze Takelage erscheint vergrößert; plastisch hebt das Mondlicht die Schatten der Taue auf den Segeln heraus. Eine weiche Stimmung ergreift den Seemann, wenn er in einer solchen Nacht unter dem Mast an Deck in der Hängematte liegt, den klaren Sternenhimmel über sich, der an Land, wo der weite Überblick fehlt, nie so zu beobachten ist wie in der Wüste oder auf dem Meer. Die Mastspitzen fegen am Himmel hin und her, die gleichmäßige Bewegung des Schiffes schläfert ein, und unmerklich naht sich der Übergang vom Wachen zum tiefen, ruhigen Schlaf.

Einer der schönsten Reize auf der See ist ein Sturm bei Sonnenschein, wenn die Sonne dem Wasser die verschiedenen Farben gibt, wenn die schwere See heranrollt, der Sturm die weißen Wellenköpfe auseinanderkämmt und weißgetigerte Streifen von Welle zu Welle sich bilden. Dazu das tiefe Azurblau des Wassers. Vor dem Schiff zerschlägt die Welle und läuft in eine weiße Gischtmasse aus. Bald ruht das Schiff auf Wellenköpfen, bald taucht es ins Tal, und die Welle steht hoch über ihm.

Es gibt zuweilen furchtbare Gewitter auf See, wahnsinnige Blitze, gewaltiges Donnern. Schlägt ein Blitz ins Wasser, wie ein Peitschenschlag, so setzt augenblicklich eine Wassersäule, dünn und scharf wie ein Rasiermesser, meterhoch aus der getroffenen Stelle empor Wenn man in solchen schwarzen Gewitternächten oben auf dem Mast ist, und plötzlich schlägt ein Blitz hernieder und erleuchtet das ganze Seefeld grell, wird man stark geblendet und verliert die Sicherheit. Enorme Wassermassen stürzen aufs Meer, die gewaltigen Regengüsse schlagen die See nieder. Wenn das frische Wasser vom Himmel herabströmt, dann phosphoresziert das Meer wie eine glänzende Fläche und das Kielwasser wird erleuchtet von unzähligen Infusorien; in seinen Wirbeln entsteht ein Streifen, der sich wie ein goldenes Band hinzieht.

Wir hatten keine Sorgen um Kohlen, der Wind war unser Freund, die Natur mit uns im Bunde. Wir hatten alles, was wir brauchten.

Wir segeln an den Falklandsinseln vorbei, über die Gräber unserer gefallenen Helden von „Scharnhorst", „Gneisenau", „Leipzig" und „Nürnberg". Die Achtersegel backgebraßt, die Trauerflagge halbstock gesetzt, senken wir als einzige Kameraden, die über ihnen stehen, ein Eisernes Kreuz mit den Grüßen von den Lieben aus der Heimat und dem Dank des Vaterlandes hinab zu den Gräbern, die 6000 Meter unter uns liegen. Das Denkmal taucht in die Tiefe, und weiter geht's; wir durften uns nicht lange aufhalten.

Auf dem Weg nach Kap Horn fingen wir den Funkspruch eines britischen Kreuzers auf: „Ich warne Sie! Steuern Sie frei von Fernando Noronha; dort liegt die ‚Möwe'."
Ich dankte ihm.
(Einen Gruß über die Wasser, du unsichtbare, ferne deutsche „Möwe"!)
Kurz vor Kap Horn passierten wir einen gewaltigen Eisberg. Wir wußten aus der Segelanweisung, daß in dieser Jahreszeit die Gegend durch Eisberge gefahrvoll war, und hatten überall scharfen Ausguck. Ein starker Temperaturwechsel und viele Vögel anderer Art,

als man sie sonst dort findet, ließen uns auch die Nähe eines solchen Eisriesen vermuten. Eines Morgens sahen wir im Grau der Dämmerung weit vor uns an Steuerbord den gewaltigen Berg, mit sonderbarem Rollen auf und nieder gehend. Er war viele Meter hoch und doch nur mit einem Neuntel seiner Größe über Wasser ragend. Seine eigenartigen Umrisse wechselten mit jeder Ansicht; an den zerklüfteten Stellen leuchtete er grünlich bis tiefblau. Es war der einzige Eisberg, dem wir begegneten.
Dann begann der Kampf um Kap Horn, die Heimat der Stürme. Dreieinhalb Wochen haben wir mit Orkanen gerungen. Was wir mühselig durch tagelanges Aufkreuzen erreicht hatten, verloren wir durch wiedereinsetzende Stürme oft in wenigen Stunden. Das Schiff arbeitete unablässig und schwer. Gewaltige Wellen, wie sie nur Kap Horn kennt, rollten über Deck, die Segel rissen zu Fetzen und das

Deck wurde mehrmals eingeschlagen. Ruhelos saßen meine Jungs im Zwischendeck beim Segelnähen. Es war ein harter Kampf zwischen dem Vernichtungswerk des Wetters und dem fieberhaften Streben der Männer. Welche mühselige Arbeit, mit der Nadel und schwerem Segelhandschuh bei dem zu Kehr gehenden Schiff das dicke Segeltuch zu nähen! Mancher Stich ging in die Hand. Keine schlaflosen Nächte wurden gescheut, wir brauchten Segel, und wenn der Sturm sie auch noch so oft zerriß. Immer wieder wurden am nächsten Morgen die zerrissenen Segel ab- und die in der Nacht genähten untergeschlagen. Beim Sturm geht nicht wie auf einem Dampfer alles unter Deck, sondern alles in die Masten. Selbst bei gewöhnlichem Wetter müssen ja zu jeder Kursänderung über zwanzig Grad alle Mann der Wache an die Taue 'ran, um die vierundzwanzig Segel herumzudrehen.
Wo ein Wille ist, da ist ein Weg: Kap Horn wurde umkämpft.
Wir sind glücklich, diese stürmische Ecke hinter uns zu haben. Da meldet am 26. April der Ausguck einen der britischen Hilfskreuzer, die hier bereits auf uns lauerten. Augenblicke höchster Spannung kommen: Hat er uns gesehen? Alle Mann an Deck! Mit hart Backbord das Schiff herumgerissen! Alles, was wir an Segeln setzen konnten, wird gesetzt, der Motor eingekuppelt und vom Wind ab, was aus dem Schiff herauszuholen war, gen Süden. Die Takelage stand zum Brechen. Alles was Gläser hat, sitzt in den Masten und beobachtet mit aufgeregtem Pulsschlag den Kreuzer, denn wenn Englands Wächter den einsamen Deutschen entdeckt, ist unsere Freiheit verloren. Leicht diesiges Wetter half uns, und so kamen wir schnell aus Sicht. Unsere Augen waren wachsamer und schärfer als die des Feindes. Es gehört wohl mit zu den schönsten Stunden an Bord unseres Schiffes, als wir dieses Entkommen vor dem Feind feierten. In der Nacht segelten wir dann wieder nördlich und unter günstigem Wind steuerten wir in den Stillen Ozean.
Eines Morgens bringt unser tüchtiger Funkentelegraphist ein sonderbares englisches Telegramm folgenden Inhalts:
„'Seeadler' mit wehenden Flaggen untergegangen. Kommandant und ein Teil der Mannschaft als Gefangene auf dem Weg nach Montevideo."
Was heißt denn das? Der Engländer lügt nicht ohne Grund und Zweck. Die Nachrichten vom „Seeadler", die sich durch die abgesetzten Gefangenen verbreitet hatten, beunruhigten die Schiffahrt stark, da man uns beim Kap Horn wie beim Kap der Guten Hoffnung vergeblich aufgelauert hatte. In Kapstadt und Südamerika, in Australien und Neuseeland lagen die vollbefrachteten Schiffe in den Häfen

still und wagten nicht auszulaufen. Die Versicherungsraten stiegen. Um sie wieder herabzudrücken, funkte der Engländer unseren Untergang durch die Welt. Das nationale Interesse hat ihm stets höher gestanden als die Wahrheit.
Auf einen Schelmen muß man anderthalbe setzen. Wir funkten also drahtlos hinaus: „Hilfe, Hilfe, deutsches U-Boot."
Infolgedessen tauchten jetzt überall Gerüchte auf, daß U-Boote im Pazifik kreuzten! Die Versicherungsraten kamen wieder ins Steigen.

Schiffbruch und Robinsonleben

Längs der Küste Südamerikas, vorbei an Juan Fernandez, wo wir dauernd in naher funkentelegraphischer Verbindung mit dem englischen Kreuzer „Kent" standen, steuerten wir über den Großen Ozean an den Marquesasinseln vorbei hinauf bis Honolulu, ohne ein Schiff gesehen zu haben. Wir verlegten jetzt unsere Kreuzerfahrt in den Track der Segelschiffe, die zwischen San Franzisko und Australien fahren. In der Nähe der Weihnachtsinseln dauernd auf dem Äquator hin und her kreuzend, den wir zeitweise zwei- bis dreimal am Tage schnitten, kaperten wir noch drei amerikanische Segler: „A. B. Johnson", „Slade" und „Manila". Die Ausbeute hatte aber nicht unseren Erwartungen entsprochen. Wochenlang sahen wir kein Schiff. Die drei gefangenen Kapitäne und ihre Mannschaften sehnten sich fast noch mehr als wir nach neuem Zuwachs, der nicht kommen wollte.
Auf was für sonderbare Ideen die Menschen doch verfallen, um eine Situation auszunützen! Einer unserer Gefangenen wünschte sehnlich, von uns auf einer einsamen Insel abgesetzt zu werden, er hätte vom Seefahren genug, seine Hinterbliebenen würden die Versicherung ausbezahlt bekommen, und er wünschte als Verschollener seine Ruhe zu haben.
Die furchtbare Hitze, der Mangel an Bewegung und Beschäftigung, das schlechte Wetter und der Mangel an frischem Proviant drückten die Stimmung darnieder. Es gab ja noch neutrale Häfen in Südamerika, aber der edle Begriff der Unparteilichkeit war in diesem Krieg der Welt gegen unser Volk von bösen Wolken umschleiert; kein gastlicher Hafen zog uns an, denn wir Deutschen haben keine Freunde, keine Gerechtigkeit zu erwarten. Höchstens vierundzwanzig

Stunden würden wir geduldet und sind dann vom Feind umstellt. Niemand öffnet uns seine Tür, wir müssen uns selber helfen. Seit zweihundertfünfzig Tagen kein erneuertes Wasser an Bord! Wenn man wenigstens sich einmal ein erfrischendes Bad hätte erlauben dürfen! Der Landbewohner kann sich kaum den Haß vorstellen, der jeden Seemann gegen die Haifische beseelt, die ihn von dem kühlen Element absperren und auf sein hölzernes Gefängnis beschränken. Der Hai wird als ganz persönlicher Feind empfunden, und da die Langeweile ohnehin zu kindlichen Scherzen aufgelegt macht, so läßt man seine böse Laune gern an den Scheusalen des Meeres aus. Haifischfang war die einzige Abwechslung, die wir hatten. Manchmal banden wir ein paar gefangene Haie mit Schwänzen aneinander und ließen sie wieder schwimmen, wobei sie sich nie über die Fahrtrichtung einigen konnten. Mitunter befestigten wir besonders großen Haifischen eine leere Tonne am Steert. Zunächst glaubte der Hai dann, wenn er nach einer gründlichen Tracht Prügel von Bord entlassen war, an unsere Großmut, versuchte, die neugewonnene Freiheit eiligst auszunützen und schoß gierig in die Tiefe; aber schon nach drei Metern (dies war die Länge der Leine am Faß) bemerkte er seine Fesselung und jagte nun in wilder Fahrt bald rechts, bald links, um die Tonne abzuschütteln, die im vollen Sprung immer hinterherrollte.

Zuweilen banden wir auch eine mit Speck umnähte Handgranate an den Angelköder; biß ein Haifisch an und schwamm mit dem dicken Bissen, um den ihn jeder Kollege beneidete, zur Verdauung weiter, so war beim Anbeißen der Zünder herausgerissen, und nach fünf Sekungen flog der Hai in Fetzen, die sofort von seinen zahllosen Spießgesellen verzehrt wurden.

35 000 Meilen hatten wir gekreuzt, monatelang nur Himmel und Wasser gesehen. Obwohl noch willig an Geist, unsere Kaperfahrt fortzusetzen, fühlten wir doch jetzt den größten Feind des Seemannes: Beriberi, die Krankheit, „in der das Blut zu Wasser wird". Verschiedene Leute hatten schon dicke Glieder und Gelenke infolge des schlechten Proviantes und mangelhaften Wassers. Wir mußten eine Insel anlaufen, um etwas Frisches zu finden. Dort wollten wir ausruhen, und dann sollte unser nächstes Kreuzergebiet ein Schlag um Neuseeland und Australien sein, von dort wollten wir die englische Wal- und Transtation auf Südgeorgien zerstören und schließlich unser Handwerk in dem besser blühenden Geschäft des Atlantischen Ozeans fortsetzen.

Unseren ersten Gedanken, eine der größeren Cookinseln anzu-

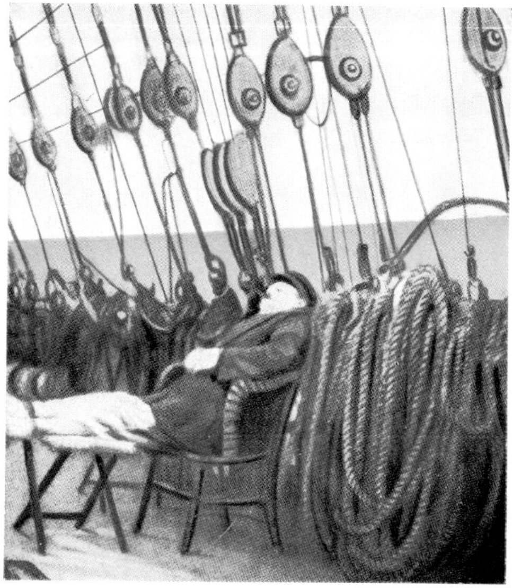

„. . . Er fühlte sich erleichtert"
Kapitän Barton, zum zweitenmal „Kaptein ohn' Schip"

Eine Prise als Übungsscheibe

„. . . Es war ein rasch heranblühendes Gemeinwesen"
(Der erste Teil unserer Gefangenen)

„Cambronne", das Freiheitsschiff

laufen, mußten wir verwerfen, weil wir eine feindliche Funkenstation vermuteten und auch der sonstige Verkehr unser Inkognito gefährden konnte. Um unseren Motor zu schonen, von dessen Lebensdauer unser Erfolg beim Kapern abhing, wollten wir uns auch nicht östlich von unserer augenblicklichen Länge entfernen. Uns war besonders darum zu tun, eine unbewohnte Insel aufzusuchen, und wir wählten deshalb Mopelia, zur Gruppe der Gesellschaftsinseln gehörig. So traumhaft schön die herrlichen Südseeinseln sind, so nachteilig sind sie für den Seemann, da er nur in den seltensten Fällen eine Reede und sicheren Ankerplatz vorfindet. Es gibt nicht Lieblicheres und nichts Heimtückischeres auf der Welt. Am Morgen des 29. Juli kam uns die Insel in Sicht; wir steuerten sie an. Es war uns, als wenn wir ein Märchenland vor uns hätten. Die Insel begrüßte uns mit ihren hohen Palmen und Gummibäumen wie ein wahres Paradies. Die vorgelagerten Korallenbänke stiegen treppenförmig unterhalb des Wasserspiegels zur Tiefe hinab und gaben im Reflex des sonnenbeschienenen Wassers auf jeder Stufe neue Farben und Bilder infolge des Durchschimmerns der weißen Korallen. Da waren hundert Übergänge von Weiß zu grünlichen und in der Tiefe bläulichen Schattierungen von der wunderbarsten Mannigfaltigkeit. Das kreisrunde Riff, auf dessen Grat sich dort, wo Humus entstanden war, vier kleinere Inselchen und eine bandförmige Hauptinsel erheben, umschließt die kreisrunde Lagune. Dieses kesselförmige Stückchen Ozean, ebenso tief wie die umliegende See, unterscheidet sich von ihr durch seine Stille; spiegelglatt und ohne Bewegung gibt es das Gefühl des Geborgenseins. Das Korallenriff hat eine kleine Durchfahrt nach der Lagune, nicht weit genug, um mit dem „Seeadler" hineinfahren zu können. Sonst wäre uns der schönste, sicherste Hafen geboten gewesen. Ein starker Strom setzte durch die Einfahrt. Wir brachten unseren Anker auf das Korallenriff, und an einer langen Drahttrosse lagen wir infolge des Stromes gut frei von der Insel.

Boote wurden ausgesetzt. Nachdem wir so lange kein Land gesehen hatten, fühlten wir uns ungefähr wie Kolumbus. Jan Maat, der neun Monate lang nur Mastenklettern, Segelmanöver, Rudern und Ausguckposten erlebt hatte, bis seine Arme vom ständigen Tauziehen noch einmal so lang geworden waren, eilte nun dem Genuß tropischen Tier- und Pflanzenlebens zu. Wir Haifische der See, die selbst in unserm schweren Dienst unablässig noch stärkere Raubtiere, die nach uns suchenden Kreuzer, auf unserer Spur wußten, verwandelten uns nach langer Nervenanspannung in friedliche Sommerfrischler als

Gäste der Franzosen, die uns ihr Mopelia zur Verfügung stellen mußten. Wie überrascht waren wir, als wir an Land kamen, über das, was wir hier alles fanden. Millionen von Seevögeln der verschiedensten Art nisteten hier. Die Schildkröte hat dort ihre Heimat und Brutstätte. Fische waren in Unmengen vorhanden, auch viele verwilderte Schweine, die vor Jahren einmal ausgesetzt waren und sich von den heruntergefallenen Kokosnüssen nährten. Mehr Möglichkeiten, frischen Proviant zu finden, konnten wir nicht erwarten. Auch drei Eingeborene fanden wir, die von einer französischen Firma hier abgesetzt waren, um Schildkröten zu fangen. Die Kanakers waren anfangs sehr besorgt, als sie uns als Deutsche erkannten, aber durch unser herzliches Entgegenkommen gewannen wir bald ihr Vertrauen, und sie boten uns ihre Unterstützung an.

Meine Jungs verteilten sich zunächst gruppenweise, um ihre Neugier zu befriedigen, laufen hierhin und dorthin; einige fangen Fische, die sich in den ausgewachsenen Korallenbecken aufhalten, die andern sammeln Vogeleier; dort haben verschiedene den Arm voll Kokosnüsse. Unser Koch ist dabei, eins der verwilderten Schweine zu schlachten; dort sieht man, wie fünf bis sechs eine große Schildkröte auf den Rücken geworfen haben und an einem Tau über den Sand hinziehen. Andere wieder fangen Langusten, kurz und gut, jeder hat irgend etwas, um ein gutes Mahl herzurichten. Als wir mit dem Boot wieder an Bord zurückfahren, ist es schwer beladen mit den schönsten Delikatessen. Ein förmliches Diner stand als Abendbrot auf dem Tisch: Schweinebraten, Schildkrötensuppe mit Eiern, Langusten, Möweneier; selbst der wohlhabendste Mann konnte sich nichts Besseres leisten. Wir erholten uns schnell und trafen unsere Vorbereitungen für die weitere Kreuzerfahrt. Eine Fischräucherei wurde aufgemacht, Schildkröten und Schweinefleisch eingesalzen und Eier zu Tausenden in Salz eingelegt.

Der Ankerplatz machte uns anfänglich Sorge, und wir überlegten, ob wir das Schiff nicht frei im Meere treiben lassen und nur abends und morgens je einmal an Land fahren sollten. Das hätte uns aber zuviel unserer kostbaren Motorkraft gekostet und außerdem war der Motor selbst sehr ausbesserungsbedürftig. Deshalb versuchten wir mit allen Sicherheitsmaßnahmen zu ankern. Es zeigte sich bald, daß der Anker vom Riff schlippte; das stärkte unser Vertrauen, denn wenn der Strom so stark war, daß selbst der Anker nicht hielt, so war ein Herumschwoien des Schiffes an das Korallenriff durch etwaiges Umspringen des Windes unmöglich.

Am 2. August, morgens gegen 1/2 10 Uhr, gerade im Begriff, das Beurlaubtenboot an Land zu schicken, sieht man am Horizont die Meeresoberfläche eigentümlich schwellen. Was ist das? Man vermutet anfangs eine Fata Morgana; nach einer gewissen Zeit sieht man wie die Schwellung immer näher heranrollt, immer höher, je näher sie kommt. Es war eine Flutwelle, die durch ein Seebeben entstanden war. Wir disputierten noch über die Erscheinung, die uns unerklärlich war, da keiner von uns bisher ein Seebeben erlebt hatte. Aber man begreift die Gefahr: „Kappt die Anker, Motor klar, alle Mann an Deck" sind die sofortigen Befehle. Immer näher rollt die Flut heran, und immer kräftiger wiederholen sich die Kommandos „Motor klar!" Die Preßluft wird hineingedrückt, aber der Motor springt nicht an. Mit fieberhafter Erwartung horcht man in den Maschinenraum, immer wieder wird Preßluft eingedrückt, man lauscht auf die Zündung, alles ist tätig . . . und näher rollt das Ungetüm heran. Schon dünt das Schiff in der vorauseilenden Schwell. Man kann die Sekunden zählen, die zur Rettung übrigbleiben. Alles horcht bang auf den Motor. Zu spät! Hoch rast die Flut heran, packt unsere Planken, hebt sie empor und schleudert sie krachend auf das Korallen-

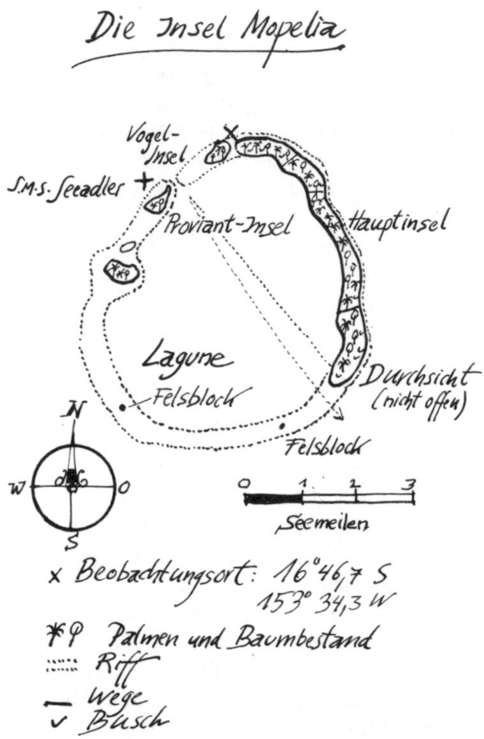
Die Insel Mopelia
Vogel-Insel
S.M.S. Seeadler
Proviant-Insel
Hauptinsel
Lagune
Felsblock
Durchsicht (nicht offen)
Felsblock
N
W
O
S
0 1 2 3
Seemeilen
x Beobachtungsort: 16°46,7 S
153° 34,3 W
Palmen und Baumbestand
Riff
Wege
Busch

riff. Die Masten, die Krone unseres Schiffes, brechen stückweise zusammen; beim Aufschlagen auf das Riff werden zentnerschwere und tonnengroße Korallenblöcke losgebrochen und wie Granathagel über das Schiff geworfen, und als die Flutwelle verrauscht ist, da liegt unser stolzer „Seeadler" zum Wrack zerschmettert auf dem Korallenriff. Das bißchen deutscher Boden, die paar Bretter, die in dieser Erdhälfte noch dem Deutschen Reich gehört hatten, unsere Heimat, das einzige, was wir besaßen, lag zertrümmert.

Wie der Korallenblock, auf den wir aufschlugen, sich tief in den Boden des Schiffes hineinrammt, und die Masten krachend von oben brechen und das Deck mit Tau und Segelzeug überschütten, sucht jeder Deckung hinter Bordwand und unter der Back. Nun ist der Anprall vorüber, das Unglück geschehen, und man sieht sich um nach seinen Leuten. Man sieht keinen; zunächst glaubt man der einzige Gerettete zu sein und verwünscht diesen Zufall. Man ruft matt nach vorn: „Jungs, wo seid ihr?" Da ertönt aus dem Vorschiff die herrliche, unvergeßliche Antwort: „Herr Graf, de Eikbom de steit noch." Die deutsche Eiche! Blitzartig geht es einem durchs Bewußtsein: Noch schlägt das deutsche Herz! So wie wir kleine Schar den schweren Schlag überdauern, so hält auch das Vaterland übermächtig stürmenden Gewalten stand:

„De Eikbom, de steit ok noch tohus."

Es hieß nun, sich nicht dem Schmerz hingeben, sondern an die Arbeit gehen. Es galt, Proviant und Wasser für 105 Menschen zu bergen. Alle Gegenstände, auch die mit Wasser gefüllten Munitionsbüchsen, mußten etwa 30 Meter weit über scharfes, unebenes Korallenriff durch starken Strom des ungefähr einen Meter tiefen Wassers getragen werden. Oft fielen die Leute um, und am nächsten Morgen gab es keinen ohne völlig zerschundene Beine mehr. Aber in zäher Anspannung wurde die ganze Nacht gearbeitet. Schließlich haben wir alles auf die Insel hinübergebracht, was zum Leben nötig war. Das Wasser in den Munitionsbüchsen erwies sich freilich als verdorben, und so wurde es unsere Lebensrettung, daß wir auf der Insel durch Sprengung uns Brunnen graben konnten.

Nun entstand unter den Palmen in kurzer Zeit die letzte deutsche Kolonie. Zuerst ging die Flagge hoch. Cäcilieninsel tauften wir unsere neue Heimat. Hatten wir auch die bisherige, unser Schiff, verloren, so besaßen wir jetzt an Stelle der paar Planken ein paar Fußbreit Erdreich.

Es galt, sich einer neuen Lebensweise anzupassen. Auf der Insel hausten Millionen großer und kleiner Vögel. Man konnte an manchen Stellen keinen Schritt tun, ohne ein Ei zu zertreten. Verscheuchte man die Möwen, so flogen sie so dicht auf, daß sich die Sonne verfinsterte. Die brütenden Vögel aber verlassen ihren Nistplatz nie, sie lassen sich lieber auf dem Platz totschlagen, als daß sie ihre Brut aufgeben. Nur durch Abfeuern von Schüssen konnte man sie da verjagen. Da die Eier, die wir vorfanden, meist angebrütet waren, steckten wir ein Stück Brutland mit dem Tau ab und warfen die dort gefundenen Eier ins Meer. Der hierdurch freigewordene Platz zog sofort alle werdenden Möwenmütter an, die es kaum erwarten konnten, ihr Ei loszuwerden. So verfügten wir in kürzester Frist über eine verschwenderische Fülle garantiert frischer Eier. Nachts, wenn wir Feuer anmachten, kamen Einsiedlerkrebse, zu Hunderten und Tausenden, vom Licht angelockt, heran.

Schnäuzchen, wie so ein Teckel nun einmal ist, war in zappelnder Neugier auf die Insel gekommen. Nun gewahrte sie auf einmal, wie dort der ganze Erdboden wimmelnd sich bewegt. Vögel stoßen auf sie zu. Sie will unter sie fahren, will fressen und vernichten, aber wo sie hinpacken will, kribbelt und wibbelt das Leben. Da kommt ein großer Einsiedlerkrebs und hält seine Scheren gegen Schnäuzchen hoch. Schnäuzchen fiel vor Schreck um, erlitt einen Krampfanfall und starb. Sie war erst zwei Jahre alt und hatte nach der langen Seereise zum erstenmal Gelegenheit gefunden, ihre Jagdpassion zu entfalten. Wir haben ihr ein schönes Grab errichtet und eine Kokosnußpalme darauf gepflanzt. Piperle aber suchte noch lange nach seiner Gefährtin.

Nachdem unsere unentbehrlichste Habe aus dem Wrack geborgen war, durften wir an den Bau unseres Dorfes denken. In den ersten Tagen hingen unsere Leute einfach ihre Hängematten zwischen den Palmen auf. Das wäre ihnen beinahe übel bekommen. Kokosnüsse krachten des Nachts aus 15 bis 25 Meter Höhe neben den Schlafenden nieder, und sie konnten von Glück sagen, wenn diese vegetarischen Granaten ihnen nicht auf die Köpfe fielen, was einen Menschen absolut chloroformieren kann. Dagegen nützte es auch wenig, das ungemütliche Kopfende mit dem Fußende zu vertauschen und mit einem Auge nach oben zu schielen, ob etwa schon wieder solch eine Gabe Gottes herniederkäme. Auf dem kribbelnden Erdboden konnte man natürlich auch nicht schlafen, und so gab sich alles mit verständnisvollem Eifer dem Hüttenbauen hin. Zuerst wurde für Seeadlerdorf ein großer Platz vom Unterholz und Gestrüpp gesäubert, dann Palmen abgesägt und Bauholz herangeschleppt. Das erste Zelt, das wir schufen, wurde eine ziemliche

Mißgeburt, aber jedes folgende geriet besser. Wir bauten die Zelthütten gewöhnlich so, daß jeweils gerade ein Segel für eine paßte. Unsere Segel, die treulich in beiden Erdhälften über uns geweht und uns Zehntausende von Kilometern vorangebracht hatten, wurden jetzt den Schiffbrüchigen zur Behausung. Unterricht gab uns einer unserer Gefangenen, der Kapitän Jürgen Petersen, der mit seiner hübschen jungen amerikanischen Lebensgefährtin sich eine blendendschöne Zeltwohnung herstellte. Die Gefangenenzelte lagen links von den paar Eingeborenenhütten, die unsrigen rechts. Der Strandweg vor den Zelten, die Seeadlerpromenade, führte also von Germantown, wie unsere Stadt von den Gefangenen benannt wurde, zu Americantown und Frenchtown. Mit den Amerikanern hatten wir auf unserem abendlichen Strandbummel freundschaftlichen Verkehr.

Unsere Stadt umfaßte neben Wohnhäusern Proviantzelte, Munitions- und Waffenzelte, Karten- und Instrumentzelte, eine große Kombüse mit Herd und Backofen, eine Funkerbude, die uns mit drahtlosen Neuigkeiten versorgte und somit die Kurzeitung ersetzte, ferner ein Motorzelt und vor allem auch eine Messe. In der Messe war sogar ein hölzerner Fußboden, den wir aus den Wänden eines Deckhauses legten. An der Rückwand prangte Meyers Konversationslexikon und ein Bücherbord, an der Seitenwand stand unsere Anrichte. Die Sessel waren um den Messetisch am Fußboden angeschraubt, so daß es einer richtigen Schiffsmesse ähnlich sah. Vor der Messe befand sich eine Veranda, eingeschlossen von Palmblättern, welche die Eingeborenen geflochten hatten.

Auch unsere Wohnräume waren mit allen guten Möbeln aus dem Schiff ausstaffiert. An meinem Schreibtisch habe ich selten gesessen. Die Unteroffiziere bauten sich ihre eigene Messe, das technische Personal ein besonderes Wohnhaus mit Kojen. Die Mannschaften hatten alle Spind und Bänke in ihren Räumen. Alle Fußböden waren mit feinem, weißem Korallensand bestreut. In der Mitte des Lagers befand sich ein Marktplatz, auf welchem abends die Kapelle spielte. Unsere Lichtmaschine spendete elektrisches Licht. Dr. Pietsch, der Schiffsarzt, errichtete sein Lazarett und rauchte seine nie ausgehende Zigarre. Auch einen großen Räucherapparat besaßen wir, worin wir mit Hilfe von Kokosnußschalen täglich etwa zweihundert Fische räucherten. Ein wunderschöner Badestrand lag an der Lagune. Nachts hörte man die Brandung schlagen als ein sanftes Wiegenlied. War es nachmittags heiß, so erfrischten wir uns auf der Luvseite an der Seebrise.

Mancher reiche Mann hätte für ein paar Wochen Sommerfrische in unserem Paradies ein kleines Vermögen gegeben. Nach einer Woche aufbauender Arbeit, die in der Hitze immerhin anstrengte, war das Idyll fertig. Unsere große Schiffsglocke war in der Mitte vom Seeadlerdorf an einer Palme befestigt; es wurde wieder Glasen geschlagen und zeitweilig Musterungen abgehalten. Auf der höchsten Palme in der Nähe von Frenchtown war der Ausguck errichtet, indem die Krone der Palme durch einen hölzernen Boden ersetzt, aber durch hinaufgebundene Palmenwedel so künstlich wieder ersetzt wurde, daß kein vorbeifahrendes Schiff dem Baum etwas angesehen hätte. Das Hauptpatent bestand aber aus einem endlosen Tau, das unten und oben auf einem Block lief. Der abzulösende Ausguckmann setzte sich oben, der ablösende unten auf einen in das Tau geknüpften Knüppel. Der Mann oben zog, wenn er schwe-

rer war, den unteren allein in die Höhe; war er ein leichter, so mußte durch einen dritten Mann etwas durch Ziehen nachgeholfen werden. Einige unserer Leute, die romantisch veranlagt waren, bauten sich kleine Hütten von Palmenblättern im Walde. Piefzeck, Messeordonnanz und Mädchen für alles, errichtete sogar mit einem gefangenen Holländer zusammen ein Wasch- und Plätthaus; darin hatte er auch seine Nähmaschine stehen und schuf aus gekaperten Tischtüchern Bettlaken, Hemden und Unterhosen. Zimmermann Dreyer baute sich eine Werkstatt in der Nähe der kleinen Werft, die wir gegenüber von Americantown anlegten, um unser Motorboot für eine neue Fahrt ins Unbekannte instand zu setzen. Denn zu unserer Vollkommenheit fehlte uns nichts, als ein Schiff, das uns wieder der Kulturwelt und dem Krieg entgegentragen konnte. Wenn unser Kreuzer auch zerschmettert auf einsamem Korallenriff lag, und wenn wir auch nicht mehr in die Heimat zurücksegeln konnten, der Mut war ungebrochen. So setzten wir jetzt alle Hoffnung auf das kleine Boot. Undenkbar schien es freilich den meisten, mit einem solchen Ding von unserer abgelegenen Insel abzufahren und in ungewissen Breiten ein größeres feindliches Schiff damit abzufangen. Aber einmal waren wir deutsche Soldaten, die auch die geringste Möglichkeit, weiterzukämpfen, wahrzunehmen hatten; und dann gleicht der Pirat dem Spieler, der das Glück immer wieder herausfordert.

Takelage und Segel wurden entworfen, Mast, Klüverbaum, Großbaum und Gaffel für das Boot fabriziert, Pardunen, Stagen und laufendes Tauwerk gepleißt, Segel genäht, Proviant klargemacht, das Boot geschruppt und gemalt. Was Werftarbeit alles erfordert, das wurde uns erst jetzt klar, als wir selbst ein Boot für eine lange Seereise instand setzten.

Über solche Vorbereitungen wurde die Gegenwart nicht vergessen. Auf den Korallen pflegten wir zu fischen, wo das Wasser nur etwa einen Fuß hoch steht. Wenn morgens die Fische kamen, um dort ihre Nahrung zu suchen, bildeten wir eine lange Kette von Menschen und trieben die Tiere nach oben ins flache Wasser. Dann verengten wir den Kreis, spannten ein Stahlnetz auf und zogen es zusammen. Schließlich wurde es rings umstellt und unsere drei Eingeborenen spießten die Fische auf. Geht der Südseeinsulaner allein zum Fischen, so steigt er tiefer in die Korallen hinein. Er trägt eine große festanliegende Brille, taucht unter und spießt den Fisch von der Seite auf, beißt ihm darauf das Rückgrat durch. Nach größeren Fischen wirft er mit einem besenartigen Bündel von Speeren mit Widerhaken.

Ferner übten wir das Angeln und erbeuteten Fische auch durch Sprengpatronen, die wir ins Wasser warfen; brachen dann von den Korallenbauten einige zusammen, so wurden Hunderte der wohlschmeckenden, bizarr schönen Fische herausgeworfen. Die Korallen geben einen hellen Widerschein, so daß man tief ins Wasser hinuntersehen kann. Außer Papageifischen fingen wir Langusten, Rockfische, Plattenfische und Muränen. Letztere schauen nur mit dem Kopf aus den Korallen heraus, und wenn man sich nicht vorsieht, beißen sie zu. Wir erfuhren zuerst aus dem Großen Meyer, was das für Fische wären, und zugleich, daß die alten Römer die Muränen für die größte Delikatesse hielten und mit Sklavenfleisch gefüttert haben sollen. Bei Tagesanbruch wurde der Strand nach Riesenschildkröten abgesucht, deren Fleisch und Eier sehr wohlschmeckend sind.
Mit den Eingeborenen waren wir täglich zusammen und verständigten uns in Pidgin-Englisch; übrigens lernte der Junge, den sie mithatten, ein halbes Kind, ziemlich schnell Plattdeutsch. Ich könnte noch vieles erzählen von Vögel- und Schweinejagd, von abendlichem Lagerfeuer mit Seemannsklavier und Heimatliedern, träumerischer Ruhe und Heimwehgefühlen. Gegen 10 Uhr abends lag die ganze Kolonie meist im wohligen Schlummer; nur der Posten wanderte einsam vor den Hütten auf und ab. Zeitweise kam es dabei vor, daß der Posten vom sanften Rauschen der Palmen und Gezirp der Grillen zu weit ins Traumland kam und selig einduselte, wofür er natürlich seine Extrawache ablaufen mußte; aber ein Arrestlokal brauchten wir nicht, es war das einzige, was bei unserem Stadtbau fortblieb.
Ratten, Ameisen, Flöhe und tausenderlei Insekten waren in Myriaden vorhanden. Nachts lebten die Buden förmlich. Ein Opossum, welches die Gefangenen mitgebracht hatten, kam jeden Abend in die Messe und verlangte Wasser. Piperle jagte nachts mit ungeheurem Skandal die Schweine vorbei. Überall knackte, raschelte, gurrte und summte es. Von den Blättern einer benachbarten Palme herab kamen die Ratten auf das Zeltdach; die ganze Nacht lief und rannte es auf und nieder. Man wurde an alles gewöhnt, sogar wenn man plötzlich bemerkte, daß man in seinem Glas Wasser, das man nachts in der Dunkelheit trank, mehr Kakerlaken als Wasser hatte, oder wenn morgens die Zahnbürste voll Ameisen war. Retten kann man sich vor den Ameisen nur, indem man Tisch- und Stuhlbeine in Wasserschälchen stellt. Piperle kämpfte nachts fast unausgesetzt seinen drolligen Heldenkampf mit den Einsiedler-

krebsen, die am Abend zu Tausenden das Wandern vom Ufer in den Palmenwald anhuben; morgens krabbelte die ganze Gesellschaft wieder zurück. Ihre Beine und Scheren waren unserem Koch willkommen. Als Salat dazu wurde Palmenherz gestovt. Das ist das leckerste Gemüse der Welt, und es können sich's nicht einmal Multimillionäre, sondern nur Piraten leisten. Es bildet nämlich die Mitte der Kokosnußpalmenkrone, aus welcher die neuen Blätter entsprießen. Will man also solch ein Herz im Gewicht von etwa 10 Pfund haben, so muß jedesmal eine große schöne Palme ihr Leben lassen. Der Geschmack ist etwa zwischen Haselnuß und Spargel, nur feiner und lieblicher als beide.

Wir verlebten mannigfaltige Tage und genossen die Reize der Erde zwischen den beiden Wasserflächen, dem grauen, gewaltigen Meer draußen und der schönen lieblichen Lagune drinnen. Aber ich wurde das Gouverneurspielen satt; es bewegte sich nichts vorwärts, wie wir es bisher gewohnt waren; es blieb zu sehr alles auf einem Punkt stehen. Des Seemanns alte Heimat zog uns wieder an, kaum daß wir uns dazu kräftig genug fühlten. Aber der Entschluß zu dieser Fahrt durfte nicht leichtfertig gefaßt werden, denn ich hatte das Leben von sechs Männern zu verantworten. Gefahr und Erfolgsaussicht wurden abgewogen und der Entschluß bejaht. Der Geist solcher Leute sollte nicht unter der Äquatorsonne eintrocknen! Schon am 23. August war unser Boot fertig zur Abfahrt Unter Leutnant Kircheiß' erfahrener Leitung war das Boot in vierzehntägiger Arbeit zu einem hohen Grad an Seetüchtigkeit gebracht worden. Einen kleinen Knacks hatte es allerdings; auch bei ruhigem Wetter haben wir später täglich vierzig Eimer voll Wasser ausgeschöpft. Wir waren uns bewußt, daß die bevorstehende Unternehmung kriegerisch wie sportlich gewagter war als alles bisherige. Rasmus — so nennt der Seemann die überkommenden Wellen — würde uns diesmal gehörig die Gesichter waschen. Aus dem bequemen Salon, von der paradiesischen Insel hinweg trieb unser Wikingerblut hinaus auf eine Art von Einbaumkrieg, wie ihn die Südseeinsulaner früher pflegten.

Kriegsrat wurde gehalten. Welche Kurse wollten wir segeln? Wie lange sollte die zurückbleibende Mannschaft auf unsere Wiederkunft warten? Unter welchem Baum sollte sie, falls sie vorher Mopelia verließ, Nachricht zurücklassen? Alle halben Jahre lief nämlich ein Segler die Insel an, um die von den Eingeborenen gesammelten Kokosnüsse und Schildkröten abzuholen. Wir Bootsfahrer beabsichtigten, zuerst die Cookinseln anzulaufen und, wenn

wir dort kein Schiff fänden, nach den Fidschiinseln weiterzusegeln, weil dort der größte Schiffsverkehr war und unsere Kriegsaussichten also besser standen. Leider haben wir dem Umstand, daß wir uns einem kleinen Schiffsboot anvertrauten, nicht genügend Rechnung getragen; denn sonst wären wir, da im September häufig stürmischer Wind in diesen Inselgruppen herrscht, nicht dorthin gegangen. Wir rechneten mit einer ungefähren Durchschnittsfahrt von 60 Seemeilen den Tag; in dreißig Tagen konnten wir also die Strecke zurücklegen und in ungefähr drei Monaten mit einem gekaperten Schiff wieder in Mopelia sein.
Das Boot war offen, etwa 6 Meter lang und lag mittschiffs nur ganze 28 Zentimeter über Wasser. Aber einerlei, es konnte schwimmen! Wie wenig Schutz ein solches Fahrzeug gegen die andringenden Wellen einer hochbewegten See bietet, kann ein Seebefahrener beurteilen. Aber auch jeder Leser, der einmal auf seinem Heimatflüßchen ein Boot gemietet hat, kann sich die Unternehmung vorstellen, ein solches Ding mit Ausrüstung für mehrere Wochen und mit einem halben Dutzend Gefährten vollzupacken und auf hohe See ins Ungewisse zu gehen. Armiert wurde es mit einem Maschinengewehr, zwei Gewehren und ein paar Handgranaten und Pistolen. Wir hatten einige Dosen Konservenfleisch, Speck usw. verstaut, aber in der Hauptsache bestand der Proviant nur aus Hartbrot und Wasser. Nautische Apparate und Sextanten waren eingebaut. Außerdem nahmen wir die Handharmonika und ein liebes plattdeutsches Buch mit. Alle wollten natürlich mitgehen, aber ich konnte nur die wählen, deren Gesundheit zur Zeit am günstigsten stand. Leutnant Kircheiß, Steuermann Lüdemann, Maschinist Krause, Obermaat Permien und Obermatrose Erdmann bildeten die Besatzung. Ich selbst war froh, daß ich als Kommandant, der sein Schiff verloren hatte, einen fahrbaren Unterschlupf fand, und wenn es auch nur ein kleines Boot war. Auf Mopelia ging das Kommando auf Leutnant d. R. Kling über.
Klar unter Segeln lag unsere „Kronprinzessin Cecilie", der kleinste Kreuzer der deutschen Marine. Der Augenblick des Abschieds rückte heran. Nochmals ein kerniger Händedruck, das Band, das die vierundsechzig bisher so eng und fest umschlungen hatte, war aufgelöst. Es war, als ob die Seele in zwei Hälften zerrissen würde. Erst jetzt kam es zum Bewußtsein, was uns jeder der Kameraden gewesen war und was uns nunmehr bevorstand. War es auch ein stolzes Gefühl, daß unsere winzige Kriegsmacht die deutsche Flagge wieder auf mehrere Punkte ausbreiten konnte, so sahen uns doch

die Zurückbleibenden zweifelnd nach. Jeder bangte bei sich: „Kann das kecke Boot schwerem Wetter standhalten?" Es war keine Stimmung für Hurrarufen, nur die feste, ruhige Zuversicht erfüllter Pflicht. Dann lösten wir uns vom Lande, zwei deutsche Flaggen wehten nun wieder im weiten Ozean, eine von der Kokospalme, eine über dem Boot. Unsere Seegewalt stand im Verhältnis zu der Größe unseres Inselreiches, aber solange deutsche Herzen schlugen, war in diesem Miniaturkrieg doch ein erhebendes Streben.
Als wir unseren „Seeadler" passierten, lag das Wrack zusammengesunken da, schon rotbraun gefärbt von der Brandung, die Masten zerbrochen. Aufgelüftet von der Dünung bewegte sich das Schiff wie etwas Lebendiges. Es war als ob es atmete, sich zu heben versuchte, sich noch einmal aufrichten wollte, um Abschied zu nehmen, ja, als ob es mit uns sterben wollte, und dann doch wieder ohnmächtig in seinen Fesseln lag. Dann glitt unsere Nußschale in die See hinaus und schwamm wie ein lebender Punkt immer weiter in die Tiefe des Ozeans. Aus der umdunsteten Ferne, in der die Insel schon verschwunden war, leuchteten uns zuletzt nur die Goldbuchstaben von der Schiffswand nach . . . „Irma"! Wir aber strebten hinweg.

2300 Seemeilen im offenen Boot

Mein Leutnant Kircheiß malte stolz mit Blaustift auf die erste Seite unseres Logbuches den Namen „Kronprinzessin Cäcilie". Unser Schiffchen machte bei anfänglich herrlichem Wetter durchschnittlich pro Stunde 4 Seemeilen Fahrt. Der Kurs ging auf die etwa 300 Seemeilen Westsüdwest entfernt liegende Insel Atiu zu.

Wir hatten für zwei Monate Hartbrot, für drei Wochen Wasser mit. Ich muß nun die Einrichtung unserer neuen Häuslichkeit etwas näher beschreiben. Da unser Boot so voll war, daß man nur auf allen vieren von vorn nach achtern kommen konnte, so hatten wir unser Hartbrot gleich von vornherein in die seitlichen Lufttanks gepackt; auch die Getränke, photographischen Apparate und der so notwendige Tabak waren nebst einigem Unterzeug an diesem einzigen, auch bei schlechtem Wetter trockenen Platz verstaut, worunter allerdings die Schwimmfähigkeit des Bootes bedenklich litt. Wir besaßen vier Matratzen, so daß gleichzeitig vier Mann ausgestreckt liegen konnten, davon aber auch zwei nur halb, denn, wenn man auf den beiden vorderen Matratzen lag, kam man immer unklar mit den Beinen zwischen Tauwerk und Belegnägel der Nägelbank. Als Kulturzubehör hatten wir sechs Emailleteller, sechs paar Messer und Gabeln, sechs Moggen, einen Kaffeekessel,

20 000 Mark und einige Rollen Klosettpapier bei uns. Das Klosett bestand allerdings aus dem Vordersteven, der bei den Stampfbewegungen des Schiffes häufig untertauchte, eine Wasserspülung eingreifendster Art, die aber oft verfrüht kam; man mußte sich dabei an einem dünnen Stag halten, der beim Rollen des Schiffes den Körper hin und her pendeln ließ. Fürchterlicher als diese äußeren Erschwerungen wurde uns freilich die Hartleibigkeit, die aus dem Bewegungsmangel und der dauernden Brot- und Wasserkost entstand.

Zu dem erwähnten Schiffsinhalt kamen noch die Wasserfässer, der Motor, die Duchten usw., was mit den Lufttanks zusammen den meisten Platz wegnahm. So begreift man kaum, wie sich noch sechs Menschen in diesen Patentschlitten hineindrücken konnten. Um etwas Schutz gegen Regen und See zu haben, hatten wir rings um das Boot am Dollbord ein breites Segeltuch angenagelt. Dieses wurde bei schlechtem Wetter nach mittschiff herübergeklappt und dort mit der gegenüberliegenden Seite zusammengezerrt. Damit nun das Segeltuch nicht unmittelbar auf der Nase lag, waren von zwei zu zwei Metern eiserne Bügel querüber befestigt. Ohne diese Vorkehrung wären wir häufig vollgeschlagen und fast mit Sicherheit ertrunken.

Hat der Leser wirklich noch niemals eine Reise im kleinen Boot mit knapp einem Fuß Freibord über eine sturmzerwühlte See gemacht? Wenn nicht, dann sollte er dies bei der ersten Gelegenheit nachholen. Doch empfiehlt es sich, den Magen vorher einer guten Probe zu unterziehen, etwa wochenlang täglich ein paar Stunden in einer hochaufgehängten Schaukel zuzubringen, an der mehrere Seile angebracht sind. An jedem muß ein halbwüchsiger Junge kräftig und unsystematisch ziehen. Nun geht es abwechselnd rechts, links, auf, ab, kreuz, quer. Das Gefährt darf die Pfosten nicht immer frei passieren, sondern soll durch Gegenrammen manchmal eine kleine Abwechslung in das Spiel bringen. Bisweilen muß dem Insassen der Inhalt eines mit kaltem Salzwasser gefüllten Eimers in weitem Bogen ins Gesicht geschleudert werden. In einigen Wochen wird sich der Magen an die Bewegung gewöhnt haben, und der Abenteuerlustige braucht die Schönheit einer solchen Reise nicht mehr allzusehr zu fürchten.

Wir nannten unser Boot im allgemeinen nur den Zigeunerwagen des Ozeans und fühlten uns auf dem besten Weg, große Taten zu vollbringen. Nur das „Wenn" und das „Aber" hat uns später einige Hindernisse in den Weg geworfen.

Morgens um 6 Uhr wurde durch die beiden Wachmannschaften der

Kaffeekessel gefüllt, was mit der kleinen Pumpe rund zehn Minuten dauerte. Das Kochen wurde unter den schwierigsten Umständen mit einer Lötlampe bewerkstelligt. Sobald etwas Brise war und das Boot schlingerte, gelang es nicht, das Wasser zum Sieden zu bringen; dann waren wir froh, anstatt Kaffee wenigstens etwas angewärmte Kaffeebohnensuppe zu bekommen. In den späteren entsetzlichen Tagen dieser Bootsfahrt haben wir überhaupt nichts Warmes, so wenig wie Trocknes zu essen bekommen. Freundlich dagegen war das Bootsleben in den ersten Tagen. Um 8 Uhr standen die vier andern von ihrem Lager auf, wuschen sich mit Salzwasser und, wenn alles seine Ozeankultur vollzogen hatte, setzten wir uns hinter den Kokpit, den einzigen freien Platz, und nahmen den Kaffee mit Hartbrotstullen ein. Dann wurde die Vormittagsstandlinie ausgerechnet, „Betten" gemacht, Moggen gewaschen und Messer geputzt. Um 10 Uhr konnte man sich bei gutem Wetter geistigen Interessen hingeben, und da unsere Bibliothek nur für einen reichte, so etablierte sich Lüdemann als Vorleser und gab uns einen Strämel aus der „Reis' nach Konstantinopel" zum besten. Fritz Reuter war so ziemlich das einzige, was uns auf der ganzen Reise trocken zu halten gelang. Hätte Reuter

„. . . Der Ankerplatz machte uns anfänglich Sorge"

„. . . Das einzige, was wir besaßen, lag zertrümmert"

„Seeadler" wird gesprengt

Seeadlerdorf, die letzte deutsche Kolonie

„Kronprinzessin Cecilie", der kleinste Kreuzer der deutschen Marine

gewußt, daß er einmal sechs deutschen Seeleuten mitten im Stillen Ozean die einzige Erquickung ihres Daseins würde, er hätte sich über seine ollen Kamellen doppelt gefreut.
Gegen 12 Uhr wurde wieder Nautik getrieben, das Mittagsbesteck ausgerechnet und zum Diner klargemacht, das wir, wieder alle um den Kompaß gelagert, einnahmen. Der Nachmittag war meist unangenehm; in der Hitze ohne Schatten immer auf einem Punkte sitzend, wurde man zuletzt ganz brägenklöterig. Mit Wassertrinken mußten wir sparsam sein; man durfte den Durst nie völlig löschen. Am späteren Nachmittag wurde wieder etwas gelesen und Tagebuch geschrieben, gevespert und zu Abend geschmaust, und den Abend machte uns die Handharmonika gemütlich, zu der wir sangen. Manches alte deutsche Volkslied und mancher Gassenhauer verhallten in dem weiten Ozean. Dann noch ein wenig geklönt, bis Morpheus als siebenter Mann unsern Kahn bestieg. Nachts war es meist empfindlich kühl, was wir aber bei dem anfänglichen guten Wetter noch nicht so bemerkten, solange unsere Kleider trocken waren. Ungemütlich wurde es, wenn ein Walfisch nebenherschwamm, wir verzichteten gern auf die Nähe seiner Fontänen.
Die Navigation erwies sich in einem solchen winzigen Fahrzeug als recht schwierig. Man kann die Karten auf keinen Tisch legen, alles weht bei der geringsten Unachtsamkeit über Bord. Man sollte im rollenden Boot rechnen und beobachten, mit steifen Händen. Wenn wir unsere nautischen Tafeln, Hefte, Karten, Logarithmen und Bücher, die vor Nässe klebten, zum Trocknen in die Sonne legten, schwollen sie auf wie Pferdekadaver.
Wir spähten nun also nach Schiffen aus und suchten in den feindlichen Häfen danach. Am dritten Tag unserer Fahrt kamen wir zur ersten Insel der Cookgruppe, Atiu, und betraten zum erstenmal bewohntes Feindesland. Ich begab mich mit Kircheiß durch die unser seltsames Fahrzeug bestaunenden Eingeborenenhaufen hindurch in das Amtsgebäude des britischen Residenten. Der Herr lag auf seiner Veranda ausgestreckt in Hemd und Hose und erhob sich nicht, als wir eintraten. Die gottgewollte Notwendigkeit, daß alles Erdreich, sei es noch so fern und klein, von Angelsachsen beherrscht wird, stand auf seinem Gesicht geschrieben.
„Mein Name ist van Houten", begann ich dem mißtrauisch blickenden Residenten auf englisch zu erzählen, „und dies hier ist mein chief officer Southart." Dann gab ich Kircheiß das Wort, der besser englisch sprach, und dieser fuhr fort:
„Wir sind Amerikaner von holländischer Geburt. Wir haben vor

ein paar Monaten im holländischen Klub zu San Franzisko gewettet, von Honolulu mit einem offenen Boot über die Cookinseln nach Tahiti und zurück nach Honolulu zu segeln. Die Wettsumme beträgt 25 000 Dollar. Wir sind verpflichtet, bestimmte Plätze anzulaufen. Darum, mein Herr, seien Sie so freundlich, uns einen Ausweis zu erteilen, daß wir hier gewesen sind. Auch wünschen wir Wasser, Konserven und frische Früchte einzunehmen."

Dem Residenten schien unsere Sache etwas übergewagt, aber sein Gesicht hellte sich auf. Er fragte nicht nach Logbuch und Papieren; auch hatte er als stolzer Brite die Beschäftigung mit fremden Sprachen offenbar so völlig verschmäht, daß er das Plattdeutsch, das Kircheiß und ich untereinander sprachen, für Holländisch nahm, obwohl er den Burenkrieg mitgemacht hatte. Er verwickelte uns darauf in ein Gespräch über den Krieg, den er verurteilte, da er nur der gelben Rasse nütze. Vor den Taten der Deutschen hatte er starken Respekt. Natürlich hüteten wir uns, Deutschland zu rühmen.

Nach einer Viertelstunde gesellte sich ein französischer Missionar hinzu, der, entzückt, als ich ihn mit ein paar französischen Brocken ansprach, als glühender Patriot uns sofort zu sich einlud, mit einer Grammophon-Marseillaise empfing und köstlich bewirtete, wobei natürlich die Deutschen im Gespräch nicht geschont wurden. Auf dem Wege zu seinem Missionshaus genossen wir die Pracht der Insel; in wilder Harmonie wuchsen zu beiden Seiten Kokospalmen, Bananen, Mangos, Apfelsinen und viel anderes Tropengewächs. Auf dem Rückweg schlenderten wir durch die Dorfstraße und gaben den schönen Häuptlingstöchtern Gelegenheit, auch einmal ein Auge voll von diesen Wettefritzen zu nehmen. Mit betäubenden Blumensträußen und allerhand entzückenden Einladungen für später beglückt, gingen wir zum Boot zurück. Dann besuchte ich noch einmal den Residenten, um ihn über den Schiffsverkehr auszuhorchen. Leider war die Ankunft irgendeines Seglers ganz unbestimmt, so daß wir unsere Hoffnung nun darauf richten mußten, erst in Aitutaki ein Beuteobjekt anzutreffen. Dorthin segelten wir weiter. Der Ausweis des Residenten von Aitu sollte uns gute Dienste leisten.

Das Wetter hatte sich verschlechtert. Unaufhörliche Regenböen durchnäßten alles und schwere Seen schlugen dauernd ins Boot. Wir haben manchmal in einer Stunde 250 Eimer ausgeschöpft. In den ganzen letzten 25 Tagen unserer Fahrt wurden wir nie wieder recht trocken. Sämtliche Wolldecken, Matratzen, überhaupt alles, was nicht in den Seitentanks verstaut war, durchnäßte vollkommen. Wir froren unbeschreiblich und bekamen nur selten noch den Kaffee warm. Auf den durchweichten Matratzen, unter den nassen, bleischweren Decken konnte man nicht mehr schlafen und freute sich darauf, Wache zu haben, um durch die Bewegung des Arbeitens etwas Wärme zu gewinnen. Der Segeltuchbezug hielt nicht mehr dicht. Spritzwellen hinderten das Trocknen der Sachen, wenn einmal der Regen aussetzte.

Einmal sahen wir dicht vor unseren Augen eine Wasserhose sich bilden. Zuerst zieht ein feiner, wirbelnder Sprühregen dicht an der Wasseroberfläche die Aufmerksamkeit auf sich. Allmählich dreht sich der Wirbel immer heftiger, immer breitere Wassermassen mit sich reißend, und dann sieht man oben am klaren Himmel ein schwarzes Gewitterwölkchen, das trichterförmig nach unten ausläuft. Plötzlich schießen der kreisende Wirbel auf der Wasserfläche und der Wolkenzapfen zusammen; ein Rauschen und Tosen der Wassermassen, Himmel und Wasser sind durch eine riesenhafte Säule verbunden. Diese himmelhohe Wand bewegt sich vorwärts. Das kleine Boot liegt totenstill, kein Luftzug regt sich um uns. Herr Gott, wenn dieser wandernde Gigant auf uns herniederbricht! Wie sollen wir ausweichen? Unwillkürlich dreht der Mann am Steuer immer wieder ab, doch das Schiff bewegt sich nicht. Da plötzlich, Gott sei Dank, bricht das rauschende Ungeheuer mit betäubendem Klatschen in sich zusammen, eine mächtige Dünung hinterlassend. Mehreren Wasserhosen entrannen wir nur durch glücklichen Zufall.

Bei Aitutaki angelangt, fanden wir leider den erwarteten Schoner, den wir kapern wollten, nicht. Wir beschlossen trotzdem, an Land zu gehen, in der Hoffnung, über Schiffsverkehr etwas zu hören und eine Nacht trocken zu schlafen und unseren erschöpften Körper auszuruhen. Es war der 30. August.

Auf der Mole stand zwischen ein paar hundert Eingeborenen der Resident und erwartete die seltsamen Gäste. Wir hatten unsere holländische Abstammung in eine norwegische umgewandelt, da uns schon in Atiu die Nähe holländischer Landsleute angekündigt war, auf deren intime Bekanntschaft wir keinen Wert legten. Nur dem Obermaat Permien, der etwas holländisch sprach und sonst keine fremde Sprache, überließen wir die Freude dieser landsmannschaftlichen Begrüßung, gaben ihm aber vorher etwas Unterricht in Schwerhörigkeit.

Der Resident sah mit seinem Kneifer aus wie Präsident Wilson und brachte uns das denkbar größte Mißtrauen entgegen. Er schickte gleich einen norwegischen Zimmermann aufs Boot, mit dem sich glücklicherweise Lüdemann fließend unterhalten konnte, so daß dieser Zeuge warm für uns eintrat. Unser Wilson verfolgte nun einen recht schlauen Plan, um uns auszuforschen, indem er uns trennte, obwohl wir alle Ausflüchte versuchten, um beisammenzubleiben. Wir wurden aber so dringend in die einzelnen Honoratiorenhäuser zum Bad und Essen eingeladen, daß wir nicht widerstreben durften. Ich nahm mir eine Handgranate in die Tasche und ebenso die andern. Mit dem Trocknen unserer Sachen war es wieder nichts, weil die Insulaner unser Boot dicht umlagerten, so daß wir die Decken, unter denen unser Waffenlager steckte, nicht aufheben durften.

Während ich beim Kaufmann Low und Kircheiß beim Residenten aßen, gingen zwischen unsern beiden Gastgebern fortwährend durch Boten kleine Zettel hin und her. Offenbar verabredeten sie darauf die an uns zu stellenden Fragen und verglichen die Antworten. Wir strebten, sobald wir konnten, wieder zusammenzukommen. Am Boot erzählte uns Lüdemann, der Norweger hätte uns gewarnt, man hielte uns für Deutsche und wollte das Boot an den Strand holen. Wir verabredeten darauf, daß immer zwei von uns im Boot bleiben und sobald sie etwas hörten, die Landungsbrücke mit Maschinengewehrfeuer bestreichen sollten; wir andern würden uns dann schon durchschlagen. Dann gingen wir, in Erwartung des vom Residenten versprochenen Ausweises, erst mal in den Kaufladen, um unseren Vorrat aufzufüllen. Als Permien dort vor der Tür stand, trat ein holländischer Missionar auf ihn zu und verwickelte ihn ins Gespräch. Permien mußte aber dringend zum Boot zurück und statt dessen unterhielt Erdmann den „Himmelslotsen" mit ein paar holländischen Brocken. Er lud uns alle ein, wir waren aber schon vergeben. Der Kaufmann, Herr Low, brachte uns illustrierte Zeitschriften an und bestaunte darin die deutschen Schützengräben usw. In seinem Laden fanden wir noch allerlei Waren „Made in Germany", und als wir ihn darauf hinwiesen, sagte er, er freue sich, daß dies die letzten Restbestände wären: neue deutsche Waren würden nie mehr nach der Insel kommen.

Von der bisherigen Größe und ausgebreiteten Handelsmacht unseres Vaterlandes erhielten wir so auf Schritt und Tritt einen neuen Begriff. Aber wir durften uns nichts anmerken lassen, und unsere ungemütliche Lage auf beinahe verlorenem Posten zeigte schon eine ähnliche traurige Vereinsamung, wie sie unser ganzes liebes, einst so großes Vaterland erleben sollte. Damals freilich hofften wir noch auf den Sieg, und wenn alle in der Heimat so durchgehalten hätten wie unser kleines schiffbrüchiges Häuflein, so würde die Weltgeschichte vielleicht anders gelaufen sein. Der Respekt vor unserem Volk und

Staat war unermeßlich groß; immer wieder hörten wir bei solchen, die uns für Nichtdeutsche hielten, die Besorgnis aussprechen, Deutschland würde noch die ganze Südsee annektieren und ähnliche Phantasien mehr.
Wir wurden dann eingeladen, in den einzelnen Häusern zu übernachten. So gern wir das getan hätten, nahmen wir es doch nicht an, da es offenbar nur eine Falle war. Wir hätten dann wohl bis Kriegsende dort bleiben müssen.
Endlich ließ uns Wilson rufen, forschte nach meinen Schiffspapieren und fragte mich nach allerlei Namen und Daten. Auf meine Frage, warum er das wissen wollte, erwiderte er: „Die Leute halten Sie für Deutsche. Ich weiß, daß Sie es nicht sind, und möchte die Leute beruhigen." Wilson schwankte offenbar zwischen dem Wunsche, uns dazubehalten, und der Furcht vor einem Kampfe. Ich fühlte nach meiner Handgranate und hakte in der Tasche den Karabinerhaken auf den Zünder, und dann gingen wir mit dem Residenten, umgeben von Hunderten von Eingeborenen, hinab zum Boot. Auf der Landungsbrücke fragte ein langer Kerl mit englischer Militärmütze, der in Flandern gewesen war, den Residenten, ob er uns festnehmen solle. Ich flüsterte Wilson zu: „Wenn ihr hier Geschichten macht, schieße ich den Kerl über den Haufen." Die Antwort war: „Reden Sie doch so etwas nicht." Dann blieb ich auf der Landungsbrücke sitzen, während der Resident sich ins Boot begab, um unser Logbuch einzusehen und das Boot zu durchsuchen, wozu ihn weniger sein eigener Mut, als die uns durch den Norweger verratene Forderung der ganzen Bevölkerung trieb.
Das Logbuch war natürlich nicht aufzufinden. War es nicht über Bord gefallen? Doch konnte Kircheiß das Tagebuch eines früher von uns gekaperten amerikanischen Schoners überreichen, das wir wegen seiner geographischen Auskünfte mitgenommen hatten. Leider lag in diesem ungewöhnlichen Schiffsbuch auch unser Chronometertagebuch. Auf der ersten Seite war in fetter Schrift „Kaiserliche Marine" mit dem Reichsadler vorgedruckt. „Was ist das für eine Sprache?" fragte der Resident. „Das weiß ich auch nicht", sagte Kircheiß, „wir haben das Buch in Honolulu bekommen."
„Und was heißt hier ‚Gang und Stand?'", fragte Wilson, indem er die handschriftlichen Seitenvermerke über den Zahlen mit dem Finger betippte.
„Das ist norwegisch", sagte Kircheiß, „für Navigation."
Wilson zog es vor, ihm zu glauben. Wir hatten im Augenblick zweifellos die militärische Übermacht. Im Vorbeigehen lüftete der

Resident ein bißchen die Decken. Da lag eine Mauserpistole. Er deckte sofort wieder zu und sagte zu Kircheiß: „Lassen Sie das die Menge nicht sehen." Alles war klar zum Gefecht: Maschinengewehr und Bajonette, und die Handgranaten hingen eine neben der anderen aufgereiht, daß wir sie nur so wie vom Apfelbaum herunterzupicken brauchten. Der Resident war schon ganz blaß geworden. Er rief seinen Begleitern, die auf der Brücke standen, zu: „Boys, es ist alles in Ordnung." Ich stieg zu ihm ins Boot. „Decken Sie das zu", sagte er kreidebleich und zeigte auf die Handgranaten, und dann wieder zu der Menge: „Ich finde nichts. Es sind harmlose Leute, Sportsleute." Und dann zu mir leise: „Nehmen Sie mich bitte nicht mit."

Wir wollten erst in ein paar Stunden fahren. Wilson zog aber die Uhr und sagte, „Gentlemen, es ist besser, Sie fahren sogleich ab." Dann stieg er aus, ich mit ihm, und wir schnakten der Form halber noch ein bißchen am Strand, während Kircheiß gemütlich ins Dorf zurückging, um ein paar Apfelsinen abzuholen, die uns versprochen waren. Den erbetenen Ausweis hatte der Resident schon geschrieben. Der eingeborene Lotse meinte nun, wir könnten erst in einigen Stunden fahren. Da herrschte ihn der Resident aber an, es müßte sofort möglich sein. Ich stand bei ihm und wir beiden Weißen spielten zusammen eine Karte, damit die Schwarzen mit ihrem Verdacht nicht recht behielten und den Weißen Unannehmlichkeiten bereiteten. Der Resident aber wußte genau, wen er vor sich hatte.

Als Kircheiß zurückgekehrt war, verließen wir diese kitzliche Ecke. Wir waren nun wieder auf hoher See und sahen dreizehn Tage lang kein Land. Trocken ist das Boot nie mehr geworden.

Die furchtbarste Leidenszeit sollten wir jetzt auf dieser Fahrt durchmachen, schwere Kämpfe mit den Elementen, Tag und Nacht ohne Schlaf, nur damit beschäftigt, das Boot gegen das stürmische Wetter über Wasser zu halten und das ins Boot schlagende Wasser mit Eimern wieder auszuschöpfen. Drei Tage lang fuhren wir durch ein Bimssteinfeld, das durch einen unter Wasser liegenden Vulkan ausgeworfen war. Hier lag das Ursprungsgebiet des Seebebens, das unsern „Seeadler" vernichtet hatte. Unter diesem Bimsstein hatten wir insofern schwer zu leiden, als er durch das über Bord kommende Wasser mit ins Boot geschlagen wurde. Alles .war unbeschreiblich klatschnaß und von knirschendem Bimssteinsand beschmutzt. Alles schwabberte im Wasser, und trotzdem regnete es immer weiter. Wohl kann ich am Tage naß sein, wenn ich abends eine Koje habe. Aber kein Dach und Fach! Der Körper rauchte infolge der Kälte. Dazu als Nahrung nur Wasser und hartes Brot. Wir verfielen tiefer Erschöpfung. Die Matratzen hatten wir längst über Bord geworfen, weil sie nicht mehr trockneten. Am Tag brannte zwischendurch mal die heiße Tropensonne auf die Haut, und nachts besaß man gegen die bittere Kälte keinen anderen Schutz als nasse Decken. Die Wasservorräte wurden knapp, und wir wagten unseren Durst nie mehr zu löschen. Sogar den köstlichen Speck, den wir mithatten, und nach dem wir förmlich lechzten, durften wir nicht mehr anrühren, um den Durst nicht noch mehr zu reizen. Tantalusqualen! Und dazu die weite Wasserfläche, die uns mit ihrem kristallklaren Naß fortwährend höhnte und an den Durst erinnerte. Regenwasser im Segel zu sammeln, mußten wir bald aufgeben, da das Segel durch den ewigen Wasserdampf des Meeres ebenso salzüberzogen war wie alles im Boot, und nur brackiges Wasser hergab. Wir gewöhnten uns unbewußt an, an den Fingern zu saugen und die Hand zu benagen, um den trockenen Gaumen, der wie ein Reibeisen war, durch Speichel zu erfrischen. Eben erst genesen, wurden wir wieder skorbutartig krank. Unsere Gelenke waren stark angeschwollen, besonders die Kniegelenke. In einem Schiff, dessen Kleinheit dem Körper die nötige Bewegung entzieht, verkommt man völlig bei längerem Aufenthalt. Stehen konnten wir nicht mehr. Die Zunge war angeschwollen, das Zahnfleisch schneeweiß, die Zähne saßen locker und schmerzten, und damit sollte man dieses harte Brot kauen! Was hätte man für eine warme Mahlzeit, ein trockenes Lager, ein wenig freie Bewegung oder sonst eine bescheidene Erholung gegeben! Schließlich ist der Mensch doch keine Amphibie. Große Schmerzen litten wir auch, wenn beim Hin- und Herschlagen des Bootes die stark angeschwollenen Kniegelenke anstießen. Schwerer Druck von innen nach außen lag auf den Augen. Wir konnten nicht mehr und wurden uns selber zum Überdruß. Permien machte sich Striche am Körper, und wir beobachteten, wie das Wasser von Tag zu Tag in den Gliedern stieg und sich ausdehnte; wir bildeten uns ein: nur bis zum Herzen geht es. Jeder sagte: „Ich bin der erste, der geht." Wir waren so müde und sollten immer wieder kämpfen! Wir wurden gleichgültig, warum sollten wir uns anstrengen, das bißchen Leben zu retten! In solchen Tagen zieht man den Tod vor, und wie wir schon das Ballasteisen hervorholten, denn wir wollten alle sterben, da war doch einer stark, und dieser eine ergriff unsern Tröster, unsern Fritz Reuter. Wie erfrischt uns der Humor, und der Mut kommt wieder: „Ne, wi wüllt wedder to Hus, wi wüllt nich dod gahn." Der Gemütskranke ist wie ein Kind; das Buch hat ihm wieder die Heimat gezeigt, unermeßliches Heimweh durchströmt ihn und lenkt ihn von der Todessehnsucht ab. Ein Lichtpunkt! Nur heim zu dem Land, das solche Menschen hervorgebracht hat. Eine gewisse Umnachtung war eingetreten. Klar denken konnte man nicht mehr, das Gehirn war wie ein Baumwollknäuel. Richtigen Schlaf gab es nicht mehr, aber fortwährend nickte man ein, auch wenn man am Steuer saß. Man lebte in einer ganz andern Welt. Nur eines ging immerzu fort, der Trieb, gute Reise zu machen, nur keinen Wind unausgenützt zu lassen, keine Stunde zu verlieren. Immer weiter, immer weiter! Jede Stunde brachte uns der Erlösung näher. Und weiter kämpften wir. Da kommt eines Morgens die kleine englische Insel Niue in Sicht. Wir mußten uns frische Nahrungsmittel verschaffen, wenn wir nicht umkommen wollten. Es ist immer ein Ereignis, wenn sich ein Boot einer Insel nähert. Wir sehen, wie die Eingeborenen den Landungsstellen zuströmen, machen ein Maschinengewehr klar, legen Gewehre bereit und heißen vor allem die deutsche Kriegsflagge. Bei allen Versenkungen hatten wir keine Waffe gebraucht, nur der Respekt vor unserer Flagge war es, der die Feinde auf die Knie zwang. Warum also schießen, warum Waffen anwenden, wenn wir sie bisher nicht gebraucht hatten? Die Leute am Landungssteg können die Flagge noch nicht recht erkennen. Vorsichtig steuern wir an und bleiben in einem gewissen Abstand liegen. Nun erkennt die Menge die deutsche Flagge, und wie erstaunt sind wir, als sie rufen: „Ihr Deutsche, ihr großes, herrliches Volk, kommt herüber zu uns, ihr kämpft ja gegen die ganze Welt! Wir sind auch Krieger, aber wir haben nicht mit allen Inseln gegen eine gekämpft." Sie zeigen auf einige Leute, die abseits standen: „Hier unsere Kameraden sind mit großem Klimbim von der Insel heruntergeholt worden, um gegen euch zu kämpfen. Als sie aber das Westfrontklima nicht vertragen konnten und Krankheiten bekamen, von denen sie keiner heilen kann, sind sie als Nummern zurückgeschickt worden."

Man muß die Eingeborenenseele kennen, um zu verstehen, warum sie so deutschfreundlich waren. Diese oft so edlen Rassen, die aber seit Menschenaltern unter Fremdherrschaft stehen, haben selbstverständlich gegen ihre Beherrscher vieles auf dem Herzen. Sie hegten eine natürliche Achtung vor uns, die wir nun zum großen Gegner Englands geworden waren. Der Eingeborene empfindet als Gentleman-Krieger und hat einen hochentwickelten Sinn für Kriegerehre und für den Kampf Mann gegen Mann. Die Hetzjagd der ganzen Welt gegen das umstellte deutsche Volk verletzte sozusagen ihr sportliches Gefühl, und zugleich erhöhte es unser Ansehen, daß wir uns so gewaltig wehren konnten. Die Schwarzen waren über die Weltereignisse erstaunlich gut unterrichtet. Abends kommen sie zusammen und „palavern", die Alten erzählen. Sie haben gehört, Amerika, Frankreich, England, Australien, Neuseeland, alles kämpft gegen Deutschland, all, all people, und dann denken sie, so ein Land wie Deutschland müsse doch in kurzer Zeit zerquetscht werden. Aber sie hören von ihren Leuten, die krank zurückkehren, daß die Deutschen immer noch tief in Frankreich stehen, und es sind schon Jahre. Da werden sie mißtrauisch und machen sich ihre Gedanken. Nun taucht da auf einmal ein deutsches Schiff auf, sie sehen die deutsche Flagge und fragen sich: „Was, die Deutschen kommen bis hierher?" Sie sind gar nicht erstaunt, daß wir in einem kleinen Boot kommen. Sie nehmen es als selbstverständlich an; wenn ein Volk gegen die ganze Welt kämpft, muß jeder kleine Kahn verwendet werden. Gerade in denselben Wochen ereignete sich auch der denkwürdige Besuch eines deutschen Fliegers über Sidney; es war „Wölfchen", das Flugzeug, welches der „Wolf", der zweite deutsche Hilfskreuzer in der Südsee neben „Seeadler", zum Besuch der australischen Hauptstadt aufflattern ließ. Die Beunruhigung der Engländer durch diese Allgegenwart der Deutschen — haben sie doch sogar die Existenz „Wölfchens" durch die Zensur ableugnen lassen — erhöhte nur die stille Freude der Eingeborenen.

Wir sehnten uns unsäglich, in Niue an Land zu kommen, aber eins hielt uns zurück: Das Volk, das uns Deutsche so bewundert, soll seinen ersten Eindruck von den Deutschen bekommen, wie sie auf Krücken längs rutschen? „Ne, as Krüppel goht wi nich an Land." Sitzend nahmen wir die Huldigungen entgegen und verheimlichten, daß wir nicht stehen konnten. Wir baten nur um etwas Frisches und sagten, daß wir nicht kommen könnten, da wir Befehle hätten, anderswohin zu fahren. Sie brachten Bananen, die Frucht, die am günstigsten gegen unser Leiden wirkte. Wir dankten ihnen, dippten mit klammen Fingern unsere Flagge und unter Jubelzurufen gingen wir wieder in See. Gott sei Dank, Bananen, etwas, das man mit den

losen Zähnen beißen konnte. Bald merkte man, daß der Körper wieder etwas Frische bekam, und langsam ging das Leiden zurück. Das Suchen nach feindlichen Schiffen, die Hoffnung, endlich ein Kaperziel zu finden, trieb uns weiter und bewahrte uns vor der Verzweiflung.

Am 22. Tag unserer Fahrt steuerten wir eine östliche Insel der Fidschigruppe, Katafanga, an, und endlich nach dem vielen Sitzen und krank von Rheumatismus konnten wir uns wieder auf festem Land frei bewegen.

In dem zur Zeit unbewohnten Haus des weißen Plantagenleiters fanden wir unter anderem eine alte Nummer der deutschen Auslandszeitschrift „Das Echo" und empfanden beim Durchblättern wieder einmal die ganze Größe und Ausbreitung unserer Weltstellung bis zum Krieg. Als der Krieg ausbrach, scheint der deutsche

Pflanzer verjagt worden zu sein; er soll sich an einer wilden Stelle der Insel versteckt gehalten haben. Seine englischen Nachfolger haben das Haus traurig verwahrlosen lassen. Trotzdem war uns darin zwei Tage himmlisch wohl.
Von hier aus setzten wir unsere Reise fort nach dem Gebiet der großen Fidschiinseln. Wir lagen geschützt in einem Golf, der von Inselgruppen umgeben war. Es war abends. Da wir den Tag abwarten wollten, um den Schiffsverkehr auszuspähen, machten wir die Segel fest, legten uns vor Seeanker, ließen uns treiben und schliefen endlich einmal aus. Morgens um 3 Uhr weckte uns Krause mit einem Schreckensruf: „Wir werden aufs Riff geworfen!" Wir stolpern auf und sehen die weiße Brandung wie eine Mauer vor uns. Rettung schien unmöglich; wir waren durch die Strömung schneller getrieben, als wir vor Seeanker annahmen, und sahen den Untergang vor Augen. Das einzige war, mit dem Segel etwas zu versuchen. Indes stand der Wind gegen Land. Trotzdem setzten wir die Segel; höchste Spannung: Kommen wir klar? Läßt die Strömung, der Winddruck und der Grundriß des Riffs unser Hasardspiel gelingen? Immer näher treiben wir der tosenden Brandung, Wind und Strömung sind gegen uns. Keiner spricht ein Wort, jeder sieht schon in den gurgelnden Wirbeln das Boot wie einen Spielball umgedreht und zerschmettert über die Korallen getrieben. Da, im letzten Augenblick, winkt uns Erlösung; das Riff hebt sich nicht in gerader Linie, sondern biegt knieförmig ab. Das war unsere Rettung, und wir konnten uns freisegeln.
Als wir dicht unter Wakaya-Insel Landschutz suchten, wurden wir von Land gesichtet, und ein Boot fuhr uns entgegen, um uns Schiffbrüchigen Hilfe zu bringen. Wir mußten also anlegen. Im Hafen fanden wir eine Anzahl Schiffe, die des Sturmes wegen vor Anker lagen. Nun hatten wir die Erklärung dafür, weshalb uns draußen keines der ersehnten Fahrzeuge begegnet und unsere mit so ungewöhnlicher Anstrengung unternommene Kriegsfahrt bisher ohne Erfolg geblieben war. Nun lagen wir also zum vierten Male in feindlichem Gebiet.
Wir wurden ausgefragt und logen allerlei. Ich glaube, wir haben diesmal im Lügen die neuseeländischen Zeitungen übertroffen. Die Eingeborenen waren nicht mißtrauisch, wohl aber ein Halbblut, der uns immer verzwicktere Fragen stellte und geschickt eine Verschwörung gegen uns einfädelte. Des Sturmes wegen waren wir gezwungen, an Land zu bleiben. Als ich mit Kircheiß auf einem vom Regen aufgeweichten Waldweg spazieren ging und unsere mißliche Lage

besprach, kam uns ein Weißer entgegengeritten, der vor Aufregung ganz fahl unsern Gruß nur kurz erwiderte. Er war, wie wir später erfuhren, von dem Halbblut benachrichtigt worden, dieser hätte einen Trupp Deutsche gefangen. Das auffällige Wesen des Reiters veranlaßte uns, sofort umzukehren. Am Strand hörten wir, daß soeben ein Kutter den Hafen verlassen hatte. Wie wir später erfahren haben, sollte er die Behörden von unserer Ankunft benachrichtigen.

Ein abendliches Zechgelage mit dem Weißen und dem Halbblut, wofür wir schweren Herzens unseren letzten Rum opferten, löste beiden die Zunge. Der Weiße insbesondere wurde ganz vertrauensselig, kriegte sich mit dem Halbblut in die Haare und erzählte uns lachend, der hätte uns für Deutsche erklärt. Kircheiß und ich schliefen danach steif und schwer wie Klötze im Haus des Engländers, während unsere vier Kameraden im feuchten Boot wieder eine fürchterliche Nacht durchwachten. Am andern Morgen machten wir sofort alles seeklar, um beim ersten günstigen Augenblick ausfahren zu können. Gegen 11 Uhr war es so weit, daß wir in See gehen wollten; wir bemerkten, daß auch die Segler sich seeklar machten. Wir verabschiedeten uns mit herzlichem Händedruck von unseren Wirten, die anscheinend alles Mißtrauen verloren hatten, und lichteten den Anker wenige Minuten, nachdem die beiden größten Segler den Hafen verlassen hatten. Da setzte eine schwere Regenböe ein, trieb die beiden Segler in den Hafen zurück und nötigte uns, noch für eine zweite Nacht Unterkunft zu erbitten. Unsere Leute, denen diesmal ein Stall angeboten war, mochten sich vom Boot nicht trennen, so ungemütlich es darin war. Wir bedauerten unsere Kameraden, aber es war gut, daß sie dort blieben, denn in der Nacht wurde durch geheimnisvoll aus dem Wasser auftauchende und wieder verschwindende Gestalten zweimal der Versuch unternommen, unser Boot zum Stranden zu bringen.

Gegen Abend kommt ein wundervoller Zweimastschoner mit Motorkraft in den Hafen eingelaufen. Kircheiß und ich, gerade von unserem Spaziergang zurückgekehrt, fassen augenblicklich einen Entschluß. Welch wundervolles Schiff! Das wird unser. Wollen wir es gleich kapern, oder wollen wir warten bis morgen früh, bis es Tag ist? Wir gingen an Bord unseres Bootes und hielten Kriegsrat. Man kam zu der Übereinkunft, daß es das beste sei, wenn Kircheiß zunächst an Bord des Schiffes fährt und dem Kapitän vorstellt, daß wir Amerikaner von einem amerikanischen Dampfer sind und ihn bitten, uns als Passagiere mitzunehmen. Denn unsere Absicht war

in Wirklichkeit die, auf hoher See das Schiff zu kapern. Kircheiß fährt hinüber.
Der Kapitän des Schoners ist mit allem einverstanden und teilt mit, daß wir am nächsten Morgen um 3 Uhr an Bord sein sollen. Wir packen alle unsere Waffen und Uniformen in Zeugsäcke und verschnüren sie gut.
Am nächsten Morgen fahren wir 'rüber. Wir laden unser Zeug von dem Boot in den Schoner. Jeder schmunzelt versteckt über das herrliche Schiff, das wir jetzt unter unseren Füßen haben, den wundervollen Salon, die Kombüse, Kojen, ein Dach wieder über uns, ein Deck, worauf man laufen kann. Und dann der Gedanke, wie werden sich unsere Kameraden auf der Insel freuen, wenn wir mit diesem feinen Fahrzeug ankommen, das außerdem zwei ganz neue Motoren hat, die uns ermöglichen, den Kreuzerkrieg von neuem fortzusetzen. Man kann verstehen, wie groß unsere Freude war Wir können nicht erwarten, bis das letzte Glied der Ankerkette hoch ist, bis wir auf See sind und der Augenblick kommt, wo wir uns dem Kapitän und der Besatzung als Deutsche vorstellen und die deutsche Flagge heißen.
Während wir uns so auf unseren künftigen Kreuzer freuen, tritt ein neues Ereignis ein. Ein großer Dampfer hat Kurs auf die Hafeneinfahrt. Hallo, was soll der Dampfer? Unser Kapitän sagt, er wird wohl den Eigentümer der Insel hier herüberbringen. Des schlechten Wetters wegen ist kein anderer Verkehr möglich. Der Dampfer fährt ein, läßt ein Boot zu Wasser, und ein Offizier und vier indische Soldaten steuern auf uns zu. Was nun? Unsere Uniformen sind fest verschnürt in Zeugsäcken. Es wäre ein leichtes gewesen, den Offizier, der einen Revolver bei sich führte, während die indischen Polizeisoldaten nur Bajonette hatten, mit einer Pistole über den Haufen zu schießen oder eine Handgranate ins Boot zu werfen. Niemals hat es uns sonst wohl an dem Entschluß gemangelt, außer in diesem Augenblick, da wir gegen unsere Ritterlichkeit handeln sollten. Wir sind Offiziere und Mannschaften der deutschen Marine, in Zivil überrascht, was sollen wir tun? Wir schießen nicht als Heckenschützen. Dieselbe psychologische Hemmung, der wir unsere unblutigen Erfolge verdankten, daß sich ein Mann in Zivil niemals gegen eine Uniform zu vergreifen wagt, wandte sich diesmal gegen uns.
Als der Polizeioffizier herankommt, uns verhaften will und fragt wer wir seien, stelle ich mich ihm vor als der Kommandant des „Seeadlers" mit einem Teil meiner Besatzung. Wie wurde der Mann

schneeweiß; wie zauderte er, näher heranzukommen, und dabei waren wir doch so heruntergekommen durch Hartbrot und Wasser, so entkräftet durch die Fahrt im Boot. Im Augenblick, da unsere Kreuzerfahrt neu beginnen sollte, war sie jäh zu Ende.

Im Zuchthaus

Gefangengenommen! Nach so viel Strapazen und Listen in einem Augenblick endlichen Erfolges gefallen, weil wir in Zivil nicht auf den Feind schießen konnten!
Nachdem wir uns dem Offizier als die Leute vom „Seeadler" zu erkennen gegeben hatten, sagte er: „All right, Sie haben sich einen Namen gemacht und werden eine anständige Behandlung finden. Ich bin ein Brite." Das Wort „Brite" betonte er besonders.
Die alte Stewardeß auf dem Dampfer „Arma" aber gewöhnte uns gleich an andere Töne. Sie fing an zu schimpfen: „Seht einer an, diese Hunnen machen unser sauberes Deck schmutzig, und die Schwarzen sollen es dann wieder schrubben. Die Hunnen müßten schwarz angemalt werden, und ich wäre immer noch lieber ein Schwarzer als so ein Deutscher. Schiffe mit Frauen und Kindern

versenken, das ist alles, was sie können. Am liebsten würde ich euch alle vor dem Frühstück totschießen." Die ganze Hetzarbeit unserer Feinde sprach aus dieser einfältigen Frau.
Abends kamen wir in Suva an. Die ganze Stadt war in Bewegung; eine Eskorte von hundert Soldaten stand bereit, und unter ihrer Bewachung marschierten wir sechs arme Möpels unserm Asyl zu. Rings kreischte und schimpfte die Menge der weißen Kolonisten, während doch der Farbige mit stiller Bewunderung auf uns sieht. Wir kamen nicht gleich ins Zuchthaus, sondern zunächst in ein sogenanntes Bleibehaus für Eingeborene. Dieses Gebäude, von einem englischen Gouverneur gestiftet, diente dazu, den Eingeborenen, wenn sie von den verschiedenen Fidschiinseln zusammenkamen, Unterkunft zu gewähren. 25 Mann Bewachung waren dauernd um das Haus, vor den Türen, vor den Eingängen, vor den Fenstern, eine Verschwendung von Militär für so ein paar Kriegsgefangene. Zunächst hatten wir einen anständigen Kommandanten, Leutnant Woodhouse, ein Zivil-Bankbeamter, der uns gut behandelte. Wir bekamen ausgezeichnetes Essen und ruhten uns aus. Beim Verhör am ersten Morgen erzählte ich einen Roman, um die Spur von unseren Kameraden in Mopelia abzulenken. Meine Leute verweigerten verabredungsgemäß jede Auskunft, um einander nicht zu widersprechen. Unsere Bücher hatten wir in die See geworfen, mit Ausnahme von einem, das bald erwähnt werden muß.
Der Wachoffizier, der uns manche Freiheit gestattete, wurde wahrscheinlich deshalb bald durch einen Hauptmann Whitehouse abgelöst. Ich erwähne ihn hier deshalb, weil er, der in einer ziemlich lächerlichen Angst nie anders als mit der Hand am Revolver mit uns sprach, sich sehr wenig ritterlich gegen uns benommen hat. Er kommt eines Tages zu mir und sagt: „Herr Graf, machen Sie sich fertig, General Mackenzie will Sie sehen."
„General Mackenzie? Meine Leute auch?"
„Jawohl."
Ich sage: „Jungs, macht euch tadellos in Ordnung, heute nachmittag 4 Uhr sollen wir zum General Mackenzie."
Wir waschen unser Zeug, lassen es am Leibe trocknen (wir hatten ja nur noch die eine Garnitur), damit wir als deutsche Soldaten sauber vor dem General erscheinen. Um 4 Uhr werden wir auf ein Viehautomobil verladen, worauf noch der Mist lag. Sonderbar! Im Viehautomobil zum General? Whitehouse sitzt vorn und hält sich am Revolver fest; sieben Mann fahren mit zur Bewachung. Wir sind gespannt, wo das hingehen soll. Auf einmal halten wir vor

einem Gebäude, umgeben von 6 Meter hohen Mauern. Was ist das? Das Tor wird aufgemacht . . . wir blicken in das Zuchthaus von Suva. Ein Kolonialzuchthaus mit chinesischen, indischen Verbrechern . . . Ich frage den Hauptmann: „Sie Feigling! Wohnen bei euch die Generäle in Zuchthäusern, oder haben Sie nicht so viel Murr in den Knochen, uns die Wahrheit zu sagen? Ist das britisch? Dann pfui Teufel!" Die Gefangenen, die sich nach dem Eingang drängen, staunen uns an: „Was, Europäer, Weiße kommen hier herein? Was müssen das für Verbrecher sein!" Wir reißen uns zusammen, und stolz marschieren wir in den Zuchthaushof hinein. Verächtlich blicken wir weiter: Zellentür an Zellentür, und ein weiches, gelbliches Gesicht grinst uns höhnisch entgegen mit den Worten: „He, bei mir kommt ihr nicht wieder 'raus." Wir protestieren gegen diese völkerrechtswidrige Behandlung von Kriegsgefangenen, aber der Zuchthausdirektor bezog sich auf seine Befehle; und so marschierten wir hinein in die kühlen, feuchtnassen Gänge. Eisentüren werden aufgeschlossen, und jeder verschwindet

in seiner Zelle . . . „Ha, dank deiner Ritterlichkeit, daß du Gefangener bist." Als der Riegel fällt und der Schieber vorgeschoben wird, da läuft es einem kalt den Buckel herunter. Da ist man allein, die Jungs, die letzten Jungs sind einem genommen.

Nun ein Betonfußboden; keine Gitter vor den Fenstern; sie brauchten es nicht, sie sind so schmal, daß kaum ein halber Manneskopf hindurchgeht. Aber niemals ist man mehr Deutscher gewesen, als im Zuchthaus von Suva. Wie wohl tut es, als der erste Sonnenstrahl ins Fenster kommt, der Strahl, der vor zwölf Stunden den Lieben in der Heimat geschienen, der die Kameraden im Schützengraben gegrüßt hat. Man griff nach diesem Sonnenstrahl und war so dankbar. Aber nur kurze Zeit währte dieser Trost, und in der Zelle dunkelt's. Wie fühlt man sich dann einsam, denn das Liebste war einem ja genommen, die Gefährten der Bootsfahrt. Aber so leicht, wie es der Feind sich gedacht hatte, Deutsche voneinander zu trennen, sollte es ihm doch nicht gelingen. Als aus Permiens Zelle plötzlich die Mundharmonika erklang, da sangen wir alle mit, und aus vereinten Männerkehlen brauste „Stolz weht die Flagge Schwarz-Weiß-Rot" durch das elende Haus. Dann stimmten wir an „Wenn die Liebe nicht wär', das Herz wär' so öd und leer",

dann wieder die „Wacht am Rhein" und so immer umschichtig fort bis um 2 Uhr morgens, ein deutscher Gesellschaftsabend in englischen Einzelzellen. Die Ronde kam und verwies uns vergeblich zur Ruhe. Wir sangen fort, bis wir müde auf unsern kalten Betonfußboden niedersanken und von der Heimat träumten. Ungeachtet meiner Proteste dauerte dieses Leben acht Tage fort. Unsere Bewachung verriet eine außerordentliche Angst, daß wir heimlich über Flügel oder sonst übermenschliche Kräfte zu etwaigen Fluchtversuchen verfügen könnten. Sehr interessant waren aber die Bekanntschaften, die wir unter den verständnisinnigen Mitzuchthäuslern von Halbblutrasse machen konnten. Weiße in einem tropischen Zuchthaus! Wir Deutsche sind ja so gerecht gegen unsern Feind; deshalb sei hinzugefügt, daß vielleicht nicht die Absicht war, uns zu quälen; jedenfalls wollte man aber diese paar Exemplare deutscher Kriegsgefangener in der Südsee ohne Rücksicht auf Sitte und Völkerrecht ihrem Seltenheitswert entsprechend fest verankern.
Als wir bereits acht Tage hier waren, kam eines Morgens Hauptmann Whitehouse zu mir. Er war besonders freundlich und entgegenkommend; ich merkte, daß etwas in der Luft lag. Er meldete mir, ein japanischer General wünschte mich zu sprechen. Ich sage: „Ihnen soll ich glauben? Das ist dieses Mal wohl ein japanischer Mackenzie? Schicken Sie mir einen anderen Offizier." Eine halbe Stunde später kommt ein Leutnant, der mir nochmals versichert, ich würde zu dem japanischen Kreuzer „Izuma" gebracht. Mißtrauisch machte ich mich zurecht: Mittags um 2 Uhr ging ich in Begleitung dieses Leutnants durch den Hof des Zuchthauses nach dem Landungssteg. Welches Gefühl, wieder freie Luft zu atmen, mehr

sehen zu können als die engen Gefängnismauern! Tatsächlich, im Hafen lag ein herrlicher Kreuzer. Am Landungssteg legt ein Ruderboot mit japanischer Flagge an; ein Offizier im Boot salutiert. Ich nehme neben ihm Platz. Der englische Offizier und zwei Soldaten gehen mit uns. Am Fallreep des Kreuzers waren alle Offiziere zur Begrüßung des Zuchthäuslers an Deck angetreten.
Der Admiral empfängt mich, drückt mir die Hand mit den Worten „I admire you, what you did for your country." (Ich bewundere Sie, was Sie für ihr Land getan haben.) Er stellte mir seine Offiziere vor, zu denen er etwa folgende Worte spricht: „Das ist der Mann, den wir drei Monate Tag und Nacht gejagt haben", und zu mir gewendet: „Ich bedauere es, daß wir Sie in dieser Lage hier treffen und daß wir uns nicht, wie unser aller Wunsch war, in einem frischen, frohen Gefecht begegneten." Ich bedauerte meinerseits, nicht in seiner Gefangenschaft zu sein, was ihn etwas erstaunte, da er vom Zuchthaus nichts ahnen konnte. Es fiel mir aber auf, wie kühl und steif die Japaner mit dem englischen Offizier verkehrten im Gegensatz zu der Art, die sie mir gegenüber an den Tag legten. Die feierliche Höflichkeit des Ostasiaten und die leider so platonische Sympathie der Japaner für Deutschland gaben mir ein Fest, das mir im Gedanken an meine Jungs wohltat. Die englischen Posten, die mich an Deck begleiten wollten, wurden zurückgeschickt. Der Admiral lud mich in seinen Salon ein, der nach der Zelle wie ein Palast wirkte. Zigarren, Zigaretten, Portwein und eine Flasche Champagner standen da. Der Admiral legte mir zwei japanische Bücher vor, eines mit dem Titelbild der „Emden", das zweite mit der „Möwe". Er blätterte darin: Das hätte er alles selbst geschrieben. Ein drittes Buch war leer: „Da will ich etwas von euch hineinschreiben. Wir lernen von euch, und ich schreibe für unsere Jugend. Das ist Sitte in unserem Lande. Was Männer für ihr Vaterland leisten, daran soll sich unsere Jugend begeistern. Wollen Sie mir etwas Material geben von Ihren Erlebnissen?" — „Gern".

„Nur eine Frage zuerst: Sind Sie mit Ihrem Schiff aus einem neutralen Hafen Amerikas, Argentiniens oder Chile ausgelaufen?"
„Nein, wir kommen aus der Heimat. Verkappt als Norweger, und außerdem anderhalb Stunden untersucht vom Feind."
„Untersucht von den Engländern?"
„Jawohl!"
Ein vergnügtes Lächeln erhellt das Gesicht des Kommandanten und des Ersten Offiziers, der zugegen war.
Dann wurde ich von dem Admiral bei einem Glase Champagner etwas ausgehorcht. Er wollte herausbringen, wo unsere „Seeadler"-Mannschaft sich befände, und fragte mich, ob ich ihm sagen würde, wo ich gekreuzt hätte. Jawohl, vorausgesetzt, daß er mir sagen würde, wo er mich vermutet und gejagt hätte. Eine große Karte wird aufgerollt, auf der er mir die Stellen zwischen Neuseeland und Chantam zeigt. Man konnte deutlich an den abgesetzten Kursen sehen, daß der Kreuzer sich hier tatsächlich aufgehalten hatte. „Hier bin ich drei Monate mit 20 Meilen Geschwindigkeit hin und her gejagt", sagte der Admiral.
Ich sah weniger auf die Stelle, wo er gekreuzt hatte, sondern blickte besorgt nach der Insel Mopelia auf der Karte, denn hier war ein Kreis um die Insel geschlagen. Der Feind wußte, wo meine Jungs waren. Wie ich von einem meiner Leute erfahren hatte, war bei der Gefangennahme ein Tagebuch verlorengegangen, abgeschlossen: „In Mopelia aufgelaufen, 2. August." Glücklicherweise war aber darin nicht erwähnt, daß „Seeadler" total verlorengegangen und ferner nicht, daß unser letztes Schiff, das wir gekapert hatten, der amerikanische Viermastschoner „Manila", versenkt worden war. Diese beiden Faktoren jagten durch mein Gehirn. „Hiermit kannst du etwas machen, kannst die Leute retten." Da fragte der japanische Admiral: „Wo ist Seeadler?"
„Der ist verlorengegangen."
„So? Wobei?"
Ich holte etwas weiter aus und erzählte ihm, wir hätten bei der Insel Mopelia gelegen, um uns frischen Proviant zu besorgen. Die „Manila" hätten wir noch mit uns gehabt. Durch Umspringen des Windes wären wir an das Korallenriff gestoßen und hätten ein Leck unter Wasser bekommen. Um das Leck zu dichten, sei viel Material an Land gebracht und das Schiff „gekrängt" (übergelegt) worden. Dann wären wir von hier weiter gefahren, aber beim Wiedereinpacken der Sachen in den unteren Räumen müsse durch Unvorsichtigkeit ein entleerter Öltank Feuer gefangen haben. Der „Seeadler"

hätte angefangen zu brennen. Es wäre uns kaum Zeit geblieben, das Allernotwendigste zu retten und auf die „Manila" überzusteigen.

Da fragte der Admiral: „Wo ist die ‚Manila'?"

„ ‚Manila'? Bei Mopelia."

„Ja, weshalb sind Sie denn mit ihrem Boot hierhergekommen? Sie hatten doch die ‚Manila'?"

Ein Gedanke schoß mir blitzschnell durch den Sinn. Ich erwiderte, wir hätten uns jetzt auf zwei Schiffe verteilen müssen, da die amerikanischen Schoner nur Wasser für etwa fünfzehn Mann hätten und auch die Unterkunftsräume zu eng gewesen wären. Das schien ihm einleuchtend, aber schmunzelnd sagte er dann: „Graf, Sie sind doch jetzt der Gefangene, und wir Japaner sind doch nicht ganz so dumm zu machen. Ihre „Manila", die liegt nicht in Mopelia. Sie sind mit ihr nach hier gefahren und haben mit dem Boot versucht, innerhalb der Inselgruppen ein zweites Schiff zu kapern; denn das scheint mir wahrscheinlicher, als daß Sie mit einem solchen kleinen Boot über den Ozean gegangen sind. Also, innerhalb drei Tagen werde ich Ihre ‚Manila' finden."

Das war wieder einer, der die Wahrheit nicht vertragen konnte. An die Möglichkeit unserer wahren Bootsfahrt wollte er nicht glauben, und da kam ihm die von mir hinzugedichtete „Manila" ganz gelegen, um mich der Unwahrhaftigkeit hinsichtlich der Bootsfahrt zu zeihen! Meine Odysseuserzählung erfüllte also ihren Zweck. Denn in der Tat hat er und die ganze übrige Flotte, die hinter uns her war, die „Seeadler"-Mannschaft nicht in Mopelia gesucht. Die Wahrheit hat sich hier als die beste Verschleierung erwiesen. Was ich im Augenblick hinzudichtete, hatte sich aus dem Verlauf der Unterhaltung ergeben, war nicht durch besondere Überlegung und Geistesgegenwart bewirkt. Ich hatte nur das eine Ziel vor mir gesehen: „Wie mache ich es, daß der Japaner nicht mit dreißig Meilen 'raufsaust und mir meine Jungs noch gefangennimmt?" Jetzt wußte ich den Verdacht von Mopelia abgelenkt.

Der Japaner fragte mich dann noch nach der Schlacht am Skagerrak und konnte nicht genug hören. „Ja, so ist es", bemerkte er, „wieder ein geschichtlicher Beweis dafür, daß die kleinere Flotte der größeren überlegen ist. Eure Organisation, eure Wehrmacht ist so hervorragend, und wir müssen euch bewundern; aber eins können wir nicht verstehen, daß ein Land, wo soviel Intelligenz vertreten ist, so schlechte Politiker hat. Wundert ihr euch denn nicht selbst in eurem Lande, daß die ganze Welt gegen euch kämpft, habt ihr euch nie gefragt, ‚warum'? Was habt ihr gesagt, als Japan euch den Krieg erklärt hat?" Im Verlaufe dieses Gespräches versicherte er mir, daß die japanische Politik nicht darauf ausgegangen wäre, uns zu bekämpfen, sondern neutral zu bleiben und dadurch Amerika aus dem Kriege zu halten. Daß Amerika selbst rüste und eine so große Wehrmacht bekäme, wäre für Japan eine höchst unerwünschte Folge unseres Krieges. In seinem gebrochenen Englisch erklärte er mir weiter, das japanische Auswärtige Amt hätte dem deutschen Botschafter im August 1914 nahegelegt, bei seiner Regierung anzufragen, ob Deutschland für die japanische Staatsschuld gutsagen wolle. Als hierauf von deutscher Seite gar keine Antwort erfolgt sei, hätte der englische Botschafter mit seinem Anerbieten leichtes Spiel gehabt.

Dann mußte Abschied genommen werden und es ging wieder ins Zuchthaus zurück, aber nur noch für zwei Stunden. Im schmutzigen Zwischendeck des Dampfers „Talune" ging es nach Neuseeland, wo man uns ein bleibendes Heim bestimmt hatte.

*

Bevor ich weitererzähle, muß ich nun jedoch von dem Schicksal der „Seeadler"-Mannschaft berichten. Unsere Leute, die auf der Insel Mopelia zurückgeblieben waren, merkten an den vielen chiffrierten Funksprüchen, die sie mit ihrer drahtlosen Telegraphie auffingen, und die an alle Marine-Attachés gerichtet waren, daß ihr Kommandant gefangengenommen war. Sie fürchteten nun stark, ihr Aufenthalt könnte dadurch bekannt werden, und wollten deshalb auch nicht mehr in dieser Gegend bleiben. Sie begaben sich an die Arbeit, ein Boot wieder seetüchtig zu machen, aber dabei kamen ihnen doch Bedenken, in solcher Nußschale mit 58 Mann loszufahren, und sie glaubten kaum, daß sie einer Gefangennahme entgehen könnten. Eines Morgens kam fern am Horizont ein französischer Segler in Sicht. Der Kapitän sieht voraus klar, daß ein Segelschiff auf dem Korallenriff liegt, und ruft seinen Steuermann:

„Steuermann, liegt dort nicht ein Wrack?"

Der Steuermann bestätigt es.

„Als wir vor einem halben Jahr hier vorbeifuhren, haben wir das aber doch nicht gesehen! Da müssen Schiffbrüchige sein. Wir wollen darauf zuhalten!"

Mittlerweile sieht Kling den Segler ankommen. Eine freudige Begeisterung bricht los: „Da kommt ja 'n Schipp, da brauchen wir ja unsere alten Boote gar nicht." Sofort machen sie ein Boot klar, vier

Mann an die Riemen, sechs Mann in Uniform legen sich platt auf den Boden, bis an die Zähne bewaffnet. Der Kapitän des französischen Seglers sieht, daß das Boot kommt und sagt zu seinem Steuermann: „Steuermann, da kommen ja schon die Schiffbrüchigen!" Er freut sich, ein gutes Werk tun zu können, heißt sofort die Trikolore, damit die armen Schiffbrüchigen sehen, daß ein Freund kommt und sie holt. Meine Jungs ruderten mit aller Kraft; der Abstand verringert sich. Der Kapitän ruft ihnen zu: „Leute, strengt euch doch nicht so an, wir kommen ja!" Die Fallreepstreppe wird heruntergelassen, damit sie bequem an Bord kommen können. Das Boot geht längsseits. Schnell wie die Katzen entern die sechs deutschen Matrosen auf und stehen an Deck. „Des Allemands, des Allemands!" schreien alle und halten die Hände hoch. „Tout est perdu." Der Kapitän steht wie vor einem Rätsel. Was er am wenigsten erwarten konnte, das ist Wirklichkeit: Die einzigen Schiffbrüchigen hier in der Südsee sind deutsche Matrosen, und die befreit ein Franzose! Wie ist's möglich?
„Jawohl, Kapitän, dort liegt unser Wrack; wir sind nun einmal Allemands, daran ist nichts zu ändern; wir haben schon lange auf Sie gelauert. Dort auf der Insel sind unsere Kameraden und außerdem noch siebenundzwanzig amerikanische Gefangene!"
Wie, eine Boches-Besatzung auf französischer Insel? „Und wir wollten Sie retten, verlieren unser Schiff, und die steuern in die Freiheit? . . ."
Der Kapitän sieht ein, daß er die Rolle tauschen muß. Die Franzosen werden hinübergesetzt auf die Insel; sie müssen jetzt die Schiffbrüchigen sein und meinen Jungs leuchtet wieder die Freiheit. Der französische Segler „Lutèce" wird umgetauft in „Fortuna", und Leutnant Kling übernimmt die Führung. Es war ein ehemaliges deutsches Schiff, das die Franzosen während des Krieges weggenommen hatten, und das nun durch ein eigenartiges Spiel des Zufalls seinen rechtmäßigen Besitzern wieder zukam.
Der Segler war ein Handelsfahrer, der zwischen den Inselgruppen herumfuhr. Seine Ladung bestand aus 500 Paar seidenen Damenstrümpfen, seidener Unterwäsche, Weißzeug, Sonnenschirmen, Damenschuhen, Hüten, Korsetts, allerlei Parfüms, Seifen, Herrenartikeln, Tropenhelmen, Tabak, Pfeifen, Mandolinen, Schokolade und Konfekt in feinster Aufmachung, feinen Biskuits, Fleisch und Milch in Konserven, getrockneten Früchten, sonstigen Konserven und Kartoffeln, also eine Ausrüstung, wie man sie sich nicht besser wünschen konnte. Meine Jungs hielten es für das Richtige, selbst als Handels-

fahrer loszusteuern und den ganzen Kram zu verkaufen. Da aber zunächst ihr eigenes Zeug abgetragen war, so blieb ihnen nichts übrig, als sich aus den vorgefundenen Beständen an Damenwäsche auszustatten.
Leutnant Kling hatte vor der Abfahrt unter einem verabredeten Baum eine Flasche mit einer kurzen Mitteilung für mich vergraben und darin die Absicht ausgesprochen, nach Batavia zu segeln. Als er sich aber später sein Schiffchen angesehen hatte, kam ihm der Gedanke, um Kap Horn zu segeln und die Rückkehr in die Heimat zu versuchen. Auf dem Weg nach Batavia wären sie auch vor japanischen und amerikanischen Kreuzern nicht sicher gewesen.
Am 5. September, 8 Uhr abends, stach die „Fortuna" in See, und zwar ließ Kling zuerst nach Westen steuern, um die gefangenen Herren der Insel zu täuschen, und erst auf hoher See wurde der Kurs nach Süden gerichtet.
So steuerte das hochbeladene, lustige Warenhaus in die Südsee hinaus, gern bereit, die Bevölkerung durch das Seidenzeug, die feinen Seifen, Sonnenschirme, Tennisschuhe, Taschentücher, Brillantine, Maggipatronen usw. handeltreibend auf einen echt französischen Kulturstand zu heben.
Am 4. Oktober sichtete „Fortuna" die Osterinsel, wo Ausbesserungen am Schiff vorgenommen, frischer Proviant und Wasserfässer gekauft werden sollten. Beim Absteuern aber lief das Schiff auf einen unsichtbaren, in der Karte nicht verzeichneten Felsen. Wieder hatten meine Jungs ihr Schiff verloren und mußten abermals versuchen, sich eine neue Heimat zu gründen.

Die Osterinsulaner, ein heiteres, bescheidenes, ungebunden lebendes Völkchen, die nur jedes Jahr einmal von der chilenischen Regierung abgetragene Lumpen überschickt bekommen, freuten sich der niegesehenen Herrlichkeiten, welche die schiffbrüchigen Deutschen ihnen zum Dank für gewährte Unterkunft anbrachten.
Mit großer Liebenswürdigkeit sorgte der chilenische Gouverneur für Unterbringung. Er stellte den Offizieren sofort ein Haus zur Verfügung, während meine Jungs, auf die Hütten verteilt, bei den Eingeborenen die herzlichste Gastfreundschaft genossen. Jeder nahm sich ein Pferd von den vielen Hunderten, die auf der Insel herumliefen. Außerdem gab es dort sehr viel Rindvieh und großen Reichtum an Fischen und besonders an Hummern. Fleisch war im Übermaß vorhanden, dagegen gab es kein frisches Gemüse. Der Bedarf davon wurde halbjährlich von einem chilenischen Schoner in Konserven herübergebracht. Auch Brot gab es auf der Insel nicht, doch hatten die Seeadlerleute ihr Mehl zu bergen vermocht.
Die Osterinsel ist die älteste Kulturstätte der Südsee. Im Innern und am Rand eines ausgebrannten Kraters findet man noch heute gegen hundert Kolossalstatuen von Gottheiten oder Helden, die von den ehemaligen heidnischen Bewohnern der Insel in grauer Vorzeit errichtet und verehrt wurden. Man steht vor diesen bis zu 15 Meter hohen Lavariesen schlechthin wie vor gewaltigen technischen Rätseln. Ihre Gesichter sind dem Ozean zugekehrt, wahrscheinlich sollen sie ansegelnde Feinde schrecken.
Während sich unsere Leute durch allerlei Arbeit und Spiel in traulichem Verein mit der Eingeborenenschaft die Zeit vertrieben, Wettrennen, Tanzvergnügungen und Theatervorstellungen in einer deutsch-eingeborenen Mischsprache veranstalteten, wurde der Gedanke, ein neues Schiff zu kapern, doch nicht aus den Augen verloren.
Am 25. November passierte das erste Schiff, ein amerikanischer Viermastschoner. Da Chiles Neutralitätsauffassung Kling die Möglichkeit zu Kaperungen offenzulassen schien, wurde das Motorboot klargemacht, funktionierte aber nicht aus Mangel an Gasolin. Ein Segelboot wurde aufgetakelt, um bei der nächsten Annäherung eines feindlichen Schiffes bereit zu sein.
Das nächste Schiff, das auftauchte, war aber der chilenische Schoner „Falcon", der — vier Monate nach „Fortunas" Strandung — Ladung brachte und Fracht abholen wollte. Der Kapitän des Schiffes nahm die Besatzung des „Seeadlers" als freie Leute mit nach Chile, wo den Schiffbrüchigen ein jubelnder Empfang von den deutschen Kolo-

nisten und den Chilenen zuteil wurde. Aufs rührendste hat die deutsche Kolonie weiterhin für sie gesorgt. Besonderer Dank gebührt auch der chilenischen Behörde, die in ritterlicher Weise dem vaterländischen Fühlen und tapferen Ausharren meiner Jungs ihre Anerkennung und Bewunderung aussprach.

Auf Motuihi

Was wir auf dem Schiff und in allen möglichen Übergangsgefängnissen durch Gleichgültigkeit wie auch Bosheit des Wachpersonals oder der anordnenden Stellen gelitten haben, wäre bitter zu erzählen. Ich will aber nur einzelne Episoden herausgreifen. Kircheiß und ich wurden von unsern vier treuen Gefährten getrennt. Ihnen ist auf Somes Island ein hartes Los zuteil geworden unter den Schikanen des Lagerkommandanten Major Matthis. Dieser war als Turnlehrer wegen Mißhandlung eines Kindes vorbestraft und geistig nicht normal, dafür aber ein Freund des Kriegsministers Sir James Allen.
Kircheiß und ich wurden mit einem Motorboot nach Devonport zur Torpedo Yard gebracht. Der Kommandant, Kapitän Kewisk, hatte sich zu diesem Empfang extra beurlaubt und dem Unteroffizier, dem wir übergeben wurden, befohlen, irgendwelche Beschwerden nicht anzunehmen. Die Art der Engländer war uns ja aber schon zur Genüge bekannt. Die Torpedo Yard ist ein Teil der Hafenbefestigung Aucklands. In einen großen Minenschuppen war eine Reihe kleiner Abteile eingebaut, die als Haft- und Arrestzellen namentlich für Deserteure und Maoris dienten. Man gab uns je einen schmutzigen Strohsack und einige Decken und riegelte uns dann in diese Zellen ein, aber so getrennt, daß wir nicht miteinander in Verbindung treten konnten.
Mandolinenklänge, deutsche Volkslieder sagten mir bald, daß noch ein Deutscher hier gefangen sein müßte. Es schien, daß die Töne aus der gegenüberliegenden Baracke kämen. Und da hörte ich dann, wie ein Landsmann seiner Katze erzählte, daß unser Besuch seit acht Tagen angemeldet wäre und die ganze Besatzung in Aufregung versetzt hätte, daß man aber glaube, der „Seeadler" könne nicht aus Wilhelmshaven kommen; der Pirat wäre wohl auf eigene Faust aus Südamerika ausgelaufen. Die Katze verstand offenbar sächsisch, ich auch; und als ich dies durch Räuspern kundgegeben hatte, fuhr die Stimme fort und berichtete alles Wissenswürdige.

Später erfuhr ich, daß dieser unsichtbare Mandolinen- und Katzenbesitzer ein Regierungsbeamter (Lehrer und Amtmann) aus Samoa war, Franz Pfeil, ein wackerer, aufrechter Anhaltiner, der eine dreijährige Festungshaft wegen Flucht verbüßen mußte. Er war kurz nach Besetzung der Samoainseln durch die Neuseeländer unter großen Schwierigkeiten nach dem amerikanischen Pago-Pago geflohen; und zwar war er als blinder Passagier, zwischen den Ankerketten des Motorschoners „Manna" verstaut, glücklich entkommen. Aber mit Verletzung jedes Völkerrechts lieferten ihn die damals noch neutralen (!) Amerikaner an die Neuseeländer in Apia aus. Seine Proteste wurden unterschlagen. In Apia wollte man ihn zuerst erschießen, verurteilte ihn dann aber durch Kriegsgericht unter Vorsitz des Majors Turner, unseres späteren Kommandanten von Motuihi, zu drei Jahren Gefängnis! „Wegen das Verbrechen der bekanntgemachten Anordnungen, die das kommandierende Offizier der okkupierenden Truppen im Schutzgebiet Samoa ausgab. In das er In Apia in die Nacht von 28. Oktober 1914 an Bord des Motorschoners ‚Manna' geganen und darauf nach dem Amerikanischen Port von Pago-Pago gefahren ist, ohne zuerst das erlaubnis ein ermächtigter Offizier schriftlich zu behalten als bei die Bekanntmachung des 29. August 1914 angewiesen war." So lautete das Pfeil auf „deutsch" zugestellte Urteil.
Gegen jedes Völkerrecht brachten sie Pfeil nach dem Zuchthaus „Mount Eden", und erst, nachdem auf Umwegen die Nachricht nach Deutschland gekommen war und man hier Vergeltungsmaßnahmen ergriff, wurde sein hartes Los etwas erleichtert.
Ich wollte Pfeil antworten, aber ringsum standen Posten, und eine Verbindung war nach dem Katzengespräch schwer zu bewerkstelligen. Ich schrieb also eine Nachricht in den Deckel einer leeren Tabaksdose und warf sie zum vergitterten Fenster hinaus. Leider fiel sie nicht so weit, daß Pfeil sie sich holen konnte, denn er durfte eine gewisse Linie nicht überschreiten, und gerade an diesem Tage bewachte man ihn sehr stark. Da kam uns ein alter Tommy zu Hilfe. Er hob die Dose auf, und als er sie leer fand, warf er sie wieder weg. Pfeil rief ihm zu, er solle sie ihm geben, er habe gerade Verwendung dafür. Und bereitwillig trug sie ihm der Tommy hin. Ein Wink sagte mir bald, daß Pfeil gelesen hatte. Noch im Laufe desselben Tages wurden wir nach Motuihi gebracht, wohin auch Pfeil bald kam, da seine Zeit nun endlich um war.
Die etwa zwanzig deutschen Kriegsgefangenen in Devonport haben in rührender Weise dem Vaterland zu dienen gesucht, soweit es ihre

gefesselten Kräfte vermochten. Pfeil hatte, immer im Gedanken an eine neue Flucht, verstanden, sämtliche Karten der Festung, der Hafenanlagen mit Minenfeldern und der Umgebung zu „finden". Die Karten haben mir später bei meiner eigenen Flucht Dienste geleistet. Ein anderer Gefangener, Grün, hatte sich in Devonport einen Empfangsapparat gebaut und so mancherlei wichtige Sägen und Werkzeuge „gefunden", die für eine Flucht von Wert sein konnten. Außerdem hatten die Deutschen während ihres Hierseins die feinen elektrischen Zündapparate der Seeminen, nachdem sie gereinigt und von einer Kommission zur neuen Verwendung geprüft und abgenommen waren, auf geniale Art und Weise unbrauchbar gemacht. Grün hatte in seiner Matratze Unmengen von Schießbaumwolle und hat wochenlang darauf geschlafen.

Motuihi ist eine viertausend Morgen große Insel gegenüber Neuseeland in der Nähe der Stadt Auckland. Auf dem größeren Teil dieser Insel durften wir uns frei bewegen. Welche Erlösung war es, als wir, aus dunkler Arrestzelle herausgeführt, auf Motuihi landeten und den freien Blick in die Natur wieder genossen! Noch mehr aber als der blaue Himmel und die grüne Erde erquickte uns der Anblick der vielen deutschen Landsleute; fast vergaß man in erster Freude, daß wir alle zusammen Gefangene waren.

Wir wurden mit unseren verhältnismäßig frischen Nachrichten aus der Heimat in dieser seit August 1914 vom Vaterland abgeschnittenen Schar wie Boten des Himmels begrüßt.

Es war der Gouverneur der deutschen Kolonie Samoa, Exzellenz Dr. Schultz mit seinen Beamten und deutschen Pflanzern und Kaufleuten, die seit zwei Jahren auf Motuihi interniert waren.

Als die Neuseeländer schon Ende August 1914 Samoa besetzt hatten, fanden sie dort nicht die winzigsten Handhaben zur Erfindung „deutscher Greuel", die ihnen ein strenges Vorgehen gegen unsere Landsleute ermöglicht hätten. Im Gegenteil baten die von uns stets mit fast zu weit getriebenem Wohlwollen behandelten, auf Samoa ansässigen Engländer in einer Petition die neuseeländischen Besatzungsbehörden, die Unsrigen anständig zu behandeln, und Oberhäuptling Tamasese, dem die Neuseeländer erklärten, sie wollten die Deutschen zu deren „Schutz" internieren, erwiderte stolz: „Das ist überflüssig, die Deutschen stehen unter dem Schutz der Samoaner." Aber alles das half nichts gegen den Vorsatz, die „deutsche Pest" aus Samoa auszutilgen.

Hierzu fand man das geeignete Werkzeug in einem bankerotten Schafzüchter, dem Milizoberstleutnant Logan. Dieser „Buschlümmel" richtete eine wahre Schreckensherrschaft auf und wütete gegen die deutschen Frauen und Kinder, die er in gesundheitsmordenden Internierungslagern einsperrte; denn, wie er dem protestierenden Schweizer Konsularagenten amtlich erklärte, „die deutschen Frauen sind Nattern und brüten Nattern aus". So sah er sein Hauptziel darin, möglichst viele Kolonisten von ihren Familien zu trennen und auf dem Umweg über willfährige Kriegsgerichte und das Aucklander Zuchthaus in neuseeländische Konzentrationslager zu bringen. In jahrelanger, ungestörter Arbeit gelang es ihm, die meisten Deutschen zu deportieren, und als in den neuseeländischen Lagern Raummangel eintrat, richtete er im tropischen Apia ein eigenes Konzentrationslager in — einem Kopraschuppen ein. Diese Fürsorge für die Wehrlosen, wie sie zuerst Lord Kitchener mit den Konzentrationslagern für Burenfrauen in die Kriegsgebräuche der zivilisierten Welt eingeführt hatte, wurde ergänzt durch das Aufhetzen der Eingeborenen und chinesischen Kulis gegen alles, was noch deutschen Namen trug. Die Gerechtigkeit fordert, hinzuzufügen, daß Ehren-Logan sich so sehr nicht hätte gehen lassen können, wenn nicht das neuseeländische Kabinett, insbesondere der Kriegsminister James Allen, von gleichen Gefühlen beseelt und unter Bruch aller Austauschverträge die Hände schützend über den Wüterich gebreitet hätte. Und hinter der neuseeländischen Regierung stand wiederum, stets zur Deckung bereit, die englische. „Giftschlangen" hat uns ja auch der Gouverneur von Neuseeland, ein englischer Aristokrat, in öffentlicher Kundgebung genannt.

In den neuseeländischen Lagern waren Gefangene von über siebzig und unter zehn Jahren. Das Versprechen, die Leute, die fünfundvierzig Jahre überschritten hatten, auszutauschen, wurde dauernd hintertrieben, soweit es sich um Personen von aufrechter deutscher Gesinnung handelte. Bewunderungswürdig ist es, wie der Engländer nichts zu tun versäumt, was einer feindlichen Rasse auf Menschenalter hinaus schadet, und wie er dabei mit den Unglücklichen, deren bürgerliches Dasein und deren Gesundheit er grausam ruiniert, reden kann, als ob ein Freund zu ihnen spräche: „Wir internieren Sie nur, um Sie zu schützen. Die Regierung will Ihr Bestes." Der Engländer, als einzelner Mensch vielfach so sympathisch, ist doch in einem von uns Deutschen kaum nachfühlbaren Grad von der Politik seines Landes durchdrungen. Einerlei, ob er Demokrat oder Aristokrat, ob er Mitglied des „Vereins christlicher junger Männer" oder ein jovialer Landmann ist, die Gemeinsamkeit der nationalen Interessen bestimmt sein Verhalten stets von Mensch zu Mensch. Der Deutsche schnauzt einen an und sagt gehörig seine Meinung, aber er tut, was er verspricht. Der Engländer bleibt immer gemessen und verbindlich, aber auf sein Wort dem Ausländer gegenüber ist nicht viel zu geben. Die stehende Phrase: „We will see, what we can do for you, we shall try our best" (Wir wollen sehen, was wir für Sie tun können, wir werden unser Bestes versuchen), wurde zum geflügelten Wort unter uns Gefangenen. Während der Arglose dauernd hoffte, geschah in Wirklichkeit nichts.

Bekamen die Gefangenen einmal Besuch von ihren Frauen, so durfte das Gespräch auch bei mangelnder Kenntnis des Englischen nur in dieser Fremdsprache und im Beisein eines Postens geführt werden. Zu der vollständigen Rechtlosigkeit und Ohnmacht der Gefangenen nehme man die niederdrückende Einwirkung der feindlichen Presse, deren Hauptdaseinszweck schien, alles Deutsche zu schmähen und ihm den Untergang vorherzusagen; die Ungewißheit über die Dauer der Freiheitsberaubung, die Aussicht auf Verarmung oder gar Verlust der Existenz, das lastende Gefühl einer ungeheuren Ungerechtigkeit und eines parteiischen Schicksals: — wieviel Herzlichkeit und guten Willen hatten die verfemten deutschen Menschen nötig, daß man hinter dem Stacheldraht in all den Jahren den Humor nicht ganz verlor.

Als wir Seeadlerleute auf Motuihi ankamen, die wir doch auch schon fast ein Jahr von der Heimat entfernt lebten, wurde uns von den Landsleuten die Seele fast aus dem Leibe gefragt, und es gelang uns, durch Berichte von daheim manch schwerumdüstertes Gemüt etwas aufzuhellen.

Der Lagerkommandant, Oberstleutnant Turner, war unendlich stolz, endlich richtige Kriegsgefangene zu bekommen, und diesem Angehörigen eines demokratischen Landes schmeichelte es merkwürdigerweise besonders, sich recht öffentlich mit seinem „Count" zu zeigen. Ich benutzte diese kleine Schwäche und arbeitete mich in sein Vertrauen hinein. Denn ich hatte einen bestimmten Plan, den vorerst im Lager niemand ahnen durfte, außer Kircheiß und meinen Freunden v. Egidy und Osbahr, zwei deutschen Regierungsbeamten aus Samoa, die ich im Lager kennenlernte, und denen ich bald manchen Rat zu danken hatte.

Als ich mit beiden meinen ersten Spaziergang machte, fiel mir ein wunderhübsches Motorboot ins Auge. „Wem gehört das?" fragte ich. „Das steht dem Lagerkommandanten zur Verfügung." „Das Boot ist mein; damit fahre ich los", war meine unwillkürliche Antwort. Insel . . . Motorboot . . . allerlei Möglichkeiten sausten durch

das Gehirn, und mein Entschluß stand fest. Aber nur nichts unternehmen, bevor man nicht Herr der Situation war. Wir durften uns auf der Insel ziemlich frei bewegen, mußten aber bis abends 6 Uhr ins Lager zurückgekehrt sein. Überall waren Wachtposten aufgestellt. Nach dem ersten Eindruck zu urteilen waren wir gut bewacht.
Zu einem ernsthaften Fluchtversuch gehörten so umfangreiche Vorbereitungen, daß die Neugier der Lagerkameraden mir das größte aller Hindernisse schien. Insbesondere war da ein naturalisiertes Subjekt, ein österreichisch-polnischer Arzt, hochintelligent, aber verkommen, der für die neuseeländischen Behörden den Spitzel machte. Ihn galt es zuerst einzuwickeln. Ich hatte durch die Bootsfahrt und die Gefängnisse körperlich gelitten und war sichtlich angegriffen. Rheumatismus ist bekanntlich die Krankheit, die man objektiv nicht nachweisen kann. Wunderbarerweise war ich trotz aller Strapazen von ihr verschont geblieben, aber wer durfte es bezweifeln, wenn es mir nun nach allen Regeln der Kunst anfing vom Nacken den Rücken herunter zu ziehen? Vielleicht bekam ich sogar Ischias. Jedenfalls war der Österreicher besorgt und meinte, das käme davon, und mein Lebenswandel rächte sich nun. An Regentagen, wo ich draußen nichts anfangen konnte, legte ich mich ganz zu Bett und

stöhnte. Bei schönem Wetter ging es etwas besser. Unser Zimmermann machte mir ein paar Krücken, mit denen humpelte ich dann aus dem Bett: „Es ist zu schönes Wetter, ich will hinaus." Osbahr warnte mich manchmal, ich möchte nicht zu sehr übertreiben. Aber der Doktor versicherte mir, ich müßte furchtbare Schmerzen haben, versuchte mir allerlei Erleichterungen zu verschaffen und pinselte mich mit Jod ein. Der Lagerkommandant kam an: „Armer Graf!" und hatte großes Mitleid. Hinter meinem Rücken sagte er zwar beruhigt: „Gott sei Dank, daß er Rheumatismus hat. Er ist ein gefährlicher Bursche. So kann er wenigstens nichts machen." Man glaubte mir aber alles. Gelegentlich sagte Turner scherzend zu mir: „Well, count, you will not run away, you know, I am Colonel; if you run away, I loose my job." (Wenn Sie weglaufen, verliere ich meinen Posten.)

Dann machte ich den Arzt zu meinem Vermögensverwalter, was sein Zutrauen steigerte, besonders da ich ihm vorgeflunkert hatte, daß ich mir eine große Summe Geldes aus Deutschland schicken ließe, von der einige Prozente für ihn abfallen sollten. Die Landsleute warnten mich öfters, ich möchte mich nicht zu tief mit diesem Menschen einlassen, und konnten es gar nicht begreifen, daß ich allen Verdacht bestritt und Stein und Bein auf ihn schwur. So mußte ich leider auch die anständigen Elemente im Lager in Täuschung halten, um mein Unternehmen durchzusetzen.

Dann suchte ich mir meine Mannschaft unter der Hand zusammen. Im Lager waren vierzehn Schulschiffkadetten des Norddeutschen Lloyd, die immer eng zusammenhielten in jugendlicher Abenteuerlust. Von ihnen konnte ich nur sieben gebrauchen. Meine Lebenserfahrungen hatten mich darin geübt, die Menschen auf ihre Eignung einzuschätzen, namentlich auf Zuverlässigkeit und Kühnheit hin. Es war nicht leicht, die sieben von ihren Kameraden zu trennen und letztere über den Fluchtplan zu täuschen. Außerdem gewann ich noch einen Funkentelegraphisten aus Samoa, den schon erwähnten Grün, und den Motor-Ingenieur Freund, den der Lagerkommandant damit beauftragt hatte, sein Motorboot in Ordnung zu halten. Der andere Vertrauensmann Turners war der Kadett Paulsen, der sein Boot steuerte und außerdem die Lagerkantine verwaltete.

Nun galt es, unsere Ausrüstung zu beschaffen. Ich ging zum Oberstleutnant und sagte ihm, es wäre hier gar nichts los, ich wollte gern zu Weihnachten eine Theateraufführung machen. Mein Unternehmungsgeist erschreckte ihn: „Um Gottes willen, Graf, Sie laufen mir doch nicht weg?"

„Sehe ich aus wie einer, der weglaufen will? Abgesehen von meinem Rheuma, ich bin so wasserscheu geworden, ich gehe überhaupt nicht mehr in oder aufs Wasser. Wenn ich nur schon zu Hause wäre."

„Aber Ihre ‚Seeadler'-Mannschaft? Ist es nicht möglich, daß sie mit einem Schoner kommen und sie abholen wollen?"

Die Feinde hatten den Aufenthalt der Mopelianer noch nicht herausbekommen. Krause, Lüdemann, Permien und Erdmann waren im Arresthaus zu Wellington geradezu gefoltert worden, um aus ihnen die Wahrheit über die „Seeadler"-Besatzung herauszubringen. Aber die braven Jungs hatten lieber in zugiger Zelle auf dem nackten kalten Betonfußboden geschlafen und sich böse Krankheiten dadurch zugezogen, als daß sie sich durch solche Quälereien zu Aussagen verleiten ließen. „Alle für einen, einer für alle" war unser Wahlspruch, dem wir treu geblieben sind, deutsche Soldaten auch noch als Sträflinge bei Wasser und Brot! So hat der Feind dauernd in Spannung gelebt, daß irgendwo und -wann der „Seeadler" wieder auftauchen könnte. Er hat viel Geld für Bewachen und Abstreifen der See ausgeben müssen.

Ich versicherte nun dem Oberstleutnant, daß meine Leute, wenn sie könnten, sicher auf neue Kaperfahrt gingen, aber keinesfalls daran dächten, mich zu entführen. Er gab schließlich die Erlaubnis zum Theaterspielen. Ich zog ihn nun ins engste Vertrauen, und es gelang mir, ihn für den Theaterplan lebhaft zu erwärmen. Unter anderem sagte ich ihm, ich führte das Stück nur unter der Voraussetzung auf, daß keiner vom andern wüßte, welche Rolle er spielte, denn es sollten nicht nur die Zuschauer überrascht werden, sondern auch die Mitspielenden. So gab ich auch den Kadetten, die nicht zur Flucht geeignet waren, ordentlich was zu lernen auf. Mit vereinten Kräften wurden Verse geschmiedet und memoriert. Einige mußten Schiffe ausschneiden als Silhouetten, denn ich wollte aus bestimmten Gründen die Schlacht am Skagerrak aufführen. So fühlten sie sich auch im Vertrauen. Meine Kadetten malten Kriegsflaggen, nähten Mützenbänder und verfertigten schwarz-weiß-rote Kokarden. Wenn einer kam und fragte, hieß es: „Du weißt, der Graf hat gesagt, wir dürfen voneinander nichts wissen." Alles geschah heimlich, und der Oberstleutnant freute sich, und wenn ihm etwas Verdächtiges gemeldet wurde, lächelte er überlegen: „Ja, ich weiß schon, das ist Theater."

Aus Marmeladenbüchsen wurden von den wirklich Eingeweihten Handgranaten hergestellt mit Hilfe eines Sprengstoffes, den meine

Letzte Vorbereitung zur Flucht
„. . . Die Tommys ziehen dienstbeflissen das Boot an Land"
(und werden dabei von uns photographiert)

„. . . als der Motor anraste, wurden noch drei Hurras ausgebracht"

Panorama von Motuihi

„. . . Wenn Sie weglaufen, verliere ich meinen Posten"

„. . . Ich selbst trug stets neuseeländische Uniform"

Jungs einem Farmer, bei dem sie Baumwurzeln sprengten, stibitzt hatten. Funkentelegraphist Grün, ein Genie in seinem Fach, baute eine drahtlose Empfangsstation. Kadett von Zartowsky verfertigte aus einem alten angetriebenen Rudersextanten, Rasierapparaten und geschliffenen Spiegeln einen Sextanten, der uns nachher nur um 50 Seemeilen aus dem Weg gebracht hat, also den Umständen nach gut arbeitete. Der Sextant ist heute in einem feindlichen Museum ausgestellt; eine Gesellschaft der Wissenschaften hat eine eigne Sitzung über diese außerordentliche Leistung von Erfindungsgabe bei dürftigen Hilfsmitteln abgehalten.
Wir mußten nun auch Segel haben für unser Motorboot. Paulser ließ hinter den Kantinenbestellungen auf dem Bestellzettel gewisse Lücken offen, die er, nachdem der Oberstleutnant seine Unterschrift gegeben hatte, nachträglich ausfüllte. So bezogen wir dutzenderlei nötige Materialien aus Auckland, und wenn der Kommandant erneut von einem Untergebenen auf die auffälligeren Bestellungen hingewiesen wurde, blinzelte er verständnisinnig: „Es ist in Ordnung, ich weiß schon.“ Nur als ich einmal als Theaterdirektor für die Vorbereitungen einen abgetrennten Platz verlangte, den niemand ohne des Kommandanten besondere Erlaubnis betreten durfte, lehnte er ab. Das war ihm denn doch zu viel.
Wir beschafften uns also Proviant in großen Mengen, vor allem Eßwaren, die wenig Platz einnehmen und bei der Zubereitung ordentlich aufquellen, wie Reis und Grütze. Die Lagerhühner schlachteten wir heimlich eins nach dem anderen weg und weckten sie ein. Das Hühnersterben fiel auf, und der Doktor, der autoritativ auf eine Geflügelpest diagnostizierte, gab Pulver unter das Futter, worauf die Tiere natürlich noch rascher wegstarben. Es fiel schließlich auf, daß die toten Hennen fast nie zu finden waren. Aber inzwischen war unser Vorrat auch schon genügend.
Unser zukünftiges Segel wurde als Theatervorhang genäht und schließlich auch eine Bühne aufgebaut. Wenn eine Wache vorbeikam, lernten die, welche an Handgranaten oder am Sextanten arbeiteten, fleißig ihre Verse, und der Kommandant erbat sich von mir, der ich an meinen Krücken umherschlich, eine englische Übersetzung des Ganzen aus.
Die Kosten für die Ausstattung wurden durch eine Sammlung im Lager aufgebracht. Der Arzt verwaltete mir die Theaterkasse und sah dabei schon zu, daß er zu dem Seinigen kam. Dann galt es, Ferngläser, Karten und gute Uhren zu beschaffen. Die Karten schnitt ich aus Atlanten aus. Es wurden ja immer nur die Blätter

Frankreich und Rußland aufgeblättert, und wenn einer wirklich einmal die Südsee nachsehen wollte, dann hatte er doch nicht mich im Verdacht des Diebstahls. Ich ließ aber alles Entwendete aufschreiben und die Eigentümer später entschädigen. So machte ich es auch mit den Ferngläsern. Einige davon wurden mir von Reserveoffizieren geliehen, die einsahen, daß ich sie brauchte, um das gegenüberliegende Fort zu beobachten und danach Admiralsaufgaben zu bearbeiten. Das beste Glas gehörte aber einem Herrn, der es sehr sorgfältig hütete. Ich machte ihn ängstlich: „Passen Sie auf, daß es die Leute nicht klauen. Haben Sie es auch gut versteckt?" Ich ließ mir das Versteck zeigen und stritt mit ihm darüber, daß das nicht sicher wäre. Dann nahm ich es ihm fort, und er kam betrübt zu mir: Ich hätte nun leider doch recht behalten. Er mußte später lachen, als er es wieder erhielt. Jeder, dem ich sein Glas oder seine Uhr abschwatzte, wurde verpflichtet, es vor den anderen geheimzuhalten, damit meine angebliche „Spionagetätigkeit" nicht herauskäme. Die meisten haben übrigens später auf Entschädigung verzichtet und dachten wie ich beim Schwindeln: Alles fürs Vaterland.
Als wirkliche Waffen fertigten wir uns Handgranaten und Dolche, die wir aus Dreikantfeilen schliffen. Da wir auf unserer Kreuzerfahrt die Erfahrung gemacht hatten, daß wir mit Waffen kaum etwas zu tun hatten, vielmehr eine Flagge, einige Scheinwaffen und etwas Draufgängertum genügten, so zimmerten wir uns ein paar Scheinrevolver und sogar ein imitiertes Maschinengewehr aus Petroleumbehältern. Ein Chemiker stellte uns Gasbomben her. Ein paar richtige Handfeuerwaffen mußten wir aber haben. Während einmal alles im Lesezimmer um eine neue Zeitschrift versammelt war, entwendeten wir aus einem verschlossenen Raum zwei Gewehre und elf neuseeländische Uniformen. Kircheiß ging gerade mit einem Gewehr im Nachtanzug zu unserem Versteck, als ihn ein Wachtposten anrief. Er schützte aber etwas anderes vor und entfernte sich mit gemessener Eile in merkwürdig gezwungener, steifer Haltung, das Gewehr in der Hose versteckt.
So wurde unsere Erfindungsgabe unaufhörlich beschäftigt. Wie brachten wir aber nun unsere ganze gesammelte Ausrüstung in das vor Anker liegende Boot hinein, das keiner betreten durfte?
Wir hielten einen Kriegsrat. Im allgemeinen vermied ich es peinlich, mit den Kadetten zusammenzukommen. Herr v. Egidy, der meine rechte Hand wurde und als Nichtseemann unauffällig mit den Kadetten verkehren konnte, führte die von uns entworfenen Ideen im einzelnen durch, während ich mich möglichst müßig zeigte.

Sonntags aber ließ ich mich von den Kadetten gelegentlich zum Kaffee einladen, und da wurde folgender Plan gesponnen. Freund, der Motormann, und Paulsen, der Steuermann, erzählten dem Oberstleutnant, der Schraubenschaft des Bootes wäre leck. Beunruhigt befahl er darauf seinen Soldaten, das Boot so schnell wie möglich aufs Land zu holen. Prompt am anderen Morgen stehen bei Hochwasser die erforderlichen Tommys am Strand und ziehen mühselig, aber dienstbeflissen als ahnungslose Werkzeuge unseres Planes das Boot an Land. Außer der Reparatur ließ Turner gleich auf Freunds und Paulsens Vorschlag das ganze Boot malen, da er es zum Verkauf ausgeschrieben hatte und gern proper haben wollte. Nun hatten wir reichlich Zeit, es nach Wunsch zu bepacken, und die beste Gelegenheit ergab sich dadurch, daß einige von uns mit Farbenpötten sogar die Nacht über beim Boot verweilen durften. Die Kadetten Schmid und Mellert hatten stets die Kohlen für das Gefangenenlager zu fahren, ihnen war das Pferd anvertraut. Jetzt karrten sie unsere ganzen Vorräte unter leeren Kohlensäcken zur Landungsbrücke hinab. Seekadett Mellert war der besondere Vertrauensmann des Farmers und durfte als Hammelschlächter unten am Strand außerhalb des Lagers wohnen. Nun war aber in diesem Hause leider auch ein naturalisiertes Subjekt, ein gewisser P. H., der sich durch Schmuserei die Erlaubnis verschafft hatte, dort unten zu hausen. Diese naturalisierten Deutschen, die durch die Strenge der feindlichen Kriegsmaßnahmen zwar von der Gefangenschaft nicht verschont blieben, aber dann als Vaterlandsverleugner sich Vergünstigungen verschafften, waren der trübste Punkt im Lagerleben und erinnerten nur allzusehr an manche Seiten der deutschen Geschichte, wo sich Landsleute im fremden Dienst auf Kosten des Zusammenhalts und der Kraft unserer Nation emporgebracht haben. Übrigens verachteten die Engländer die schlechten Deutschen am meisten. Dieses Subjekt saß nun dauernd am Fenster, las in einem Buch und sah beim Malen des Bootes zu. Es war ungemütlich, aber nicht zu ändern. Vermutlich wollte er durch Verrat sich die Freiheit verdienen.

Die „Perle" war ein prachtvolles Boot von etwa 9 Meter Länge, mit einem hervorragenden Motor. In die Bilge, den Doppelboden, worin sich das Leckwasser sammelt, damit man trockene Füße behält, verpackten wir nun unsere Uniformen, Privatsachen und für sechs Wochen Proviant. Außerdem wurden die vorhandenen Schiebladen aufgefüllt und dicht vernagelt. Als der Kommandant danach fragte, wurde ihm frech und frei geantwortet, sie wären zugenagelt,

weil sie doch nie gebraucht würden und bei der Fahrt klapperten. Ferner nahmen wir öffentlich Frischwasserbehälter hinauf, die dem Kommandanten als Reservebenzinkannen bezeichnet wurden, und einen von uns selbstgebauten Kondensapparat, mit dem man in einer Stunde zwei Liter Wasser herstellen konnte.
So wurde das Boot in den unsichtbaren Räumen vollgepackt. Alles war darin, auch die Gewehre. Wie aber sollten wir uns Munition verschaffen? Der Munitionskasten der Lagerwache zog uns an wie Honig die Bienen, aber es schien unmöglich, an ihn heranzukommen, da er sich in dem gut verschlossenen Warenschuppen neben den Soldatenbaracken befand. Der Schlüssel dazu hing im Wachtlokal, vor dem dauernd ein Posten auf und ab ging. Wie konnten wir an dem Tommy vorbei zu dem Schlüssel gelangen? Wir grübelten lange hin und her, die schwierige Frage löste sich aber eines Tages ganz plötzlich.
Schmid und Mellert hatten eine Ratte gefangen, ihr ein Band ans Bein gebunden und einen Kater darauf scharfgemacht. Das kleine Sportereignis zog natürlich den wachestehenden Tommy lebhafter an als sein Wachlokal. Während dieser nun den Rattenfänger anfeuert: „Let him catch him", schlüpft Mellert heimlich und leise zu dem Türpfosten, hakt den Schlüssel ab und sobald er ihn hatte, wurde auf einen heimlichen Wink hin das Kampfspiel abgebrochen und die Ratte zur späteren Verwendung aufgehoben. Der Wachtposten war recht enttäuscht.
Dann begab man sich nach dem Warenschuppen, worin der Munitionskasten stand, und weg damit zum Zelte Grüns. Außer der Munition, die wir im Boot mitnehmen wollten, interessierte uns auch besonders die Munition, die die Soldaten in ihren Bereitschaftskästen hatten. Wir wollten den Feind dadurch bei einem etwaigen Alarm, den unsere Flucht zur Folge haben könnte, entwaffnen. Dies geschah dadurch, daß wir aus den Patronen das Pulver bis auf einen kleinen Rest entfernten, Papierabschluß daraufsetzten und die Patronen mit Sand wieder auffüllten. Wenn die Neuseeländer nun schießen wollten, dann reichte das Pulver gerade so weit, daß die losgeschossene Kugel in den Zügen steckenblieb. Bätsch! war es aus; die im Laufe steckende Kugel, festgetrieben durch den Sand, machte das ganze Gewehr unbrauchbar.
Die so „Made in Germany" bearbeiteten Patronen wurden schließlich wieder in den Warenschuppen gebracht. Nun galt es, den Schlüssel im Wachtlokal anzuhängen, wozu Katz und Maus wieder erschienen. „Let him catch him", rief der Posten voller Vergnügen,

und der Schlüssel hing bald wieder an seinem Ort. Nur der Senior unseres Lagers, der immer auf den guten Ruf des Deutschtums bedachte Herr Höflich aus Samoa, machte mich in ernstem Tone auf das Bedenkliche einer solchen Tierquälerei aufmerksam, die unter den Augen des Feindes uns als „cruel huns" erscheinen ließe und auch unsere Landsleute empöre.
Benzin hatten wir nach Belieben, da der Oberstleutnant darin ein großer Hamsterer war. Bei der Prüfung seiner Bestände fand der Kommandant, daß Zahl und Gewicht der Behälter immer stimmten; nur der Stoff innen hatte sich mehr und mehr in klares Brunnenwasser verwandelt.
Jetzt konnten die vielen Tommys wieder antreten. Das gutbemalte, tadellos gestaute Boot lag bald wieder im Wasser.
Das Lagertelefon hatte Grün in einer Kiefernschonung geerdet aber so, daß wir einen Schalter hatten, den wir nur umzulegen brauchten, um die Leitung zu unterbrechen. Mit einem Telephonhörer, den einige Mitgefangene aus Devonport mitgebracht hatten, hörten wir jetzt in einer als Zelle eingerichteten Wurzelhöhle der telephonischen Verkehr des Lagerkommandanten mit dem Hauptquartier in Auckland ab. Nachts befanden sich gelegentlich in der Gegend Motorboote, welche Übungen abhielten. Wir hatten nie recht erfahren können, warum, mußten das aber nun herausbekommen. Denn diese rätselhaften Vorsichtsmaßregeln beunruhigten uns lebhaft. Wir legten also den Hörer im Walde an die Telephonleitung. Dort hatte jeder von meinen Jungs zwei Stunden Wache, um die Gespräche des Lagers mit dem Hauptquartier zu belauschen. Von jetzt an waren wir über alles unterrichtet. Wir hörten auch, daß der Oberst Patterson in Auckland Turner Vorwürfe machte, weil die Morselichtsignale nicht abgenommen würden. Der Oberstleutnant erwiderte, daß zu heller Mondschein gewesen wäre. Wir hörten weiter, daß die Übungen dazu dienen sollten, aufzupassen, falls die Deutschen nachts ausbrechen wollten.
Wir mußten unser Programm also für den Tag einrichten. Gleichzeitig machte der Oberstleutnant darauf aufmerksam, daß er tags nur das Telephon zum Alarm hätte; ob man ihm nicht ein Helioskop schicken wolle?
Das Helioskop kam nach wenigen Tagen an. Aber unsere Jungs, die besser wußten, was eine Helioskopkiste war, als die neuseeländischen Soldaten, und bei deren Bequemlichkeit regelmäßig als Hilfskräfte beim Auspacken herangezogen wurden, brachten die Kiste beim Entladen des ankommenden Verkehrsboots sofort in

Sicherheit. Bei dem lässigen Behördenbetrieb fiel es zunächst niemand auf, daß das Helioskop auf sich warten ließ, und wir selbst brauchten es doch viel nötiger als der Kommandant.

Immerhin sahen wir, daß man auf uns aufpaßte. Sogar die Telephonleitung sollte einmal untersucht werden. Glücklicherweise kamen die Arbeiter erst nach unserer Abfahrt, die wir von dem zuerst angenommenen Zeitpunkt hatten verschieben müssen.

Je mehr sich unsere Vorbereitungen dem Abschluß näherten, desto schlimmer wurde mein Rheumatismus. Der Kommandant bedauerte mich immer mehr und war innerlich immer zufriedener. Aber auch die Soldaten nahmen etwas größeren Anteil an mir. Einer bot mir aus Mitleid mal ein Mittel an, „Farmers Friend" hieß es. Er hätte viel mit Pferden zu tun gehabt, da hätte es gut getan, es würde auch dem Grafen jetzt gut helfen. Ich ließ mir die Pferdekur geben und rieb mich angeblich damit ein. So wurde der Soldat mein Berater für körperliche Leiden und immer intimer mit mir, so intim, daß ich ihn und einige seiner liebsten Kameraden am letzten Tage sogar die militärischen Abzeichen mitbringen lassen konnte, als „Andenken", in Wahrheit brauchte ich sie natürlich für die Vervollständigung der neuseeländischen Uniformen, in denen meine Bootsmannschaft losging. Ich selbst trug schon stets im Lager neuseeländische Uniform (mit deutschem Marineabzeichen). Die deutschen Beamten aus Samoa, die nicht eingeweiht waren, fanden das natürlich skandalös.

Ich hatte meine Leute vollkommen in der Hand. Wenn es nötig war, wies ich einen wohl in seine Schranken zurück, wir blieben aber Freunde. Daß ich in allem Tun und Lassen mit einer gewissen Kühnheit verfuhr, begeisterte die Leute, sobald sie hin und wieder den Beweis erhielten, daß das Beabsichtigte gelang. Die Kadetten mußten die vorbeifahrenden Schiffe stets beobachten, wie oft sie kamen, welche Typen es waren usw. Die Nachrichten wurden dann zum Plane verwertet.

Wir waren fertig, und nun kam für uns die Generalprobe heran. Am hellichten Tage machten wir blinden Alarm; denn als richtige Deutsche mußten wir auch die Gewißheit haben, daß alles Erfundene und Erarbeitete solide war und klappte.

Auf ein Stichwort begab sich also jeder auf seinen Posten. Grün sollte das Telephon umstellen, zerstören wollten wir es nicht, um im Falle des Mißlingens der Flucht keinen Verdacht zu erwecken Klöhn hatte das kleine Ruderboot entzweizuschlagen, damit die Verfolgung erschwert würde. Schmid fuhr mit dem Wagen hin unter, Kohlen holen, in Wirklichkeit aber unter den leeren Säcken Benzin hinunterschaffend. Ich selbst ging mit Herrn v. Egidy in das Gouverneurhaus, wo ich alles übersehen konnte. Paulsen und Freund sollten eine halbe Stunde vor Abfahrt in die „Perle", um sie „reine zu machen". Kircheiß half Mellert in dessen Haus beim Packen der letzten Sachen, und zu guter Letzt kam ich mit Egidy „auf einen Spaziergang" zur Landungsbrücke.

Den Probealarm haben wir tatsächlich in Gegenwart des Kommandanten ausgeführt, ohne daß er etwas ahnte. Bei dieser Übung sahen sich die elf Verschworenen zum ersten Male alle gegenüber. Vorher hatte ich nur einzeln mit ihnen verhandelt und keiner wußte vom andern; so gewissenhaft und verschwiegen hatten alle gehandelt. Nach den Erfahrungen wurde auch die eine oder andere Anordnung abgeändert, und mit deutscher Gründlichkeit war jetzt alles eingeübt.

Ein großer Teil der neuseeländischen Küstenschiffahrt kam an Motuihi vorbei. Bequem konnten wir von der Insel aus in aller Ruhe mit unseren Gläsern die Schiffe besichtigen, und wenn ein für uns passendes Fahrzeug vorbeisegelte, ihm geräumigen Abstand lassen, um mit unserer schnellen „Perle" hinterherzuflitzen. Da trat aber, als wir fertig waren, schlechtes Wetter ein, und infolgedessen fuhren auch keine Schiffe vorbei, da der Wind von ungünstiger Seite kam.

Nun wollte Oberstleutnant Turner einmal fahren. Er liebte es, selbst zu steuern. Paulsen setzte sich während der Fahrt nach vorn zu Freund, damit der Oberstleutnant behindert würde, nach vorn zu gehen und das Boot zu untersuchen. Turner freute sich, daß er auf einmal so leicht und sicher fuhr. Paulsen erklärte das damit, daß wir den Ballast umgelagert, hinten etwas hineingestaut hätten. (Es waren ja auch 2000 Kilogramm verpackt.) Der Motor war vorher für das Boot zu stark gewesen und lief jetzt bei größerer Belastung wirklich besser. Der Oberstleutnant saß auf Handgranaten und steuerte, unsere Jungs ließen von ihrer Aufregung nichts merken. Anderntags fuhr sogar der Kriegsminister in eigener Person in unserer „Perle".

Da ließ eines schönen Tages der Kommandant Paulsen kommen und fragte ihn mißtrauisch: „Wo habt ihr den Schlüssel zur Ankerkette und zur Bootskajüte?" Die Frage wirkte auf Paulsen wie ein Donnerschlag, er mußte alles für verraten halten. In der Tat waren Turner Dinge zu Ohren gekommen. In der Nacht war ein Zettel unter die Tür des Wachthauses geschoben worden, worauf in

schlechtem Englisch stand: „Bitte Boot untersuchen. Es ist vollgepackt mit Proviant." Turner geriet in Aufregung und die Posten wurden verdoppelt. Wir wußten wohl, wer der Lump war.
Alles schien nun verloren. Turner, der ein ruhiges Leben liebte, saß immer etwas in Angst vor der öffentlichen Meinung. Er mußte denen drüben in Auckland zeigen, was er für ein schneidiger Mann wäre, und so wurden auch die Nachtübungen weniger aus Argwohn gegen uns veranstaltet, als um drüben „show" zu machen. In Neuseeland wie in anderen demokratischen Ländern stand häufig die Rücksicht auf die Stimmungen des Publikums über allen anderen Erwägungen.
Paulsen verstand es nun, als der Verrat geschehen war und alles auf des Messers Schneide stand, genial den Gekränkten zu spielen und den Kommandanten von der sofortigen Untersuchung des Bootes abzubringen. Außerdem glaubte Turner ja, mich in der Hand zu haben, da ich mir angeblich 100 000 Mark hatte aus der Heimat schicken lassen. Er, der frühere Kohlenhändler, hatte dies heimlich geschehen lassen; und er hatte sogar, indem er zur Umgehung der Zensur den Brief unter Dienstsiegel schickte, dazu gemurmelt: „I hope, you will not forget me!" worauf ich ihm verständnisinnig zugenickt hatte. Es war das Gerücht verbreitet, ich hätte die „Seeadler"-Reise auf eigene Rechnung gemacht. Mein „Reichtum" machte fabelhaften Eindruck, und so dachte Turner, da er ja 5000 Pfund Sterling sozusagen als private Kaution in Händen hatte, nicht ernstlich an die Gefahr meiner Flucht. Das Behagen kehrte wieder. Den Zettel hatte wohl ein Verrückter geschrieben, nahm Turner an. Der schwere Augenblick ging unerwartet gut vorüber.
Nun wird man mich fragen, warum wir überhaupt fliehen wollten. Bei dem ungeheuren Mißverhältnis zwischen unseren Kräften und der Macht des Feindes und sonstigen Hindernissen, konnte nur ein ganz klarer und bis ins einzelne durchdachter Plan dieses Unternehmen rechtfertigen. Das Ziel war zunächst, den Oberst Logan auf Samoa in unsere Hände zu bekommen, um ihm für seine Mißhandlungen deutscher Frauen einen Denkzettel zu erteilen. Die Gefangennahme Logans gedachten wir folgendermaßen zu ermöglichen. Mit der „Perle" mußte zunächst ein Segelschiff gekapert werden, um überhaupt bewegungsfähig zu werden. Darauf galt es an geeigneter Stelle einen neuseeländischen Dampfer zu kapern, denn nur mit einem Dampfer konnten wir in Samoa einlaufen und Logan, der über starke militärische Macht verfügte, glauben ma-

chen, daß wir ihm einen Befehl vom neuseeländischen Kriegsminister zu überbringen hätten. Somit beabsichtigten wir, uns zunächst mit der „Perle" auf die Lauer zu legen, bis wir uns eines Segelschiffes bemächtigen konnten, um mit diesem dann nach der Hauptinsel der Cookgruppe, Rarotonga, zu fahren, wo die Dampfer zwischen Neuseeland und San Franzisko anlaufen. Wir wußten durch Gefangene, daß sich auf Rarotonga weder eine Funkenstation, noch eine militärische Macht befand; die Eingeborenen sollten sehr deutschfreundlich sein. Im Vertrauen darauf wollte ich mit dem Motorboot unter deutscher Kriegsflagge in den Hafen von Rarotonga einlaufen und die dortige Bevölkerung glauben machen, wir kämen mit der „Perle" von einem draußenliegenden deutschen Hilfskreuzer. Die Mützenbänder meiner Leute trugen zu diesem Zweck schon die Aufschrift S. M S. „Kaiser". Der Name hätte durchgeschlagen. Dann wollten wir den Residenten festnehmen und die paar auf der Insel lebenden Engländer genau in derselben Weise internieren, wie wir interniert waren. Im Besitz Rarotongas hätten wir den nächsten einlaufenden Dampfer abgewartet. Die Dampfer hatten aber hinten und vorn Geschütze, wie war es dann nur möglich, einen solchen in unsere Gewalt zu bringen? Wir wären in neuseeländischen Mänteln und Mützen, den Residenten in unserer Mitte, zum Dampfer hinabgegangen, um die übliche Visite zu machen. Im Augenblick, wo uns der Kapitän freundlich begrüßte, hätten wir die deutsche Flagge und Handgranaten gezeigt, die Geschütze sofort besetzt, und da das verblüffende Auftreten uns im Augenblick die Oberhand gab, hätten wir die Leitung des Schiffes bekommen. Dann wären wir auf Samoa zugesteuert und hätten uns vorher durch drahtloses Telegramm als Überbringer wichtiger Geheimbefehle des Kriegsministers an Oberst Logan angekündigt. Auf dem amtlichen Briefpapier, das wir nebst den dazugehörigen Stempeln und Namenszügen von Turners Schreibtisch genommen hatten, hätten wir einen persönlichen Befehl an Logan übergeben, wären selbst aber außerhalb des Hafens liegengeblieben. Logan hätte, wenn ihm der Bote den Befehl überbrachte, darauf die eigenhändige Unterschrift von Sir James Allen gefunden, denn wir hatten die Unterschrift bereits in Kupfer ätzen lassen. Logan hätte darauf an Bord kommen müssen, und wir hätten mit ihm an Bord die Kaperfahrt fortgesetzt. Das war unser Plan.

Als Kommandant eines Kriegsschiffes brauchte ich auch noch unbedingt einen Säbel. Den habe ich auf folgende Weise bekommen. An dem Tage unserer Flucht war Turner früh nach Auckland gefahren, um seine Tochter abzuholen. Er hatte etwas den Größenwahn und liebte fürstliches Gepränge; so ließ er seine sämtlichen Offizierstellvertreter und Unteroffiziere zum Empfang seiner Tochter an die Landungsbrücke kommen. Mittlerweile ging einer meiner Jungs an seinen Schrank, holte die beste Uniform heraus, nahm den Säbel aus dem Segeltuchfutteral und füllte dieses, damit es straff hing, unten mit einem Senkblei, und oben, wo der Säbelkorb hingehört, mit einer Konservenbüchse, und dann ging Mellert, den Säbel im Hosenbein, mit einem Gemüsesack, aus dem ein paar Gemüseköpfe hervorschauten, der auf dem Boden aber die Uniform enthielt, forsch und bieder an dem festlich einziehenden Oberstleutnant vorüber.

Mellert ließ noch im Augenblick der Flucht bei dem Ruderboot, das wir zerschlugen, einen Brief liegen, damit der Farmer, bei dem er beschäftigt gewesen war, ihn fände.

Die neuseeländischen Zeitungen haben ihn als Beispiel deutscher Pflichterfüllung und Sachlichkeit abgedruckt, und so mag dieser Abschiedsbrief eines echten Hunnen aus einer dieser Zeitungen auch hier wieder abgedruckt stehen:

November 25 th 1917

Mr. Melrose, farm manager.

Dear Sir,

My country calls and I have to follow! For two years I worked on the farm, and I have always done my duty. With this letter I leave all the necessary notes, like milksupply, mutton-supply, and the list of the cows. I hope you will have no difficulties to arrange all under my sucessor. I kindly ask you to give my wages to Klaiber, as I owe him something, and he shall pay my canteen-bills. You may take my saddle and bridle, and pay a bill of about 30 s. to Hofmann, photographer, for me. I like to be square with everybody, and I have not got money enough to do all. I hope you will have no too much trouble by my departure, and with best wishes to you, I remain, yours

I. Mellert[1]).

---

[1]) Lieber Herr Melrose!

Das Vaterland ruft, und ich habe zu folgen! Zwei Jahre lang habe ich auf der Farm gearbeitet und meine Pflicht stets erfüllt. Mit diesem Brief lasse ich alle die notwendigen Aufzeichnungen zurück wie Milchbestand, Hammelbestand und die Liste der Kühe. Ich hoffe, Sie werden keine Schwierigkeiten haben, alles unter meinem Nachfolger zu ordnen. Ich bitte Sie freundlichst, mein Gehalt an Klaiber zu geben, da ich ihm etwas schulde und er meine Kantinenrechnung bezahlen soll. Sie können meinen Sattel und Zaumzeug nehmen und dafür eine Rechnung von etwa 30 Schilling für mich an den Photographen Hofmann bezahlen. Ich möchte mit jedermann im reinen sein und habe nicht Geld genug, allen zu genügen. Hoffentlich haben Sie nicht zuviel Verdruß durch meine Abfahrt, und ich verbleibe mit besten Wünschen für Sie Ihr J. Mellert.

Der wackere Seemann hat übrigens in Deutschland seine Farmerkenntnisse gut verwerten können. Als es mit Seefahrt trübe aussah, hat ihm ein verdientes Glück eine hübsche Bauerntochter mit stattlichem Hof in der Goldenen Aue in die Arme geführt. Sein Tagebuch war mir für dies und das folgende Kapitel von Nutzen.

Flucht und neue Kaperfahrt

Der 13. Dezember 1917 war der Tag, an dem die Flucht gelang. Das Glück hatte uns an den tausend Zufällen, die unsere umständliche und kecke Verschwörung vereiteln konnten, heil vorbeigeleitet. Jetzt wurde dem Eifer meiner Jungs der Lohn zuteil. Die Freiheit winkte wieder und die Hoffnung, dem Vaterland mit unseren jungen frischen Kräften dienen zu können.
Es schien ja fast unbegreiflich, wie das Mißtrauen der Neuseeländer eingeschläfert war. Hatten sie uns doch als Rarität in einer Weise bewacht, wie noch kaum je Kriegsgefangene behütet worden waren. Sie trauten mir die unglaublichsten Streiche zu. Wir waren sozusagen eines ihrer größten Ruhmesblätter: als ein Mann, der einst seine Seemannslaufbahn in Australien angefangen hatte, war ich jetzt Gegenstand der australischen Triumphgefühle, und die Zeitungen redeten selbstgefällig von „weltgeschichtlichen" Ereignissen in der Südsee. Fortwährend fürchtete man das Auftauchen der „Seeadler"-Mannschaft, und über ein Dutzend Motorboote suchte die Gegend um Motuihi nach ihr ab. Allem diesem zum Trotz konnten wir uns nun anschicken, die Kriegsgeschichte jenes Erdenwinkels um ein ganz neues Kapitelchen zu vermehren.
Der Oberstleutnant wurde mit seiner Tochter gegen Abend zurückerwartet. Sobald er das Boot verlassen hätte, sollte Paulsen nach unserem Kriegsplan den Mast niederlegen. Auf dieses Signal sollte jeder zusehen, wie er aus der Lagerumzäunung käme, und zu seiner Rolle eilen. Schwierig wurde das Verlassen des Lagers erst,

wenn der Oberstleutnant sich so sehr verspätete, daß der allabendlich um 6 Uhr stattfindende Namensaufruf uns dazwischenkam, denn nachher durfte man das Lager nicht mehr verlassen.
Endlich um 1/2 6 Uhr wurde die „Perle“ von unserem Ausguckposten gemeldet. Diejenigen von uns, die nicht aus irgendeinem Grunde vom Namensaufruf befreit waren, mußten also diesen erst abwarten und danach zu irgendeiner List greifen. Wir anderen entfernten uns jeder unter einem Vorwand. Kircheiß ging, weil er zu einem Entenessen eingeladen war, ich mußte zu Gouverneur Schultz usw.
Um 6 Uhr legte die „Perle“ an. Mister Turner wollte einen Trompeter als Wache beim Boot lassen, bis Paulsen und Freund mit der Bootsarbeit fertig wären. Aber Schmid, der Miß und Mister Turner im Wagen abholte, lud freundlich den Trompeter ein, auch mit aufzusteigen, und der gutgelaunte Kommandant gab zuletzt mit einem freundlichen „hop up“ seine Einwilligung. Nachdem Schmid flott vor der Kommandantur vorgefahren war, bat er, mit meinem Burschen zusammen nochmals hinausfahren zu dürfen, um Kohlen zu holen. Der Oberstleutnant war grundsätzlich immer zufrieden, wenn jemand arbeiten wollte: „dann macht er wenigstens keine Dummheiten“, und erlaubte es. Schmid nahm gleich fünfundzwanzig Kisten Benzin mit. Als das verabredete Signal erschien, begaben wir elf Verschworenen uns einzeln und unauffällig, jeder durch eine besondere List, auf unsere Posten. Es klappte wunderbar. Unvorhergesehene Hindernisse, die sich einigen in den Weg stellten, überwand jeder selber mit großer Unverfrorenheit und Geistesgegenwart. Beinahe wäre unsere Abreise noch an der Wachsamkeit eines wirklich sehr tüchtigen Inspektors gescheitert. Dieser begegnete Grün, wie dieser eben nach vollbrachter Telephonableitung durch die Felder ging, um sich ans Boot hinabzubegeben. Der Inspektor schöpfte gleich Verdacht und hätte zum mindesten Grün zum Verhör vor den Oberstleutnant gebracht, wenn nicht Grün sofort das einzig Passende in seiner Lage getan und ein stilles Plätzchen am Waldrand bezogen hätte, wobei ihn der Inspektor nicht stören und auch nicht auf ihn warten mochte.
Die letzten Vorräte wurden eingebootet, die Telephonleitung war umgeschaltet, das Ruderboot zerschlagen, wir stiegen alle in die Barkasse, und als wir drin saßen und der Motor anraste, wurden noch drei Hurras ausgebracht für Seine Majestät. Allgemeines Händeschütteln, überquellende Freude! Am hellichten Tage passierten wir die Insel, während droben alles beim Essen saß. Als wir an den

Soldatenquartieren vorüberglitten, aus denen die Stimmen Essender herüberklangen, stellten wir Pflugscharen, die wir als Schutzschilde mitgenommen hatten, und die Roßhaarpolster der Sitze an die Seitenwand, um die Wirkung etwa anpfeifender Kugeln abzuschwächen, falls plötzlich Alarm geschlagen werden sollte; und die eigenen Gewehre lagen zur Antwort bereit. Aber niemand schoß.
Von der Ankunft des Kommandanten bis zu unserer Abfahrt war kaum eine Viertelstunde vergangen. Da das kleine Beiboot der Barkasse unsere Geschwindigkeit minderte, wurde es in sicherer Entfernung von der Insel abgekappt. Dieses Beiboot wurde der erste Anlaß zur Entdeckung unserer Flucht. Mein Freund Osbahr, der diesen Abend auf Motuihi miterlebt hat, schreibt darüber:
„Als der Graf abgefahren war, herrschte eine furchtbare Stille unter den Eingeweihten, während sonst zur Essenszeit das Leben sprudelte. Der Bissen quoll uns im Munde. Wir warteten auf Schüsse, aber es kamen keine. Einige der Eingeweihten konnten ihre Aufregung nicht bemeistern und eilten auf die Klippe. Aber schon war das Motorboot nicht mehr zu sehen. Dann kam die Nachricht, das abgetriebene Beiboot schwämme draußen herum. Nun begann auch den Ahnungslosen etwas zu dämmern, und es wurde festgestellt, wer fehlte. Nun galt es für uns Eingeweihte, die anderen zur Ruhe zu ermahnen, damit unsere Freunde Vorsprung gewönnen. Dies Bestreben wurde durch die Einfalt des neuseeländischen Feldwebels begünstigt, der leicht davon zu überzeugen war, daß das Beiboot durch einen Zufall abgetrieben wäre und die Leute in der ‚Perle' nochmal Anker aufgegangen wären, um das Beiboot zu suchen. ‚Die Deutschen suchen ganz in falscher Richtung. Wenn man nicht aufpaßt, dann sind diese dummen Deutschen zu gar nichts zu gebrauchen', sagte der Feldwebel.
So verstrichen einige Stunden. Am späteren Abend ließ der Kommandant den Grafen bitten, um ihn seiner Tochter vorzustellen. Als man ihn nicht fand, wurde Mister Turner doch unruhig. Er suchte sich selbst zu trösten. ‚Der Graf hat wohl einen Ausflug am Land gemacht, um eine Abwechslung zu haben. Er ist ja so rheumatisch, der läuft nicht weg. Außerdem hat mein Boot nur für einen Tag Benzin.' Schließlich ging er an den Fernsprecher, um dem Hauptquartier die unangenehme Mitteilung zu machen. Das Telephon ging aber nicht! Jetzt wird die Sache brenzlig. Es bleibt nichts übrig, als mit Morsesignalen Verbindung mit drüben zu suchen. Aber die drüben nehmen nichts auf, denn der Morseapparat funktionierte ja dank unserer Vorbehandlung auch nicht. Nun wird ein großes Petroleum-

feuer als Zeichen angezündet. Noch keine Antwort vom Land. Endlich steigen drüben Raketen auf: Sie haben also verstanden? Aber die Zeit vergeht, eine, zwei, drei Stunden, kostbar für den Grafen. Keine Antwort kommt. Die Raketen stammten nämlich von einem Privatfeuerwerk, das zufällig in Auckland abgebrannt wurde. Erst um $^1/_2$ 1 Uhr nachts schöpfte man in Auckland drüben Verdacht, da das übliche telephonische Mitternachtssignal ausblieb. Man hatte sich ja im Hauptquartier überhaupt nur auf Nachtgefahren eingestellt.
Der österreichisch-polnische Doktor merkte jetzt auch, daß er genasführt war, und lief in wütender Stimmung umher. Der Oberstleutnant wagte gar nicht den Namensaufruf anzuordnen, da ihm die Sache zu peinlich vorkam. Sein einziger Trost war, was auch alle Nichteingeweihten dachten: Weit bringt es der Graf doch nicht, es ist zu sehr aus dem Handgelenk gemacht. Von den sorgfältigen Vorbereitungen hatte ja keiner etwas gemerkt.
Bald hatte die Unglücksbotschaft alle Forts erreicht. Schleunigst wurden schnelle Motorboote und kleinere Dampfer mobil gemacht und mit Maschinengewehren ausgerüstet, gegen Morgengrauen die Verfolgung aufgenommen. Viele Sportsleute nahmen mit ihren Fahrzeugen an der Suche teil, und die Flotte wuchs am nächsten Tage zu mehreren Dutzend Booten an. Kein Ruhmesblatt neuseeländischer Geschichte: Krank und müde lag bald alles schutzsuchend in den stilleren Buchten des Hauraki-Golfes, während das gejagte Wild sich gegen Sturm und Seegang durchgerungen hatte und an einem Platz lag, den die Verfolger wegen der großen Entfernung nicht anzulaufen wagten. Wie immer in diesem Krieg hatte die deutsche Minderzahl durch höhere Einzelleistung versucht, der Übermacht zu widerstehen. Großer Wirrwarr war entstanden; ein Dampfer auf Felsen gelaufen, Boote hatten sich gegenseitig gejagt und beschossen. Gern wurde das sich bald verbreitende Gerücht geglaubt, die ‚Perle' wäre gekentert und alle Deutschen ertrunken. Befriedigt kehrte alles in den Hafen zurück, und mancher gestand ein, in so seekranker Verfassung wäre er den Deutschen nicht gern begegnet."
Soweit der Bericht des Zurückbleibenden.
Es war für uns keine kleine Aufgabe, uns in dem großen Hauraki-Golf ohne Seekarte und ohne brauchbaren Kompaß zurechtzufinden. Das Wetter war schlecht, die Nacht sehr finster, mancher von uns seekrank. Dann erhellte sich der Nachthimmel zwischen 1 und 2 Uhr durch weiße Lichtstreifen. Von Auckland aus wurde, um der Bevölkerung Emsigkeit vorzutäuschen, mit Scheinwerfern nach uns gesucht. Ein an sich lächerliches Vorhaben, aber uns dienlich, denn wir

"The prisoners took away with them 40 fowls and two turkeys prepared in a coucentrated form. and over 400 yolks.of, eggs prepared lu spirit distilled from jam."

Trusty Officer: Phew! wbat a strong odour ".What are you celebrating Iimocent German 'Ze Hague Convention,and peace. sir

„. . .. Das Hühnersterben fiel auf."
Der österreichisch-polnische Arzt erklärt es dem Lagerkommandanten.

"The commandant made a weekly report direct to headquarters on prisoners of war, but only on such matters as their health"

Officer Excuse me, sir, but don't let me disturb you. I—I—would like to ask you—are you well?

Der Lagerkommandant erkundigt sich nach unserer Gesundheit, während wir unsere Ausrüstung ausarbeiten. (Englische Karikaturen auf unsere Flucht)

"You left the door open. You surely don't blame us for taking the advantage of escaping do you" —(Lieut Com) Count Felix Von Luckner)

„Mr. Turner, Sie haben die Tür offen gelassen."

(Englische Karikaturen auf unsere Flucht)

Oberstleutnant Turners Entschuldigung vor dem Kriegsgericht:

„Ich hatte nur g. v.-Leute als Wachpersonal."

Officer You see, sir, the guard is a C2 class man, and not of the same strong physique as the prisoners.

Defence Ah, that accounts for the statements that it would be too exhausting for them to carry arms.

„... empfingen mich, die Bajonette auf meinen Rücken gerichtet." (Neuseeländisches Bild)

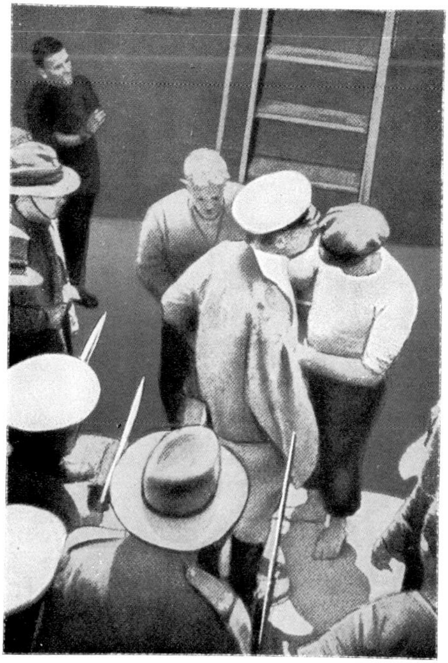

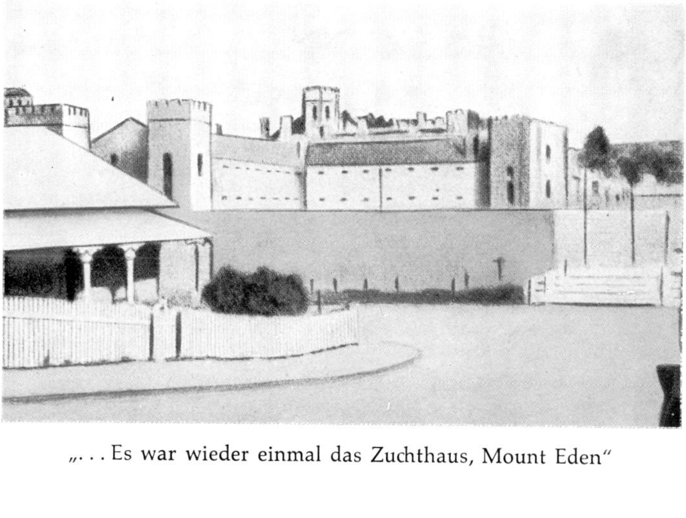

„... Es war wieder einmal das Zuchthaus, Mount Eden"

Häuptlingstochter der Waikato

„. . . Der Geist dieses verehrten Helden lebt in ihnen fort"

„. . . Es fehlte freilich die Tätowierung"

konnten nun an der Richtung Aucklands unseren verfahrenen Kurs wieder orientieren. Morgens warfen wir in einer geschützten Bucht, Red Mercury Island, Anker und hielten uns dort den Tag über versteckt, bis sich der Eifer der uns verfolgenden Flottille gelegt hatte. Zugleich hatten wir dort von dem unbewohnten, hügeligen und dichtbewachsenen Eiland aus einen guten Ausguck nach Küstenfahrzeugen, die von Süden heraufkamen. Ein Dampfer ging nahe vorbei, ohne uns zu bemerken.

Am dritten Tag fuhren wir aus den Küstengewässern hinaus über die Dreimeilengrenze. Dort auf hoher See vereidigte ich die Kadetten und machte sie zu Soldaten. Vizefeldwebel d. R. v. Egidy wurde von mir zum Hilfsleutnant zur See befördert. Dazu hatte ich als Kommandant eines alleinfahrenden Kriegsschiffes das Recht, wenn es auch nur eine „Perle" war. Egidys drei Brüder standen sämtlich als Seeoffiziere vor dem Feind; jetzt wurde unerwarteterweise auch der vierte, fern der Heimat, Angehöriger der Marine. Nun durfte Krieg geführt werden! Man sah die fieberhafte Aufregung der Kadetten, man fühlte ihren frischen Jugendgeist von Tatendurst brennen. Vorgestern noch gefangen, heute unter der ruhmreichen deutschen Kriegsflagge deutscher Soldat, sie, die schon geglaubt hatten, nicht mehr heranzukommen an den Feind. Sie hatten volles Vertrauen, und die neue Pflicht, anzugreifen, lag so greifbar vor uns, daß dieser seltsame Treuschwur im Boot gewiß keiner heimischen Rekrutenvereidigung an Ernst nachstand.

Die erhabene Stimmung konnte nicht allzulange andauern. Nachdem sich meine Rekruten wechselseitig die Haare militärisch kurz geschnitten hatten, ging es wieder an seemännisches Alltagswerk. Auf einmal tauchte ein Regierungsdampfer „Lady Roberts" vor Mercury Island auf, um uns zu suchen. Wir verschwanden schleunigst auf hoher See, unsere beiden Ausguckposten im dicken Ginstergestrüpp der Insel zurücklassend. Der Dampfer setzte Leute aus, welche die Insel vergeblich durchsuchten, beschädigte, auf felsigem Boden aufschlagend, seine beiden Schrauben und dampfte lahm nach Hause mit der positiven Feststellung, daß wir nicht da wären. Wir kehrten zurück und lagen von jetzt an sicher dort.

Nachdem wir zwei Tage bei Red Mercury Island gelegen hatten, wurden eines Morgens zwei Schoner gesichtet. Wir wollten beide kapern. Als wir den Angriff ansetzten, kam aber plötzlich starker Wind auf, und der erste Schoner glitt rasch vorwärts. Wir ließen ihn fahren; erst später haben wir gemerkt, daß das unser Unglück war. Wir nahmen den zweiten, den größeren. Es war die „Moa".

Wir gingen mit voller Fahrt längsseit, enterten und riefen: „Drehen Sie bei." Die deutsche Kriegsflagge wehte, ich stürzte mich mit geschwungenem Säbel auf die „Moa", meine Jungs kletterten über die Deckladung und schrien: „Ship is brought up! You are under the rule of the German Empire." (Schiff ist aufgebracht! Sie stehen unter deutschem Befehl.)
Alles war wie vom Schlag gerührt „Don't kill us!" Wir beruhigten die Leute, und ein entsetzter kleiner Junge bekam sofort Schokolade. Die Leute blickten entgeistert. Wir waren ja gar keine Hunnen, wie sie sich das vorstellten.
Der Kapitän faßte sich schnell, als er sah, daß nichts zu machen war. Als er hörte, daß wir entkommene Gefangene wären, schimpfte er gewaltig auf die Regierung: Unsere Jungens kämpfen an der Front, und hier in der Heimat können sie nicht einmal Gefangene hüten. Immerhin, er hoffe, daß wir weiter Glück hätten, denn die Neuseeländer hätten es ja nicht anders verdient.
Der Koch kam auf uns zu und beteuerte: „Me cooky, me Russe, Russe peace with Germany." (Ich bin der Koch, bin Russe, Russen Frieden mit Deutschland.)
Nun holten wir Waffen, Proviant und die drahtlose Station auf den Schoner herüber, die „Perle" wurde ins Schlepptau genommen. Die „Moa" war ein schönes Schiff, aber flach wie eine Streichholzschachtel, nur drei Fuß Tiefgang bei gewaltigen Masten. Unter frischer Brise segelten wir nach der Kermadecgruppe, um die Proviantstation für Schiffbrüchige aufzusuchen, die dort auf irgendeiner der Inseln sein mußte. In der nächsten Nacht bekamen wir Sturm und lenzten vor dem Wind. Der Kapitän geriet in Aufregung. Das Schiff wäre für die hohe See gar nicht geeignet, weil es keinen Kiel hätte, wir setzten das Leben aufs Spiel. Ich mußte ihm antworten, daß wir für unser Leben segeln müßten, denn an der Küste erwartete uns größere Gefahr als auf dem Meer. Immer weiter! Vielleicht hält der Mast für Deutschland länger, als er für Neuseeland gehalten hätte.
Der Kapitän ging die ganze Nacht nicht hinunter und beruhigte die See mit Öl. Wir gingen unsere Wachen und fragten den Teufel, was kommen mochte. Unter gewöhnlichen Umständen hätte man selbst auch mehr Besorgnis empfunden, denn die Nacht war fürchterlich. Aber das Gefühl der Freiheit und das Bewußtsein, wieder ein eigenes Schiff unter sich zu haben und eine Kriegsflagge über sich wehen zu sehen, wenn sie auch nur auf ein Bettlaken gemalt war, ließ uns alles übrige gering achten. Unter dieser Flagge hatten wir ja schon

manchen Sturm ausgekämpft. Immer stärker wird der Sturm, immer schwerer brechen sich die Wellen am Heck, die „Moa“ wird bald hoch, bald tief geworfen. Wir müssen Segel kürzen und einen Teil der Deckladung, die aus Holz bestand, über Bord werfen. Hierin wurden wir gut durch eine Brechsee unterstützt, die an Deck schlug und einen Teil der Holzplanken mit sich riß, die uns aber gefährlich werden konnte, wenn Hände und Füße dazwischengerieten. Für sechs Wochen hatten wir Proviant, den wir freilich mit den ihrerseits nur für drei Tage ausgerüsteten Schiffern teilen mußten, und fanden die Sache fast noch gemütlich, verglichen mit den sechs Wochen unserer früheren Bootsfahrt. Es kam freilich auf gutes Steuern an. Unsere schöne „Perle“ wurde von einer See quergeschlagen, schlug voll und riß ab. Das durchkreuzte unsere Pläne sehr unangenehm. Erst nach 36 Stunden legte sich der Sturm.
Kircheiß korrigierte allmählich die Fehler unserer nautischen Instrumente, wobei sich der Kompaß des Kapitäns noch bedeutend schlechter als unser eigener erwies. Er war ja ein bloßer Küstenfahrer. Endlich kam am 21. Dezember morgens Curtis-Island in Sicht. Wir sahen große Rauchsäulen aufsteigen und fürchteten, daß die Insel bewohnt wäre von Schiffbrüchigen, die uns Rauchsignale machten und womöglich schon das ganze Proviantlager weggefuttert haben würden. Beim Näherkommen an die halbkreisförmige, amphitheatralisch aufsteigende Insel gewahrten wir aber, daß der Rauch von Geisern herrührte. Die Insel war ein Krater, der bei einer Erderschütterung auf einer Seite eingebrochen war.
Überall rauchte und brodelte es. Die Luft war unnatürlich warm und mit Schwefeldämpfen geschwängert. Unmengen von Vögeln, besonders die riesigen Albatrosse, nisteten auf der Insel und umschwirrten die Ankömmlinge. Kein Baum, kein Strauch gedieh auf der Insel. Das warme Wasser war ein Tummelplatz der Haie; zu Hunderten umkreisten sie das Schiff. Wir, deren Besitztum ja auch nicht mehr viel ausgebreiteter war als das der Fische und Vögel, hofften andere Glücksgüter auf der Insel zu finden als bloß Wärme. Vor dem inneren Rand des Kraters befand sich ein Wellblechschuppen, das Proviantmagazin. Das Schiffsboot wurde ins Wasser gelassen. Kircheiß mit vier Mann nahm Kurs auf die Kratereinfahrt. Eine Prozession von Haien folgte dem kleinen Boot, ein ungemütlicher Eindruck für seine Insassen.
Je näher sie der Insel kamen, desto schwerer legten sich die ausströmenden Gase auf die Lungen, und es dauerte geraume Zeit bis sie sich daran gewöhnt hatten. Es war Ebbe und der eingebrochene

Kraterrand nur wenig von Wasser überspült. Auf dem Kamm einer Welle setzte das Boot über die Barre ins Innere des Hexenkessels, in welchem brodelnde Blasen das Walten unterirdischer Kräfte verrieten. Ströme heißen, gelben Wassers quollen dampfend aus der Felswand und verloren sich im Spiegel des kreisrunden Kratertrichters. Riesige Lavablöcke umsäumten vom letzten Ausbruch her wild durcheinandergeworfen das Ufer. Umkreischt von Tausenden von Albatrossen und Möwen landeten die Leute an einer Lavaplatte in der Nähe des Proviantschuppens, wo Schwefel fußdick aufgehäuft lag. Der Schuppen wurde geöffnet, Kisten und Wasserkorbflaschen vorgefunden. Die Kisten wurden aufgebrochen und ein Teil der Schätze ins Boot herübergenommen.

Während das Boot tiefbeladen zur „Moa" zurückfuhr, blieben zwei Leute drüben, um die zweite Bootslast bereitzuschaffen. Da ein paar Stunden vergingen, bis das Boot zurückkehrte, versuchten die beiden mittlerweile ins Innere vorzudringen. Sie bemerkten aber bald, daß der Platz um die Hütte die einzige gangbare Stelle war; wohin sie den Fuß sonst setzten, brachen sie durch die dünne Kruste in brennendheiße, schwefeldunstdurchzogene Schlammerde ein.

Das beladene Boot war fast eine Stunde unterwegs, es hatte Spritzwasser bekommen, so daß es in beinah sinkendem Zustand eintraf. Eine Herde von Haien umringte wieder das überlastete Boot als erhoffte Beute. Nun wurde auf „Moa" abgeladen. Stück um Stück flog an Deck. Aus einem Bezug wurde staunend ein neues Segel entrollt, in einer Kiste befand sich allerlei brauchbares Werkgerät. Unmengen von Fleisch, Butter, Schmalz, Speck, Decken, Kleidungsstücken, Schuhzeug, Fischgerät, Arzneimitteln, kurz und gut, alles war da. Man war sich einig darüber, daß die englische Regierung glänzend für ausgeflogene Kriegsgefangene sorgt. Nur die Kleidungsvorräte waren von dem langen Lagern in der feuchten Hitze fast vermodert.

Unsere Absicht war, unsere Gefangenen, die wir nicht in die Schwefeldünste von Curtis-Island schicken konnten, auf der nächsten Insel, Macauly Island, unter Mitgabe von Proviant auszusetzen und ihr Dortsein beim Passieren der nächsten Signalstation der neuseeländischen Regierung anzuzeigen. Ich war nun gerade dabei, die Depotquittungen zu lesen, die mir aus dem Provianthaus mitgebracht worden waren, damit ich sie hübsch korrekt als „Seeadler"-Kommandant ausgefüllt dort wieder niederlegen lassen möchte. Ich wollte in dem Formular der neuseeländischen Regierung meinen Dank bescheinigen, da ich doch auch Schiffbrüchiger wäre, auch meine

Überraschung über die gute Ausrüstung; ich hoffte, daß in der Zwischenzeit, bis der nächste Bedürftige dorthin käme, die Vorräte wieder aufgefüllt würden; wir hätten nicht alles mitgenommen, sondern, wenn eine arme Seele sich hinfände, wäre noch etwas für sie da. Während ich dies eben niederschreiben will, ruft der Ausguck: „Rauchwolke Nord hinter Macauly Island."
Beunruhigt ließ ich so rasch wie möglich die Leute von der Insel abholen. In wahnsinniger Hast ruderten die beiden Leute zurück. Die „Moa" wurde segelfertig gemacht, alle Leinwand, die wir hatten, geheißt, jeder Fetzen zog, in westlicher Richtung jagte die „Moa", wie sie noch nie gelaufen war. Der Dampfer kam aber sichtlich näher, und in kurzer Zeit erkannten wir das ganze Schiff. Es hielt auf uns zu; bei jeder ausweichenden Bewegung der „Moa" änderte auch der Dampfer seinen Kurs und kam immer näher. Der Kapitän der „Moa" erkannte in ihm den Regierungsdampfer „Iris", eine Art von Hilfskreuzer. Unser Barometer sank.
Auf Signalweite herangekommen, zeigte „Iris" die englische Kriegsflagge und ein Signal. Wir setzten unbekümmert unseren Kurs mit zehn Meilen fort. Solange wir noch unter eigenem Kommando fahren konnten, wollten wir es tun; lange Zeit konnte es ja nicht mehr dauern. Ein Wettrennen mit äußerster Kraft. Da plötzlich ein Aufblitzen, ein Zischen in der Luft, und eine Granate schlug neben dem Segler ins Wasser. Die ganze Reling der „Iris" war mit Gewehrläufen gespickt. Ein Verzweiflungskampf gegen die Übermacht und Geschütze wäre mutwilliger Selbstmord gewesen. Wir heißten darum, um zu zeigen, wer wir wären, zum letzten Male in dieser Erdhälfte die deutsche Kriegsflagge, und dann kam der bittere Augenblick der Übergabe.
Als ich in Uniform die „Iris" betrat, war erstaunlicherweise kein Offizier am Fallreep, sondern ein paar Leute in schlechter Haltung empfingen mich, die Bajonette auf meinen Rücken gerichtet. Dann holten Zivilisten den ganzen Inhalt meiner Taschen heraus; Geld, Uhr, Wertsachen, selbst mein Taschentuch wurden als Kriegsbeute beschlagnahmt. Jedes Wort der Erwiderung wäre zuviel gewesen. Ich sah sie nur mit einem Blick der Verachtung an. Die Neuseeländer fanden diese Waffentat so glorreich, daß sie ein Bild davon angefertigt haben, das ich meinen Lesern nicht vorenthalten möchte.
Nicht anders erging es meinen Leuten. Obwohl wir alle unsere Waffen auf dem Meeresgrund versenkt hatten, wurde jeder der Taschenberaubung unterzogen, während Dutzende von Feuerrohren ihnen auf Brust und Rücken gepreßt standen. Diese Neuseeländer er-

lebten offenbar ihre „Feuertaufe" und hielten jeden unbewaffneten Deutschen für den leibhaftigen Gottseibeiuns.
Mehrere Dampfer waren ausgerüstet worden, uns zu suchen, davon drei gleich auf ein halbes Jahr. Meine Flucht hat die Leute fast eine Million gekostet. Der erste Schoner, den wir bei der Kaperung der „Moa" hatten entschlüpfen lassen müssen, hatte die Sache gemeldet. Die Neuseeländer, die froh waren, ihren „eigenen Krieg" und „Sieg" zu haben, feierten die Bezwingung der „Moa" in den Zeitungen.
Als wir in Auckland einliefen, wehte die englische Flagge auf der „Moa" über der deutschen. Die „Seeschlacht bei den Kermadecs" wurde von zahllosen Glücklichen bejubelt, die uns auf Tendern, Motorbooten und Jachten entgegenfuhren.

Der Vogel im Käfig

Der Generalstab begrüßte uns, als wir an Land stiegen. Wir waren ja ein leuchtendes Beispiel für seine Tüchtigkeit, denn sie hatten uns wieder gekriegt. Der Chef, Oberst Patterson, ersuchte mich, ich möchte die heutige Unterbringung entschuldigen. Ich fragte, wohin wir denn kämen? Darauf schwieg er. Es war wieder einmal das Zuchthaus.
Im Zuchthaus von Auckland, Mount Eden, durch Major Price abgeliefert, wurden wir als gemeine Verbrecher empfangen, da der Major, der es sehr eilig hatte, zum Pferderennen zu kommen, vergessen hatte, anzugeben, daß wir Kriegsgefangene wären. Meine Kadetten, die diesen Wechsel von Freiheit und Zuchthaus zum ersten

Male miterlebten, wurden kreidebleich bei dem entehrenden Empfang. Auch mir, der ich schon Gewohnheitszuchthäusler war, legte sich das alles schwer auf die Seele. Nun hatte man wieder einmal als Mensch gelebt und gestrebt, Willensfreiheit entfaltet, etwas Eigenes unter den Füßen gehabt, und wieder stieß einen das Geschick in den dumpfen Kerker. Hätte man nicht einen Tag später die Kermadecs anlaufen sollen, wäre nicht ein anderer Kurs besser gewesen? Mit solchen unnötigen Fragen quälte man sich in der öden Untätigkeit und Zwecklosigkeit des neuen Daseins. Aber bald klang es wieder von Zelle zu Zelle: „An der Saale hellem Strande", und wenn auch unser Gepäck, als es uns endlich ausgeliefert wurde, sich auf dem Weg durch fremde Hände ziemlich verringert hatte, so wurde doch die Behandlung allmählich etwas rücksichtsvoller. Auch hier, in dem stillen Verließ, konnten wir bald merken, daß Neuseeland Achtung vor uns hatte.

Allerdings hat man uns erst einmal ein paar Wochen das Zuchthaus kosten lassen, bis wir wieder in eine angemessene Umgebung versetzt wurden. Am Morgen nach unserer Ankunft betritt, ohne anzuklopfen, ein völlig glattgeschorener Herr in Zuchthausjacke mit Rasiertopf meine Zelle. Es war Heiligabend, morgens.

„Ich habe Sie zu rasieren."

„Was? Sie?, ich rasiere mich selbst."

„Du?, du darfst kein Messer in die Hand kriegen, auch dein Eßbesteck ist nur Holzlöffel und -gabel, komm mal her, ich seif' dich ein."
„Was sind Sie denn, sind Sie Zuchthäusler?"
„Ja, natürlich."
„Wie lange haben Sie denn?
„Lebenslänglich."
Lebenslänglich! Und der soll mich rasieren, mit dem Messer an der Kehle entlang schneiden?! Mir stockte förmlich der Atem. Man versteht noch gar nicht, warum das sein muß, als Kommandant eines Schiffes solchen Vorsichtsmaßregeln zu unterliegen. Schließlich frage ich wieder: „Was haben Sie denn verbrochen?"
„Oh, I only put daylight through a woman."
Also Frauenmörder.
Er seift mich ein. Nie habe ich einen Menschen so scharf mit den Augen verfolgt wie diesen Hausgenossen, besonders während er mir an der Kehle schabt. Wer es nicht erlebt hat, kann sich dies Gefühl nicht vorstellen; ich blickte ihn dankbar an, als er fertig war. Dieser Freund war tatsächlich gar nicht übel, er wurde mein täglicher Gast und brachte mir die großen Neuigkeiten aus den Korridoren und dem Hof. Je mehr uns die neuseeländische Regierung dazu zwang, uns in Mount Eden zu akklimatisieren, desto tiefer drang man unwillkürlich in das Seelenleben der Zuchthausbewohner ein. Wir waren der Sicherheit halber im Flügel der Schwerstverbrecher. Am gemütlichsten sind die „Lebenslänglichen", die schon soundso lange sitzen und sich abgefunden haben, ohne Berufssorgen und ohne Erwartungen zu leben. Soweit man sich noch die Jahre an den Fingern abzählt und damit rechnet, später wieder eine Existenz in der ungewohnten Freiheit gründen zu müssen, ist man weniger ausgeglichen und hat keine so beruhigten Nerven. Die, welche sechs oder sieben Jahre haben, sind die Unangenehmsten. Sie müssen sich auf einen Berufswechsel einstellen und vertründeln doch vorher ihre beste Kraft mit dem Absitzen. Ich wußte nicht, wie lange ich hatte und was ich hier sollte. Die „Lebenslänglichen" bekleiden durchweg Vertrauensstellungen, sie verwalten die Bücherei, Kleiderausgabe, Krankenpflege usw. Nirgendwo trifft man so hilfsbereite, arbeitsfreudige Menschen wie im Zuchthaus. Man sieht stets freundliche Gesichter, sie lächeln oder zwinkern verständnisinnig mit den Augen dem neuankommenden Gast zu, der sich anfangs miesepetrig fühlt. „Draußen warst du verachtet, hier wirst du vertrauensvoll aufgenommen." Ich machte die seltsame Erfahrung, daß überall, wo

Menschen aufeinander angewiesen sind, namentlich dort, wo ihr Ehrgeiz durch die Verhältnisse etwas beschnitten ist, ein sympathisches Zusammenleben möglich ist. Ein Faktotum befand sich in Mount Eden, der auf mathematischem Gebiet ein Genie geworden war.
Fast alle waren außerordentlich deutschfreundlich. Sie bildeten sich ein, daß Deutschland den Krieg gewönne und daß dann endlich die Zuchthäuser geöffnet würden. Nach dem Bild, das ihnen die Zeitungen von dem deutschen Volk entwarfen, konnten sie es sich nicht anders vorstellen, als daß die Deutschen eine besondere Wesensverwandtschaft mit ihnen empfinden würden. „Graf, wenn Deutschland den Krieg gewinnt, dann vergiß nur deine Freunde hier nicht." Sie baten sich bestimmte Posten aus, fast alle in der Verwaltung. Sie bildeten sich ernsthaft ein, ein siegreiches Deutschland werde, um die an uns Kriegsgefangenen begangene Ungerechtigkeit zu sühnen, mich zum Gouverneur von Neuseeland machen, und ich sollte sie dann begnadigen, weil sie sich ja nur gegen englische und nicht gegen deutsche Gesetze vergangen hätten. Sie erwiesen mir allerlei Aufmerksamkeiten, steckten mir unter anderem Zeitschriften zu, die an diesem Ort nur an Verbrecher, aber nicht an Kriegsgefangene ausgegeben wurden.
Die Zellen wurden peinlich sauber gehalten, so daß man sie nicht einmal mit seinem eigenen Schuhzeug betreten durfte. So saß ich mit meinen Filzpantoffeln auf der einzigen Sitzgelegenheit, dem Bett, und sah mir die Umwelt an. Bestand irgendeine Möglichkeit, zu entkommen? Ich vertiefte mich in Fluchtgedanken. Auch empfand ich das Bedürfnis, festzustellen, wie es draußen vor dem Fenster aussähe. Dieses war etwa drei Meter über dem Fußboden. Ich stieg also auf das Kopfende der Bettstelle, aber kaum bekam ich ein bißchen Blick, so brach das wackelige Ding zusammen. Das Bett war entzwei, aber den Blick wollte ich mir nicht nehmen lassen. Ich benutzte also das Bett als Leiter und schaute durch das eiserne Gitter hinaus. Da sah ich ein Spatzenpärchen, das war da auch zu Haus und nistete. Um die Zeit zu vertreiben, versuchte ich den Spatz zu fangen, der die Spätzin füttern wollte. Ich legte mich also auf Anstand, aber der Sperling flog weg, als ich zugriff, und ließ mir nur eine Schwanzfeder in der Hand. Draußen am Gitter befanden sich Spinnweben. Ich holte mir eine Spinne herein, die sollte mir ein Spinnennetz machen. Jetzt hatte ich Beschäftigung. Ich sah zu, wie die Spinne arbeitete. Dann wollte ich gerne wissen, wieviel Spinnweben eine Spinne hat, tat sie in eine Streichholzschachtel und zog die Fäden heraus und war erstaunt, welchen Ballen Spinnweben ich

schließlich in der Hand hielt. Der Spinne war es peinlich, daß ich den Rest herausholte. Dann kletterte ich wieder hinauf, ob da etwas anderes zu sehen wäre. Ich fand noch andere Spinnen und bekam so verschiedene Sorten von Spinngeweben. Als ich das ausstudiert hatte, brachte ich die Spinnen von einem Netz ins andere und stellte fest, daß sie sich da nicht bewegen konnten. Die kleinere Spinne bewältigte in ihrem Netz die größere Spinne, die bewegungslos darin saß, weil sie fremd war. Ich wußte immer noch nicht, wie lange ich Zuchthaus hatte. Aber macht mit mir, was ihr wollt, ich treibe Naturgeschichte!

Als wir drei Tage da waren, kam der Marineminister Hall Thompson, dem ich unseren kräftigen Protest gegen diese Behandlung von Kriegsgefangenen aussprach, die zudem nicht als entwichene Gefangene im englischen Gebiet, sondern auf hoher See als frische Kombattanten ergriffen worden wären. Er sagte: „I shall do my best for you." Der Engländer schlägt niemals eine Bitte offen ab, er läßt immer wieder Hoffnungen wach werden, aber zieht die Erfüllung in die Länge. Deutsche Ehrlichkeit ist mir lieber als diese kalte, glatte Höflichkeit. Später kam auch der Justizminister Mr. Wilford. „Haben Sie irgendwelche Klagen in der Unterbringung?"

„Selbstverständlich, ich gehöre nicht in ein Zuchthaus."

„Das bestreite ich nicht, aber welches sind Ihre Eindrücke über die Unterbringung vom Standpunkt des Sträflings aus gesehen? Dafür bin ich verantwortlich."

Ich sage: „Über die Sauberkeit und über die gute Verpflegung als solche bin ich überrascht, aber auch gegen das besteingerichtete Zuchthaus muß ich protestieren."

„Well, I shall see, what I can do for you."
Endlich, nach 21 Tagen, durften wir das Zuchthaus verlassen. Um die Ausreißer ungefährlicher zu machen, wurden wir nun auf verschiedene Lager verteilt. Kircheiß und ich kamen nach River Island bei Lyttleton, in der kalten Zone Neuseelands, auf Fort Jervois, das einmal gegen die Russen gebaut worden ist. Das war der einsamste Punkt Neuseelands, den sie hatten ausfindig machen können.
Unsere Wohnräume dort waren von einem Bretterzaun umgeben, der uns von dem Fortshof trennte. Auf der Bretterwand befand sich eine Laufplanke für einen Wachtposten. Auch der ganze Himmel war uns mit Stacheldraht überzogen worden, damit wir nicht eines Nachts Flügel bekämen und fortflögen. Das Ganze war ein regelrechter Käfig. Fünfundvierzig Mann taten nichts weiter, als daß sie uns bewachten.
Unser Lagerkommandant war Major Leeming, ein echter Gentleman vom Scheitel bis zur Sohle, ein Tasmanier. Er fühlte sich selber als halber Gefangener auf dem öden Inselchen und war bald unser dritter Mann beim Skat, den wir ihm beibrachten, um die langen Abende zu füllen. Mir fiel auf, daß die Menschen auf dieser frostigen Südinsel eine vornehmere Art hatten als die Auckländer. Unser neuer Generalstäbler war Oberst Chaffee, der früher Preisboxer gewesen war, mit einem Klappauge, das ihm einmal bei einem Boxmatch eingeschlagen worden war. Er zeigte sich so gründlich, daß er jegliche Änderung, und wenn es auch nur die eines Schilderhauses war, als Generalstabsaufgabe behandelte.
Die 119 Tage auf diesem Schloß am Meer waren bitter für einen Seemann. Er sieht dort immer das Wasser um sich, seine Heimat, sieht die Segelschiffe vorbeigleiten, die ihn an die vollen Segel seines „Seeadlers" erinnern, und es zieht ihn mächtig hinaus auf das Meer, zu den Kameraden. Dazu der endlose Stubenarrest, der nach den internationalen Abmachungen nicht länger als acht Tage hätte dauern dürfen!
So kamen wir darauf, Fluchtmöglichkeiten auszudenken. Ich fand folgendes heraus. Die Insel hatte eine Anlegebrücke, zu der vom Fort eine Zugbrücke führte, die hochgezogen den Zutritt versperrte. Der Orkan hatte einmal diese Brücke zerschlagen, und sie wurde nun ausgebessert. Gleichzeitig wurde der Fortshof geteert und die leeren Teertonnen standen herum. Eines Tages rollte zufällig ein solches Faß ins Meer, es trieb in das Fahrwasser und bei Ebbe hinaus auf die See. Da sehe ich, wie ein kleiner Küstenschoner kommt und die Tonne herausholt.

Nun wurde ich aufmerksam und stieß ein zweites Faß hinab, dem es wie dem ersten erging. Nun war mein Plan fertig.
Während der Mittagspause der Arbeiter machte ich von einer Tonne den Deckel los, schlug zwei große Nägel in Boden und Deckel und bog sie in Haken um. Ein kleiner, alter Bootsanker, der dalag, kam mir auch zupaß. Ich dachte: Du tust von außen die Fischleine in das Spundloch, nimmst Proviant und Wasser hinein, ziehst den Anker an der Leine vor und machst das Faß dicht, bindest den Deckel an den beiden Nägeln oben und unten an. Dann läßt du dich im Augenblick, wo aus Lyttleton ein kleiner Segler ausfährt, ins Wasser fallen und treibst an dem Fort vorbei, legst dich so, daß das Spundloch nach oben ist. Dann wollte ich mich verankern und warten, bis das Fahrzeug kam und das wertvolle Treibgut aufnahm. Hätte mich der Schiffer hochgezogen und an Deck geheißt, so hätte ich innen das Tau aufgeschnitten, den Deckel geöffnet und wäre wie der Teufel aus dem Kasten, mit dem Messer bewaffnet, Herr der Situation geworden. Die verblüfften drei Mann Besatzung hätten mich in die Südseeinseln fahren müssen, und dort hätte ich mich von Insel zu Insel geschippert, bis ich eine Möglichkeit fand, als freier Mann zu leben. Diesen Fluchtgedanken wollte ich erst ausführen, wenn Major Leeming, der Familienzuwachs erwartete, in Urlaub gegangen wäre. Denn die Gerichtsverhandlung gegen Oberstleutnant Turner, die wir in der Zeitung lasen, belehrte uns darüber, daß eine Flucht unserem Kommandanten Stellung und Charge kostete. Das herzliche Verhältnis, das uns mit Leeming verband, schloß die Möglichkeit aus, sein Vertrauen zu mißbrauchen. Aber jetzt ging er wirklich bald in Storchferien und wurde vertreten von Leutnant Gilmore, den seine Leute den „little Napoleon" nannten, und der stark in Militarismus arbeitete, so klein sein Operationsfeld auch war. Eines Morgens ließ Gilmore mir die leeren Tabaksdosen wegnehmen; er hatte wohl gelesen, daß wir in Motuihi aus Marmeladenbüchsen Handbomben gefertigt hatten. Ich schickte den Feldwebel, der die Dosen holen sollte, wieder weg, da kam Gilmore selbst, und ich sagte ihm: „Well, wenn Sie glauben, ich machte aus leeren Tabaksdosen Unterseeboote, dann ist es besser, Sie holen sie weg, aber anderseits ist es auch besser, Sie entfernen sich aus diesem Raum, denn Sie sind uns unsympathisch." Er hatte es nämlich bisher nicht für nötig befunden, sich uns vorzustellen. Ich brannte darauf, diesem Mann den bewußten Streich zu spielen.
Als Leeming in Urlaub gehen wollte, war gerade die Zeit der großen deutschen Märzoffensive von 1918. Alles zitterte vor Aufregung.

Kircheiß hatte aus einem kleinen Handatlas eine Riesenkarte an die Wand der Messe übertragen. Der Respekt vor Deutschland war groß. Selbst Gilmore legte etwas das Napoleonische ab und fragte uns oft über Deutschland. Wir dachten alle, in drei Monaten wäre der Krieg zu Ende, und unser heldenmütiges Vaterland vermöchte es, siegreich der Welt zu trotzen. Es waren stolze, nie wiederkehrende Augenblicke. Wie liebte man dies Land daheim! Heißer gedenkt man seiner nie, als wenn man Verbannung ihm zuliebe erträgt und dazu den Gram, nicht dabei sein zu können, wo es um sein letztes Schicksal geht.

So kam also die Woche heran, in der nicht Leeming, sondern Gilmore die Verantwortung für uns tragen sollte. Da wurde Kircheiß infolge des Zugwindes auf dem Fort krank; der Arzt stellte bedenkliche Anzeichen fest und bemerkte bei dieser Gelegenheit über unsere und der Wachthabenden Unterbringung: „No pigs could live there." (Nicht mal Schweine können hier leben.) Wenn diese Äußerung auch übertrieben war, so hieß es doch eines Tages: „Es geht wieder heim nach Motuihi." Nun war mein Plan gescheitert, aber die Aussicht des Wiedersehens mit den Freunden belebte uns. Napoleon brachte uns über Wellington nach Motuihi zurück. Er hatte gehört, ich beabsichtigte ein Buch zu schreiben, worin auch er vorkäme. Darum ging er mir jetzt um den Bart, schenkte mir sogar in Wellington einen Rasierquast und Kircheiß eine Tabakspfeife. Er hat sich auch immer als ein ganz guter Kerl herausgestellt.

In Motuihi herrschte große Freude, daß wir wieder da wären; nur einige, darunter der polnische Doktor, waren ziemlich gekränkt, weshalb mir der Doktor gleich mit einer Pulle Schum entgegenkam, damit ich nichts von unserem kleinen Geschäftchen verriete. Die Leute, die vergeblich auf die Theateraufführung gewartet, und besonders die, welche die Rolle auswendig gelernt hatten, waren auch verschnupft, aber nicht bösartig; denn sie waren ja durch ein Stück Seemannsleben entschädigt worden. Die Reserveoffiziere waren verstimmt, daß ich Egidy statt ihrer mitgenommen hatte. Sie hätten so gerne wenigstens einmal die Kraft fürs Vaterland eingesetzt.

Meine „Moa"-Kameraden blieben in fremde Lager verteilt. Nun traten die übrigen Kadetten an mich heran in der Hoffnung, daß etwas Neues unternommen würde; sie wären ja nun die einzigen, die in Frage kämen. Nach zwei Tagen schon berichteten sie, ein Segeltuchboot hätten sie fertig, Benzin und Proviant wären verstaut, ob ich die Reise nicht leiten wollte? Ich stimmte zu unter der Bedingung, daß ich die Möglichkeiten vorher genau prüfen könnte.

Unserem neuen Kommandanten, Major Shofield, war nicht mehr gestattet, ein Motorboot zu halten. Der Proviant-Schlepper „Lady Roberts", der wöchentlich zweimal kam, war mit einer großen Kanone versehen und dauernd mit Wachen besetzt, damit er nicht überfallen werden könnte. Wenn wir ausgingen, mußten wir uns immer in einem Wachthaus melden und bei der Heimkehr zurückmelden. Um 6 Uhr mußte alles oben auf dem Hügel sein. Ferner wurde um die Wohngebäude ein großer Stacheldrahtzaun gezogen, der allerdings erst kurz vor dem Waffenstillstand fertig wurde. Nachts wurden Kircheiß und ich alle zwei Stunden abgeleuchtet, ob wir auch noch da wären. Nun, da hätte ich auch einen anderen ins Bett packen können, wenn es darauf angekommen wäre. Große Bogenlampen umstanden den Drahtverhau.

Obwohl also unsere letzte Flucht den Scharfsinn unserer neuseeländischen Behörden ungemein befruchtet hatte, gab es indes immer wieder neue Pläne zur Abreise. Als ich zwei Monate da war, kam ich auf den Gedanken, den Gouverneur Dr. Schultz als Vertrauten zu benutzen, da er der einzige war, der über die ganze Insel gehen durfte. Wir anderen hatten einen bedeutend eingeschränkteren Weg. Der Gouverneur zeigte sich bereit, an der nächsten Flucht teilzunehmen, als gewöhnlicher Matrose wie jeder andere. Er spähte nun die Insel unter dem Gesichtspunkte des Entkommens ab. Zunächst legte er ein Proviantlager an, indem er jeden Tag auf seinem Spaziergang Erbsen, Bohnen, Reis in Dosen mitnahm und an einem stillen Platz vergrub. In einigen Wochen war ein hübsches Magazin entstanden. Die Kadetten hatten unter dem Vorwand, sich Klappstühle anzufertigen, ein Faltboot gebaut.

Wie sollten wir aber vom Lande wegkommen? Nach langem Hin und Her gerieten wir auf den Gedanken, uns ein Versteck auf der Insel zu bauen. Der Gouverneur hatte im Wald ein verlassenes Bachbett gefunden. In diese Höhlung sollte die Erde, die beim Graben unseres Unterstandes sich aufhäufte, gefüllt werden, so daß es nicht auffiel. Ein herkulisch gebauter deutscher Bäcker, der dem Gouverneur als Bedienung beigegeben war und gleich ihm sich außerhalb des Drahtverhaus bewegen durfte, baute nachts den Unterstand, zimmerte Kojen darin, packte den Proviant, das Faltboot, eine Lampe und viel Petroleum dort hinein.
Wenn alles fertig war, wollten wir uns zum Golfspiel, das uns ab und zu erlaubt wurde, die Umzäunung verlassen. Der Unterstand befand sich von dem Golfplatz nicht weit entfernt. Dann wollten wir verschwinden und uns in dem Unterstand versteckt halten.
In unseren Holzbaracken, einer früheren Quarantänestation, befanden sich in jedem Zimmer große Taue, damit man sich, wenn es brannte, aus dem Fenster lassen könnte. Diese Taue wollten wir beiseite schaffen, sie an der Klippe festbinden, in ihrer Nähe auch einige Messer und dergleichen liegenlassen, damit es aussähe, als ob wir dort die Insel verlassen hätten. Dann wollten wir ein bis zwei Wochen im Unterstand ausharren, bis sich unsere Verfolger müde gejagt hätten. Wir hatten vernommen, daß der Verteidigungsminister dem Lagerkommandanten telephoniert hatte, er möchte aufpassen, es gäbe Leute in Neuseeland, die mich befreien wollten.
Den Eingang der Höhle hatten wir folgendermaßen gemacht. Aus der Erde wurde ein genaues Viereck herausgestochen, so daß es nicht brach. Diese Erde wurde auf einem ebenso großen, durchlöcherten Stück Brett mit dünnem Draht und Leim festgemacht, damit sie zusammenhielt. Unten am Brett war ein Handgriff befestigt, so daß die Luke von innen auf- und zugemacht werden konnte. Wenn wir nachts aus der Höhle gingen, sollte es nur auf Strümpfen geschehen, damit keine Spur entstünde. Wir konnten dort kochen, der Wasserlauf war nicht weit ab. Man hätte uns also vergeblich überall nachgesetzt. In einer schönen Mondscheinnacht wollten wir dann abfahren. Wir hatten uns eine Browningpistole verschafft und aus einem Petroleumbehälter einen Flammenwerfer hergestellt. Fechtrapiere, Beile und das einzige noch vorhandene Zeißglas hatten wir gleichfalls mit.
Wie sollten wir aber zu einem Schiffe kommen? Dafür hatten wir uns mit einem Lagerinsassen verabredet. Der sollte uns ein Lichtsignal geben. Wenn ein roter Lampenschirm abends an seinem

Fenster einmal verschwand, dann hieß das: Sie suchen euch nicht mehr auf der Insel. Dann wollten wir eine schöne, stille Mondscheinnacht abwarten, in der die Segler still liegen. Wir würden hinrudern und mit unseren sechs Mann ein Schiff nehmen.

Wenn der Waffenstillstand drei Wochen später gekommen wäre, hätte er uns nicht mehr im Lager angetroffen. Später haben wir den Neuseeländern unsern Plan erzählt. Da haben sie mit Hunderten von Maoris den Unterstand gesucht, aber nicht finden können.

Nach dem Waffenstillstand haben wir noch vier Monate in Narrow Neck gefangengesessen, durften aber jetzt Besuche empfangen. Da kam eines Tages eine Häuptlingsfrau der Maoris vom Stamm der Waikato, die sich 1860/61 durch ihren heldenhaften Freiheitskrieg gegen die Engländer einen Namen in der Geschichte gemacht haben. Auch ließen sie sich im Weltkrieg nicht in die englischen Aushebungslisten eintragen. Die eingeborene Dame, Frau Kaihau, betrat meine Kabine und überreichte mir einen langen Brief, in Maorisprache geschrieben, etwa folgenden Inhalts:

„Ich komme zu Dir, Du großer Häuptling, und überreiche Dir zur ferneren Erhaltung der alten Überlieferung die Matte des großen Häuptlings Wai-Tete."

Gleichzeitig holte sie unter ihrem Kleid eine große Matte hervor, die sie sich untergebunden hatte, um diesen Gegenstand vor den englischen Wachen zu verbergen.

Mein Erstaunen war groß, ich stoße Kircheiß an, aber auch dieser zuckt mit den Achseln und kann mir keine Erklärung geben. Glücklicherweise war eine deutsche Dame anwesend, die schon längere Zeit auf Neuseeland lebte und mit den ehrwürdigen Sitten der Eingeborenen vertraut war. Sie erklärte mir, ich sei eben im Begriff, die größte Ehrung zu empfangen, welche Maoris einem Mann erweisen können. Mittlerweile fing die Häuptlingsfrau an, im Raum herumzutanzen. Mit großer Geschwindigkeit und wilder Kraft tanzte sie „Haka-Haka". Nachdem sie den Tanz beendigt hatte, holte sie einen grünen Stein hervor, den es nur in Neuseeland gibt. Diesen überreichte sie mir zusammen mit der Matte. Ich fragte sie:

„Bin ich denn nun Häuptling der Maori?"

„Gewiß sind Sie Häuptling. Sie dürfen sich jetzt ‚Wai-Tete', d. h. ‚Heiliges Wasser' nennen, und der Geist unseres verehrten Helden lebt in Ihnen fort. Auch diesen Stein darf nur der Inhaber der Häuptlingswürde tragen."

Ich drückte der Maorifrau dankbar die Hand. Beim Abschied bat sie mich dringend, Matte und Stein gut zu verstecken. Ich habe diese

rührende Ehrung für Deutschland angenommen und erhielt auch die Erlaubnis, Matte und Stein mit mir in mein Vaterland auszuführen, in der sicheren Hoffnung, daß ich einmal zurückkehren würde. An einem Sonntagnachmittag ließ ich mich, noch immer hinter Stacheldraht, heimlich in der Häuptlingstracht der Maori photographieren. Es fehlte freilich die Tätowierung und die volle Kriegsbemalung, welche zu einem richtigen Helden gehört.
Als endlich unsere Befreiung herannahte, besuchte mich vor der Abreise die Vorstandsdame der „Soldiers Mothers League" und wünschte mir im Auftrag der Mütter von 80 000 Soldaten eine gute Reise, da die Söhne, die bei uns gefangen gewesen wären, gesund zu ihren Müttern heimgekehrt wären. Es sei deshalb ihre Pflicht, zu Gott zu beten, daß auch meine Mutter mich wieder gesund in ihre Arme schließen könnte.
So verließ ich den Weltteil unserer Antipoden, der mir mehr als ein Abenteuer bereitet hatte, und betrat Ende Juli 1919 deutschen Boden, um wieder Dienst zu tun im Vaterland und in seiner Marine, die, beide niedergebrochen unter einem ungeheuren Schicksal, heute mehr als je Männer brauchen, die unverzagt ihre Pflicht tun und den Mut nicht sinken lassen.
Mein Vater hat meine Heimkehr noch erlebt. Der alte Kämpfer ist am 3. September 1919 aus der Freude des Wiedersehens sanft in die Ewigkeit hinübergegangen. Bis zuletzt glaubte er an sein Deutschland.
Am 3. Januar 1920 sind alle meine Leute mit einer Ausnahme heimgekehrt. Ihr Zeug war wohl von der Tropensonne geblichen und vom Salzwasser zerfressen, aber ohne Flecken auf der Ehre und auf ihrem Vaterlandsgefühl kamen sie heim. Nur einer der besten und liebsten Kameraden fehlte, unser Arzt Dr. Pietzsch, der sich schon vor der „Seeadlerfahrt" nur für die gefährlichsten Kommandos zur Verfügung gestellt hatte, weil es sein sehnlichster Wunsch war, vor dem Feind zu sein. Nicht der erwartete Soldaten- oder Seemannstod hat ihn weggenommen, sondern ein Herzschlag beendete sein Leben, als er Deutschlands Zusammenbruch erfuhr. Die chilenische Behörde und das dortige Offizierskorps haben ihm eine würdevolle Totenfeier gehalten.
In mein geliebtes Vaterland zurückgekehrt, fand ich so vieles verwandelt vor und anders, als man erhofft hatte. Dabei trat mir immer eins in Erinnerung: Ich dachte an meine gute Mutti, wie ich einmal vor ihrem Krankenbett saß, als selbst die Ärzte die Hoffnung aufgegeben hatten. Da kam einem erst zum Bewußtsein, wie

lieb man sie hatte. Man sah plötzlich ein, was man versäumt hatte, uns was man alles hätte tun sollen. Genau so ging es mir, als ich mein Deutschland so krank vorfand. Niemals habe ich mein Vaterland so lieb gehabt wie damals. Was mochte man alles tun, um helfen zu können! Die Erkenntnis, daß vieles versäumt wurde, erwachte, und der Entschluß, daß jeder an seiner Stelle mitwirken müsse, damit es besser werde. Und so betrachtete ich es nun als meine Hauptaufgabe, zunächst für meine herrlichen Jungs zu sorgen und zu zeigen, daß man ihr alter Kamerad ist. Wenn man damals auch die Hand war, die sie führte, nun mußte man die Hand der Liebe sein, die für sie sorgte. Wenn man den deutschen Landsleuten von ihren Taten erzählte, so wurden die Herzen der Hörer aufgeschlossen, und die alte Devise lebte: Einer für alle, alle für einen.

Die Waterkant war verödet, der Engländer machte viele Seeleute brotlos, nahm uns nicht nur die Schiffe, die wir hatten, sondern wir mußten neue bauen, um sie den Siegern abzuliefern. Aber das alles durfte uns nicht entmutigen. Jetzt brauchte der Baum Stützen!

Allen lieben Landsleuten rief ich immer wieder zu: Kiekt in die Sünn un nich in 't Musloch, wo' so düster is. Nehmt euch meine Jungs zum Beispiel. Als ihre Heimat auf dem Korallenriff zerschmettert wurde, eins ließ sich nicht zum Wrack schlagen: Ihr alter deutscher Geist und Mut. Wenn auch die paar Planken im Großen Ozean vernichtet wurden und uns diese Heimat bis zum Hals im Wasser stand und keine Hilfe ringsum zu erwarten schien, so war doch der letzte Ruf aus unserm „Seeadler" einstimmig von vorn bis hinten: „De Eikbom, de steit noch!"

Mein Freund, der Geschichtsprofessor Fritz Kern, früher in Kiel und der Marine auch nach ihrem Niederbruch mit seinem Herzen und seiner Feder treu, schrieb mir am Jahrestag von Skagerrak: Das deutsche Volk hat immer durch die tiefsten Wasser waten müssen. Unsere Geschichte ist eine Kette von Zusammenbrüchen und Wiedererhebungen. Auch unser Reich zur See haben wir wie kein anderes Volk immer wieder neu aufbauen müssen. Aber unser Land kann nicht atmen ohne den frischen Anhauch der See; das Volk muß im Kerker vermodern, wenn ihm Türen und Fenster „na See to" künstlich zugesperrt bleiben. „Seefahrt tut not."

Weitere Erlebnisse erzählt Graf Luckner in seinem Buche „Seeteufel erobert Amerika" sowie in seinen über sieben Jahrzehnte und um die ganze Welt reichenden Lebenserinnerungen „Aus sieben Lebensjahrzehnten". Beide Werke in Koehlers Verlagsgesellschaft erschienen.

Reise des „Seeadlers". Total Meilenzahl rund 30.000. Dauer 224 Tage

Gebiete, in welchen Seeadler hin und her kreuzte

Orte, wo Schiffe versenkt wurden:

1. englische Dampfer	„Gladys Royle"	versenkt	am	9. I. 17
2. " "	„Lundy Island"	"	"	10. I. "
3. franz. Bark	„Charles Gounod"	"	"	21. I. "
4. kanad. 3 Mast Schoner	„Percé"	"	"	24. I. "
5. franz. 4 Mast Bark	„Antonin"	"	"	3. II. "
6. italien. Vollschiff	„Buenos Aires"	"	"	9. II. "
7. engl. 4 Mast Bark	„Pinmore"	"	"	19. II. "
8. kanad. Bark	„British Yeoman"	"	"	26. II. "
9. franz. Bark	„La Rochefoucault"	"	"	27. II. "
10. " "	„Dupleix"	"	"	5. III. "
11. engl. Dampfer	„Horngarth"	"	"	11. III. "
12. amerik. 4 Mast Schoner	„A. B. Johnson"	"	"	8. VI. "
13. " " "	„R. C. Slade"	"	"	18. VI. "
14. " " "	„Manila"	"	"	8. VII. "

Orte, wo sich besonderes ereignete:

1. Durchsuchung am 25. XII. 16 durch Offiziere des engl. Hilfskreuzers
2. Absetzen der Gefangenen am 21. III. 17 auf die gekaperte französische Bark „Cambronne"
3. Sichten des engl. Hilfskreuzers am 18. IV. 17 bei Kap Horn

Strandungsstelle des See am 2. August 1917.

Ungefähre Kurslinie des Gesamtmeilenzahl et

1 Ort der ersten Gefangen

Ungefähre Kurslinie der und der neuseeländischen Gesamtmeilenzahl et

2 Ort der zweiten Gefang Curtis Island – Kermad

Richtung, welche die übri Mopelia mit dem kleine einschlug. Der Schoner w Felsen bei den Osterinse Monate auf den Osterin chilenischen Segler nach dort interniert.

Ungefähre Transport- u Gefangene resp. Inter

Orte, wo wir gefangen die wir auf der Rückrei

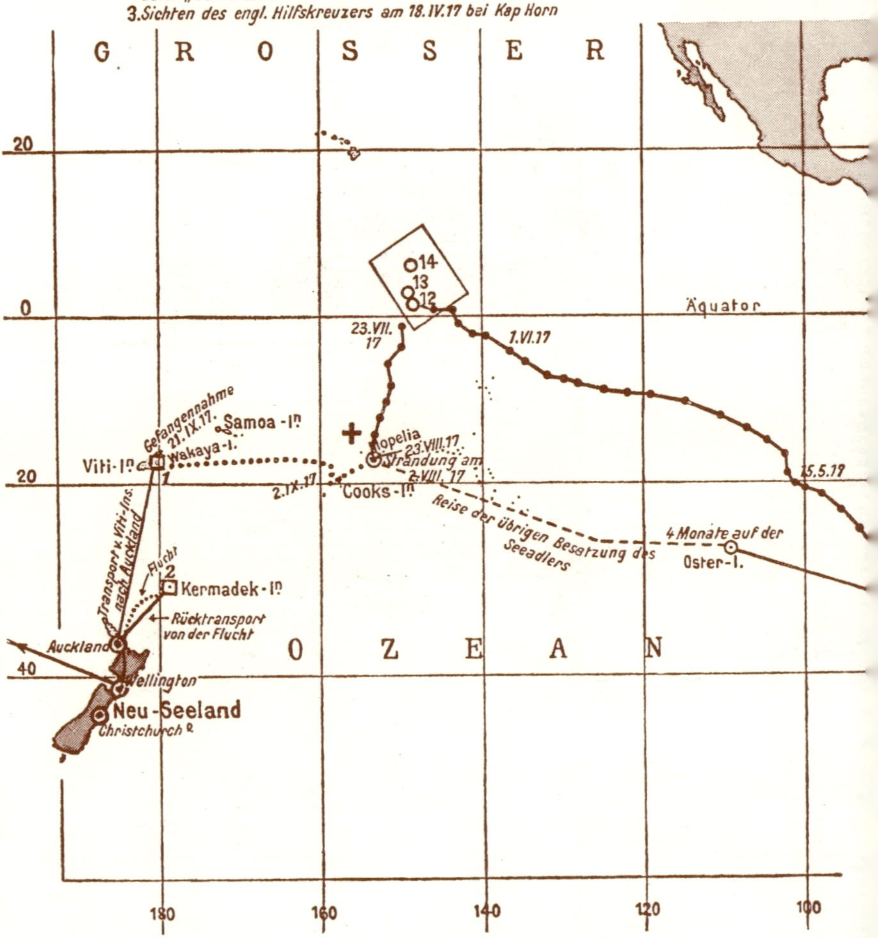